GÜNTER DEUTSCHE ZUSTÄNDE
DE BRUYN Über Erinnerungen
und Tatsachen, Heimat
und Literatur
Fotos von
Barbara Klemm

S. Fischer

3. Auflage November 1999
© 1999 S. Fischer Verlag GmbH,
Frankfurt am Main
Gesetzt aus der Centennial light
im S. Fischer Verlag
auf Apple Macintosh/QuarkXPress
Lithographie: NovaConcept, Berlin
Druck: Rasch, Bramsche
Einband: Clausen & Bosse, Leck
Printed in Germany 1999
ISBN 3 10 009631 2

DEUTSCHE ZUSTÄNDE

Ausgelöst wurden diese Betrachtungen drei oder vier Jahre nach der Wiedervereinigung auf der U-Bahn-Station Alexanderplatz, und zwar durch die Ansage, daß der nächste Zug nach Ruhleben fahre, also aus dem östlichen in den westlichen Teil Berlins. Wenige Wochen zuvor war diese, seit 1961 unterbrochene Strecke wiederhergestellt worden; ich hatte davon in der Zeitung gelesen, war aber, da ich die Strecke nur selten benutze, davon wenig berührt gewesen; jetzt aber, als ich an Ort und Stelle hörte, daß nicht mehr Thälmannplatz oder Grotewohlstraße als Ziel genannt wurden, die Nachricht also zum eignen Erleben wurde, spürte ich eine Fröhlichkeit in mir aufsteigen, die Ähnlichkeit hatte mit meinem ungläubigen Staunen, das wenige Jahre zuvor die Öffnung der Mauer begleitet hatte, das aber jetzt sofort seiner Zweifel beraubt wurde – durch den einfahrenden, deutlich mit Ruhleben bezeichneten Zug.

Als wollte man mir das Unzeitgemäße des Freudengefühls ins Bewußtsein rufen, begannen im gleichen Moment mehrere Fahrgäste darüber zu schimpfen, daß die Verbindung, die Leuten meines Alters Wiederherstellung, den Jüngeren aber Neuerung bedeutete, ihnen andere Fahrtrouten aufnötige und das Zurechtfinden erschwere. Überhaupt war Sorge und Unmut in allen Gesichtern. Die Abendzeitungen, die gelesen wurden, meldeten Morde und Giftmüllskandale; und da meine Banknachbarn von drohender Arbeitslosigkeit redeten, war ich mit meinen Gefühlen deutlich allein.

Ähnliches ist mir in diesen Jahren häufig begegnet. Ausdruck von Freude über die Einheit der Deutschen hatte Befremden oder Reserviertheit zur Folge und manchmal, vorwiegend im Osten, auch aggressive Töne, die beispielsweise in einem öffentlichen Gespräch in der Frage mitschwangen: Sie also fühlen sich heute wohl?

Die strengblickende Dame, deren Gesichtsausdruck zeigte, daß sie mit ihren Worten eigentlich meine moralische Disqualifizierung meinte, unterstellte mir, ohne es

Vereinigungsfreuden

auszusprechen, daß ich die Drogensucht, den Rechtsradikalismus, die Gewalt auf den Straßen, die geringere Entlohnung der östlichen Arbeitnehmer, die Arbeitslosigkeit und die jüngsten Bestechungsskandale nicht sehen wolle oder nicht ernst nähme oder gar schön fände; ich aber hatte, als ich meine noch wache Freude an der Einheit erwähnte, an die U-Bahn nach Ruhleben, an Wahlrechte, an die Möglichkeit, jederzeit meine Freunde in Freiburg besuchen zu können, an das Ende der Mangelwirtschaft und an die nicht mehr vorhandene Zensur gedacht.

Letztere Vorzüge bestreitet ja keiner, aber sie sind schnell selbstverständlich geworden, und die Sorgen und Ängste von gestern wurden durch heutige rasch verdrängt. Wünsche, die man sich, ihrer vermuteten Realitätsferne wegen, kaum getraut hatte, auszusprechen, waren wie durch ein Wunder in Erfüllung gegangen, und nun war man enttäuscht, weil weitere Wunder nicht mehr geschehen wollten, weil die erfüllten Wünsche unzählige Junge bekommen hatten und weil die neuen Zustände auch ihre Schattenseiten hatten.

Also hat die Nation schlechte Laune. Sie ist wieder vereint, aber nicht glücklich. Des Anfangsjubels, einer sozusagen natürlichen Aufwallung, in der man sich so benahm wie sich andere Nationen in vergleichbaren Umständen benommen hätten, schämt man sich jetzt. Man will, wie es scheint, nicht so sein wie andere Nationen; man will die historische Sonderrolle, die man mit Recht beklagt, die zu Schuld durch enorme Verbrechen führte, in anderer Weise nun weiterspielen, indem man das Glück, das man gehabt hat, als solches nicht anerkennt.

Der Welt, die die Vereinigungsfreuden mit teilnehmenden Sympathien begleitet hatte, bietet man nun ein seltsames Schauspiel, das weder komischer noch beängstigender Momente entbehrt. Kaum hat das Nationale seine noch wirkende Kraft in schönster, nämlich friedlicher, Weise bewiesen, ist man vielfach bemüht, es in Frage zu stellen,

Deutsche Zustände

Berlin am Abend des 3. Oktober 1990 bei der Wiedervereinigungsfeier an Brandenburger Tor und Reichstag, zwei Bauten mit Symbolwert für die deutsche Geschichte. Von 1961 bis 1989 waren sie durch die Mauer getrennt.

als wollte man nicht wahrhaben, was da geschah. Dem einen ist die Nation ein wabernder Mythos und eine Erfindung von Rechtsradikalen, die demzufolge ein Monopol darauf zu beanspruchen haben; dem anderen ist sie nur eine Schimäre, weil es eine deutsche Nation noch niemals gegeben habe; dem dritten ist sie ein Anachronismus, weil er wähnt, in einer postnationalen Ära zu leben; und der vierte will glauben machen, daß sich die Kluft zwischen West- und Ostdeutschen seit dem Abriß der Mauer ständig vergrößert habe – was sich leicht durch seine vorherige Unkenntnis der anderen Deutschen, denen er jetzt erst begegnet, erklärt.

Ohne daß viel Zeit zum Nachdenken gewesen wäre, hatten die Deutschen zueinander gefunden; nun lieferten die Intellektuellen, die bis auf Ausnahmen wenig Anteil genommen hatten, die dissonante Begleitmusik nach. Man war mit sich und dem Geschehenen unzufrieden und artikulierte das auf Umwegen, so wie ein Bonner Politiker, der nicht gern nach Berlin umziehen wollte, als Begründung dafür nicht sein Haus am Rheinufer nannte, sondern andere Gründe fand. Die Einheit rückgängig machen wollte wohl keiner, aber da sie auch Opfer forderte, wurde sie manch einem lästig, und da man sie nicht erwartet und diese Fehleinschätzung auch oft geäußert hatte, fühlte man sich von den Realitäten ins Unrecht gesetzt. Die vielen großen und kleinen Vereinigungsfehler, auf die hinweisen zu können den Gram etwas linderte, waren so gesehen ein Glück.

Nicht nur im Osten, aber hier besonders, war und ist eine partielle Unzufriedenheit mit der Einheit ein verbreitetes Übel. Ihre Ursachen sind vielfältig, teils auf der Hand liegend, teils schwer durchschaubar, häufig aber von tatsächlicher oder vorgetäuschter Erinnerungsschwäche bestimmt.

2. Daß die Erinnerung das einzige Paradies sei, aus dem wir nicht vertrieben werden können, hat Jean Paul behauptet und damit bei vielen

Deutsche Zustände

Leuten, auch bei denen, die seine Bücher nicht lesen, Zustimmung gefunden; jedenfalls wird dieser Satz, ohne daß Widerspruch laut würde, häufig zitiert. Man ist also, so scheint es, weithin der Meinung, daß die Erinnerungen zu den angenehmen Seiten des Daseins gehören, und nimmt das Mißverhältnis, in dem sie zum Auf und Ab unseres tatsächlichen Lebens stehen, leichten Herzens in Kauf. Erinnerungen durchweg für Paradiese zu halten, heißt doch entweder, die schwarzen, leidvollen Perioden, die jedes Leben parat hat, erinnernd zu leugnen oder aber sich damit abzufinden, daß unser Gedächtnis zur Schönfärbung vergangener Leidenszeit neigt.

Jean Paul hatte diese Weisheit für die Eintragung in Stammbücher ersonnen, für jene Form schriftlichen Andenkens also, die man unter Gebildeten im 16. Jahrhundert schon kannte, die in Jean Pauls Zeiten ihre Hochblüte erreichte und später zum Poesiealbum für Kinder verkam. Eintragungen dort sollten an Begegnungen mit befreundeten oder verehrten Menschen erinnern, möglichst also charakteristisch für den Eintragenden sein. Diese Aufgabe erfüllte der Satz von den Erinnerungsparadiesen vollkommen. Denn Jean Paul war ein Meister der Erinnerungsvergoldung. Ein großer Teil seines bedeutenden Werkes lebt von der Verklärung seiner ärmlichen, leidvollen Jugend, nicht nur sein *Schulmeisterlein Wutz*. In dieser Hinsicht hatte und hat er wohl viele Gefährten, die zwar kaum fähig sein werden, die Paradiese so anschaulich und anrührend wie er wiederzugeben, in deren Gemütern aber doch eine solche Verschönerungstendenz rege ist. Die Zeit scheint bei ihnen wie ein Filter zu wirken, in dem das Häßliche und Schmerzliche hängenbleibt.

Bei Jean Paul ist Erinnerung weniger ein Mittel, um die Vergangenheit wieder bewußt zu machen, als vielmehr ein Freudenbringer für uns arme, gequälte Menschen, und als solcher hat sie ihren Wert in sich selbst. Von ihrer Echtheit ist dabei gar nicht die Rede. Es geht um erinnerndes Wohlbefinden, nicht um

Paradiese der Erinnerung

den Wahrheitsgehalt des Erinnerten, also nicht um Vergangenheit, sondern um Gegenwart. Das Paradies ist ein heutiges, zu dem das erinnerte Vergangene nur Anlaß gegeben hatte; es ist das Produkt eines schöpferischen Aktes zur Veredlung des damals Geschehenen, eher Dichtung als Geschichtsschreibung also, ein Lustgärtlein im Inneren zur Erholung vom Wirklichen, das bekanntlich die paradiesische Friedlichkeit und Schönheit des nur Gedachten nicht hat.

Die Gegenwart ist also an der Erinnerungsarbeit insofern beteiligt, als sie den dunklen Hintergrund für die aus der Vergangenheit aufsteigende Helle bildet. Was man heute nicht hat, war damals vorhanden. Was heute quält, gab es damals noch gar nicht. Weil man alt ist, scheint die damalige Jugend so schön.

Der verbreitete Hang, sich aus der Erinnerung das zu holen, was in der Gegenwart fehlt, spielt nicht nur im individuellen, sondern auch im öffentlichen Bereich eine Rolle, wo er verhängnisvoll wirken kann.

Deutsche Zustände

In der Weimarer Zeit wurde auf diese Weise die wilhelminische gern vergoldet, so daß man Hitler als den Ersatz-Kaiser ansehen konnte, der die schönen Zeiten, in denen Ordnung statt Freiheit herrschte, wiedererwecken würde. In der Nachkriegszeit, als Deutschland in Trümmern lag und man hungern mußte, erinnerte man sich an warme Stuben und fette Braten, nicht aber an eignes Schuldigwerden. Und heute, zehn Jahre nach dem Ende der deutschen Teilung, lassen die damit verbundenen Schwierigkeiten die Erinnerung an die Zeit der zwei deutschen Staaten immer schöner und unrealistischer werden, und zwar nicht nur im Osten, wo man sich, die Unfreiheit und den ständigen Mangel vergessend, an niedrige Mieten und sichere Arbeitsplätze erinnert, sondern genauso im Westen, wo sogar mancher, der die alte Bundesrepublik vorwiegend geschmäht hatte, heute ein verlorenes Paradies in ihr sieht.

Bedingung dafür, erinnernd in solchem Garten Eden leben zu

können, ist also ein Weglassen- und Wegsehenkönnen, ein bißchen Fiktion und ein bißchen Leichtfertigkeit. Es ist nämlich bequemer und angenehmer, sein Leben zu einer schönen Legende zu machen und so in Harmonie mit sich selbst zu kommen, als der Wahrheit ins Auge zu sehen. Versucht man aber, um eigner Wahrhaftigkeit willen, der Vergangenheit auf den Grund zu gehen, wird man bald feststellen können, daß die Paradiesvertreibung nicht so unmöglich ist wie Jean Pauls Stammbuchweisheit es glauben machte. Nur wird dazu kein Cherub mit dem Schwert benötigt.

Nur wir selbst können uns aus der Zufriedenheit einer kaschierten und geklitterten Erinnerung reißen, indem wir der Neigung, es uns leicht zu machen, entgegenarbeiten, uns auch der Leidenszeiten entsinnen, uns unsere Fehler, Schwächen und Niederlagen vor Augen führen, vergangene Schuld aus der Verdrängung entbinden, über Versäumnisse oder Taten nachträglich noch Scham empfinden und das nicht etwa aus psychotherapeutischen Gründen (obwohl eine Wirkung in dieser Hinsicht einsetzen könnte) – sondern weil es verhängnisvoll wäre, wenn wir alle statt unsere Vergangenheit eine Illusion von ihr wahrnehmen würden, und weil die Ehrlichkeit nicht aus der Welt kommen darf.

In Sachen der Selbsterkenntnis sollten wir mehr für Geschichtsschreibung sein als für Dichtung, mehr für die Autobiographie als für den Roman. Allerdings ist auch hier Skepsis nötig. Denn noch die größte Wahrhaftigkeit hat durch die Schwäche des Gedächtnisses ihre Grenzen. Jede Wahrheit ist zeitbezogen. Jeder Rückblick trägt die Irrtümer und die Erkenntnisse der inzwischen vergangenen Zeit mit sich. Da ich nicht mehr so bin, wie ich zur erinnerten Zeit war, spielt alles, was inzwischen mit mir geschehen ist, in die Erinnerung mit hinein.

3. Fährt man durch eines der Bundesländer, die noch an ihrer DDR-Vergangenheit tragen, werden Neuaufbau oder Verschönerung überall sichtbar; die oberflächliche Buntheit, die kurz nach der Wende durch grelle Reklamen und Flitter das alte Grau nur kaschierte, hat längst soliderer Veränderung Platz gemacht. Autobahnauffahrten, Bundes- und Nebenstraßen haben auf vielen Strecken schon neues Pflaster, das Telefonnetz ist perfekt ausgebaut worden; überall strahlt das Rot neuer Dächer; man stutzt die Alleebäume, pflegt die Chausseeränder, die früher von grauem Gras überwuchert wurden; man saniert Bahnhöfe, verschönert Häuser und ganze Siedlungen, stoppt den Verfall historischer Bauten, beginnt mit dem Neuaufbau mancher Kirchenruine; und in Städten und Dörfern wird lebhaft, nicht nur an Einkaufshallen, gebaut. Man fährt neue Autos, durchaus nicht nur kleine, benutzt intensiv die Reisebüroangebote, amüsiert sich auf Volksfesten, belebt die Märkte, die ihre alte Funktion wiedergewonnen haben, vergleicht die reichhaltigen Angebote der Kaufhäuser und Läden – und scheint, so wird der Vorbeifahrende denken, sich des neuen, freien Lebens zu freuen.

Damit aber ist er einem Irrtum erlegen, und er wird sich, wenn er ein kluger Reisender ist, nach den ersten Gesprächen mit Einheimischen einen Narren schelten, weil er mit seiner mechanischen Gleichsetzung von äußerem Bild und Innenleben zu voreilig war. Nicht lange aber wird er die Schuld bei sich selber suchen, denn nach tieferem Eindringen in das Volksseelenleben wird dieses ihm Rätsel aufgeben, die ihm, um es vorweg zu sagen, auch diese Betrachtung nicht lösen kann.

Der Reisende nämlich hört vorwiegend Klagen, und wenn einige Sätze mal keine enthalten, müssen sie doch den Ton einer Klage haben; das schreibt eine Konvention, die keinem bewußt ist, vor. Dem Reisenden, der sich, um das Rätsel zu lösen, gutstellen will mit den Leuten, kann man nur raten, sich weder gleichgültig noch optimi-

Deutsche Zustände

Das Berliner U-Bahn-Netz, das 1902 mit der Hochbahnstrecke von der Warschauer Straße zum Halleschen Tor begonnen wurde, war nach 1945 noch weitgehend intakt. Erst 1961, mit dem Bau der Mauer, wurde es zwischen Ost- und West-Berlin unterbrochen. Zwei westliche U-Bahn-Strecken liefen ohne zu halten unter dem Ostsektor durch.

Buckow, in der Märkischen Schweiz, 1990.
Der Putz aus Vorkriegszeiten zeigt noch
die Einschüsse von 1945. Eine Hauswand
als Geschichtslektion.

stisch oder gar fröhlich zu geben, sondern Verständnis zu zeigen oder, noch besser, mitzuklagen, und sei es ganz allgemein über die neue Zeit. Andernfalls wird er Mißtrauen spüren oder aggressive Töne zu hören bekommen; denn die Misere der Gegenwart will man sich nicht ausreden lassen, und von Vertröstungen auf die Zukunft hat man, nach vierzig Jahren verordneter Paradiesverheißung und den anschließenden Wahlversprechungen, die nicht eingelöst wurden, wahrlich genug.

Der Reisende, der nicht vom Mond kommt, sondern vielleicht aus Württemberg oder Westfalen, kennt nicht nur, so wollen wir annehmen, die horrenden Summen, die die neuen Bundesländer den Fiskus kosten, sondern auch die Nöte des Ostens, wie die noch immer geringere Entlohnung, die Eigentumsrückübertragungen und die erschreckend hohe Quote an Arbeitslosen sowohl in den Industriegebieten als auch auf dem Land. Enttäuschung bei den betroffenen einzelnen hat er also durchaus erwartet, nicht aber ein Meer von Klagen, dem jede Insel der Zuversicht fehlt. Nöte gibt es genug, denkt er, also auch Grund zum Klagen, aber das Ausmaß des einen steht zu dem des anderen in keinem rechten Verhältnis; und da das Wehgeschrei sich auf alles und jedes richtet, andererseits aber viele zugeben, daß es ihnen heute besser geht als vor der Wende, ist er ratlos und wendet sich, nachdem er gehört hatte, wie ein ehemaliger Trabant-Fahrer sich über die heutigen Autoabgase beklagt, hilfesuchend an einen, der zwar an dem Phänomen ebenso rätselt, aber schon länger darüber nachdenkt, nämlich an mich.

Ich aber kann ihm, nachdem ich ihm alles, was er schon weiß, aufgezählt habe, auch nur einen einzigen, von ihm übersehenen Grund nennen, den man vielleicht als den Verlust von Selbstwertgefühlen bezeichnen kann.

Da stand am Anfang, als die Einheit Wirklichkeit wurde, eine zu große Erwartung, die notwendigerweise enttäuscht werden mußte,

Klagen über Klagen

weil sie von Alltagssorgen und Marktwirtschaftshärten nichts wußte: eine Fernsehbildrealität. Dann kam die Überforderung durch Neuheit und Freiheit. Ohne den Ort zu wechseln, war man in andere Verhältnisse versetzt worden, mit anderem Geld, anderen Werten, anderen Gesetzen, mit einer anderen Zeitungs- und Behördensprache sogar. Aus einer bevormundeten Sicherheit war man in eine risikoreiche Selbstverantwortung entlassen worden. Gelerntes war unnütz oder gar falsch geworden. Kein Wunder, daß man unsicher wurde und unversehens, nach dem Ende der DDR, eine DDR-Identität entdeckte: als psychischen Halt in der Vergangenheit, in der man Bescheid wußte und sich zu behaupten oder zu verkriechen verstand. Folge davon war Erinnerungsschwäche. Aus dem Gedächtnis verschwunden sind damalige Unfreiheit und der täglich spürbare Mangel. Kein Gedanke gilt mehr dem Verlangen, ja der Gier nach westlichen Waren und Werten. Was allein zählt vom Vergangenen, ist nur die Tatsache, daß man die Sorgen, die einen heute bedrücken, nicht hatte und, damit zusammenhängend, nicht diesen Mangel an Selbstwertgefühl.

Bewußt wird er nicht, dieser Mangel, zumindest nicht eingestanden. Er tritt als Trotz oder Wut oder Selbstmitleid in Erscheinung, manchmal auch als moralische Überhebung. Ähnlich verhalten sich alte Leute, die nicht begreifen wollen, daß die Erfahrungen, die sie im Lauf eines langen Lebens gesammelt haben, in der neuen Zeit nicht mehr gelten, sondern mit ihnen veraltet sind. Nicht nur anders, sondern auch falsch oder schlecht sind die Zeiten für sie geworden, und da sie die guten alten vertreten, fühlen sie sich als moralisch höherstehend – was sich durch ihre gegenwärtige soziale Unterlegenheit schon beweist. Man höre nur, wie sie darüber reden, daß jetzt nur das Geld das Bestimmende wäre: da schwingt die Behauptung, daß früher, in DDR-Zeiten also, moralische Werte bestimmend gewesen wären, ganz deutlich mit. Man fühlt sich an das

Deutsche Zustände

deutsche Bild der Franzosen im 18. Jahrhundert erinnert, als das ost-westliche Modernitäts- und Wohlstandsgefälle durch eine moralische Sicht erträglich gemacht wurde: Sind wir Deutschen auch arm, unelegant und zurückgeblieben, so sind wir doch ehrlich, bieder und treu.

Der Reisende, der solche Komplexe nicht kennt, ist skeptisch, will aber nach der Erklärung, daß selbstverständlich alle diese Klageweisen, je nach sozialer Lage, Beruf und Charakter, verschieden ausfallen, noch wissen, ob damit auch die oft gehörte Intellektuellen- und Künstlerklage erklärt werden könnte. Was, zum Beispiel, war nach der Wende mit den Schriftstellern los?

4. Freudenäußerungen oder auch nur Erleichterungsseufzer waren beim Ableben der DDR von ihren Schriftstellern nur vereinzelt zu hören, obgleich es doch mit der Zensur, unter der sie gelitten hatten, zu Ende war. Statt dessen waren Klagen zu hören, und wer sich darüber wunderte und der Sache auf den Grund zu gehen versuchte, mußte, wie oft schon im Leben, die Erfahrung machen, daß, erstens, es nicht nur einen Grund gibt, sondern ein ganzes Geflecht von Gründen, daß, zweitens, sich nicht alle Betroffenen über einen Kamm scheren lassen und daß, drittens, alte Nöte schnell von den neuen ins Vergessen gedrängt werden, so daß Qualen von gestern heute keine mehr sind.

Wollte man einen Arbeiter aus Eisenhüttenstadt oder Halle, der im Zuge der deutschen Einheit arbeitslos wurde, mit der Bemerkung, daß Freiheit auch ihren Preis habe, zu trösten versuchen, würde er das in besonderem Maße als zynisch empfinden, wenn er unter der Unfreiheit wenig oder gar nicht gelitten hätte; denn nur der Wert, den ich einer Sache beimesse, rechtfertigt den für sie zu zahlenden Preis. Diesen aber müßte, so könnte man denken, ein Autor, auch wenn ihm die Einheit Verluste brachte, höher bewerten, weil literarische Werke doch mehr

Preis der Freiheit

als Stahl- oder Chemiefabrikate der Freiheit des Wortes bedürfen. Doch hat auch hier die Bewertung wahrscheinlich etwas mit dem Verhältnis von Gewinn und Verlust zu tun.

Mehrfach sind mir in DDR-Zeiten Autoren begegnet, die meinem Zorn auf die Literaturreglementierung mit dem Bekenntnis entgegentraten, sie hätten immer frei schreiben können, wären nie von Zensurmaßnahmen behindert worden, was ich ihnen auch glauben konnte, weil ihr Schreiben und Denken nämlich, sei es aus ehrlicher Überzeugung, sei es aus Mangel an eignen Gedanken, dem der Machthaber und ihrer Zensoren immer entsprochen hatte. Ihnen, des verflossenen Regimes Hätschelkinder, hat die Zensur ja wirklich nie ernsthafte Sorgen bereitet. Sie konnten sie leicht, ihrer Partei gehorchend, für wichtig und notwendig halten, da sie nicht nur dem Staat die vermeintlichen Klassenfeinde, sondern ihnen auch noch die besser schreibenden Konkurrenten vom Halse hielt.

Von ihnen, den Parteischriftstellern, konnte Freude über das Ende der DDR also gar nicht erwartet werden. Daß sie klagten, war selbstverständlich. Einigen hatte der Schock über das Ende der Macht, der sie sich verschrieben hatten, die Sprache verschlagen; andere hat der Sturz von den Höhen der staatlichen Anerkennung sehr mitgenommen; und alle litten darunter, daß die Verlage neue Bücher von ihnen nicht haben wollten und daß ihre Lesergemeinde ihnen größtenteils abhanden gekommen war.

Diese Sorgen aber teilten sie mit vielen anderen Autoren, die das Unglück hatten, in DDR-Zeiten im Westen keine Beachtung gefunden zu haben, und die nach der Wende, da ihre Verlage gestorben waren oder sich eingeschränkt hatten, wieder in die Situation von namenlosen Anfängern gekommen sind.

Daß die Chancen, gedruckt und gekauft zu werden, für sie nun geringer wurden als zu sozialistischen Zeiten, hing unter anderem mit der reglementierten Geschlossenheit des vergleichsweise kleinen DDR-Buchmarktes zusammen, in dem es,

Deutsche Zustände

des ständigen Mangels wegen, so gut wie keine Absatzprobleme gab. Da die DDR-Literatur, soweit sie nicht aufsässig war, favorisiert wurde, die Bücher billig waren und die Konkurrenz, auch die durch Zeitschriften oder Trivialliteratur, weitgehend fehlte, war die Lage der Literaten, nicht nur in finanzieller Hinsicht, recht gut. Da es dort, wo eine geringere Anzahl von Namen vorkommen, leichter ist, sich einen zu machen, wurde auch weniger wichtigen Leuten, die nach gesamtdeutschen Maßstäben nur provinziell Bedeutung gehabt hätten, reichlich Anerkennung zuteil.

Aber nicht nur diese, außerhalb der DDR nur wenig bekannten Autorengruppen, sondern auch die selbständigen und kritischen Geister, deren Namen man nennt, wenn man sich an die DDR-Literatur erinnert, haben mit Anbruch der Freiheit Verluste erlitten. Einigen sind die sozialistischen Ideale, für die sie, auch gegen die real-sozialistische Macht, gestritten hatten, abhanden gekommen, alle aber haben durch die veränderten Maßstäbe verloren, sowohl an Bedeutung als auch an Leserschaft.

Denn auch sie, die mit der Zensur ständig auf Kriegsfuß standen, weil sie Eignes zur Sprache bringen und so den Bereich des Erlaubten erweitern wollten, waren insofern in einer günstigen Lage, als die Kritik im Westen allen oppositionsverdächtigen Büchern Beachtung schenkte und damit die Leser im Osten auf das für sie Lesenswerte aufmerksam machte, manchmal ohne Rücksicht auf literarische Qualität. Im Westen gelobt zu werden, hieß, auf dem Umweg über die Medien, im Osten bekannt zu werden. Viele DDR-Bucherfolge beruhten auf westlichen Einflüssen, wenn auch das innige Verhältnis der kritischen Autoren zu ihren Lesern, die oft mehr als die Zensoren zu drucken erlaubt hatten, aus den Büchern herauszulesen verstanden, ein völlig internes war.

Diese Erfolge waren also teilweise mehr politisch als literarisch begründet und mußten, da an die Unfreiheit gebunden, mit dieser vergehen. Manches Werk hat damit

Preis der Freiheit

an Bedeutung verloren; ob es sie später wiedergewinnen kann, ist heute nicht zu entscheiden. Mancher Autor ist unversehens ins Abseits geraten und trauert, was er nicht gerne zugeben möchte und deshalb andere Gründe dafür erfindet, der alten Zeit und den vergangenen Selbstwertgefühlen nach. Als Preis der Freiheit wird er das nicht gern bezeichnen. Eher wird er die Existenz dieser Freiheit pauschal anzweifeln und beispielsweise behaupten: was früher die Zensur war, ist jetzt der Markt.

Kein ernstzunehmender Autor, der von der Zensur betroffen war, wird sie verharmlosen. Doch ist die Sage nicht totzukriegen, die Zensur habe, da sie zum Verbergen bestimmter Gedanken zwinge, eine subtile Wortkunst, die ironische vor allem, gefördert, sei also stilbildend gewesen. Dergleichen ist aber nur von Betrachtern der Literatur, nicht von ihren Erzeugern zu hören, deren Stil sich mit dem Ende der Zensur ja ändern müßte, träfe diese Vermutung zu. Ein solcher Fall ist aber nicht bekannt.

Deutsche Zustände

5. Der Reisende, ob nun aus Bremen oder aus Franken kommend, hat inzwischen begriffen, daß der Hauptfehler, den wir im Urteilen übereinander machen, vor allem im zu schnellen Generalisieren besteht. Was wir lernen müssen, ist das Verständnis für andere Lebenserfahrung – weshalb ich dem Reisenden eine kleine Geschichte aus den sechziger Jahren erzähle, die Geschichte vom Schulreife-Test meiner sechsjährigen Tochter, in welchem sie unter anderem die harmlose Frage zu beantworten hatte: Sicher kennst du doch etwas, das fliegt.

Die Vögel, die der Geprüften zuerst einfielen, wurden mit freundlichem Kopfnicken und der Bitte nach weiteren Beispielen zur Kenntnis genommen, und auch Fliegen und Mücken wurden mit Anerkennung belohnt. Als dann aber die Bienen, Wespen und Heuschrecken kamen, merkte man, daß die beiden prüfenden Damen von der Naturkunde genug hatten und auf anderes zielten, weshalb sie dann auch nach Größerem fragten, doch waren die nächsten Angebote, die Schmetterlinge und Fledermäuse, ihnen nicht groß genug. Hoch, ganz hoch kann es fliegen, sagte die eine Dame und reckte den Zeigefinger zum Himmel. Doch als das Flugzeug genannt wurde, war das zwar auch richtig, jedoch noch immer nicht das Gewünschte, aber nahe, ganz nahe daran.

Zum besseren Verständnis der damaligen Test-Tendenzen muß ich hier in Erinnerung bringen, daß etwa zehn Jahre vor dieser Szene die Sowjetunion den Wettlauf ins Weltall gewonnen hatte, womit, wie manch einer mit den Agitatoren glaubte, die Überlegenheit der marxistisch-leninistischen Weltanschauung und Lebensweise glänzend bewiesen war. Satelliten wurden zum bevorzugten Bestandteil der politischen Propaganda, und die von ihr abhängige Pädagogik startete eine Weltraumfahrerkampagne, deren Wirkung der populären Propaganda durch Siege gedopter Spitzensportler zumindest gleichwertig war. Die Kleinsten schon erfreuten in Kindergärten Sputniks aus Pappe, und auf die Frage nach Vorbildern erwartete man von hervorragenden Jungen Pionieren das stolze Bekenntnis: Ich will wie Jury Gagarin sein.

Die Testfrage nach Fliegendem war also auf den Sputnik gerichtet, wie für jedes sozialistisch erzogene Kind dieser Zeit nahelag. Die Testperson aber, die weder mit staatlichen Kindergärten noch mit dem Fernsehen Erfahrungen hatte, war mit der propagandistischen Weltraummode ganz unvertraut. Ihr Denken war anders gerichtet. Sie schwieg lange, schwankte, ob sie Trotz oder Beschämung hervorkehren sollte, litt sichtlich unter der Vorstellung, als Versager betrachtet werden zu können, hatte dann aber doch noch den rettenden Einfall und platzte glücklich mit den Engeln heraus.

Die Verlegenheit, die sich unter den Erwachsenen breitmachte und vom Kind zwar bemerkt, aber nicht begriffen wurde, dauerte nur einige Sekunden: aber ihretwegen wird hier diese unbedeutende Geschichte erzählt. Es waren Wahrheits-Sekunden, die beiden Parteien, den

Schulreife-Test

Deutsche Zustände

Eltern sowohl als auch den Schulvertretern, die bestehende Zwangslage vor Augen führte, die selten nur ins Bewußtsein rückte, weil sie ständig bestand. Man war es gewohnt, außerhalb der vertrauten Kreise die eigne Meinung zurückzuhalten, sein Inneres nicht erkennen zu lassen, nicht das, was man dachte, sondern das, was erlaubt oder erwünscht war, zu sagen, zumindest aber sich an die geforderte Sprachregelung zu halten, also verschlossen und, aus Gründen der Selbsterhaltung, mehr oder weniger unehrlich zu sein.

Der Anlaß, sich diese vertraute Verhaltensweise ins Bewußtsein zu rufen, war unerheblich: denn der Schul-Test, der nur die psychische Reife des Kindes feststellen sollte, hatte von der Sache her mit Politik nichts zu tun. In Staaten aber, in denen die Machthaber das Weltbild vorschreiben, das Denken und Reden nur in verordneten Bahnen gestatten und das Persönlichkeitsrecht beschneiden, kommt auch das Individuellste und Privateste früher oder später mit dem Politischen in

Berlin, Hauptstadt der DDR, 1972. Der Fernsehturm zwischen Alexanderplatz und Marienkirche, 1969 unter Ulbricht gebaut, sollte als höchstes Bauwerk Berlins (365 m) von der Überlegenheit des Sozialismus künden. Entworfen wurde er von Hermann Henselmann, dem Erbauer der Stalinallee.

Konflikt. Die Erwähnung des Engels als etwas Realem war aus Kindermund, wie sich versteht, nicht verboten. Sie konnte keinerlei Folgen haben. Und trotzdem war in der Verlegenheit, die sie auslöste, nicht nur Betroffenheit über Konventionsverletzung, sondern auch etwas Besorgnis, ein klein wenig Angst. An Stelle des Siegessymbols Sputnik den Engel zu setzen, hieß Auskunft darüber zu geben, daß in dieser Familie ein anderes Denken, als das verlangte, zu Hause war.

Die Prüfenden, die ich nicht kannte und nie kennenlernte, in ihnen aber eine Lehrerin und eine Psychologin vermutete, waren auf dergleichen nicht vorbereitet. Ihre Verlegenheit hing, wie ich annehme, damit zusammen, daß sie einerseits sich psychologisch richtig verhalten, dem Kind also Verständnis entgegenbringen wollten, daß sie andererseits aber durch den Erziehungsauftrag des Staates dazu verpflichtet waren, jederzeit eine, wie man das nannte, parteiliche Haltung zu zeigen, politisch Schädlichem oder Unwissenschaftlichem also energisch entgegenzutreten, christlichem Gedankengut beispielsweise; das hatte man aus der Schule verbannt. Vielleicht schwiegen die beiden verlegen, weil jede Reaktion falsch gewesen wäre; vielleicht aber dachten sie auch ganz anders darüber und schwiegen nur, weil sie zu zweit waren und jede von der anderen vermuten konnte, daß sie ihr Beobachter war.

Anders verhielt es sich mit den Eltern, die nur mit Mühe ein Lächeln über den irritierenden Engel verbergen konnten, die aber auch erschreckt worden waren – nicht weil sie unangenehme Folgen davon zu befürchten hatten, sondern weil dieser eher komische Vorfall für die Zukunft erhellend war. Sie fühlten sich unnötig durchschaut durch die unbefangene Antwort der Tochter, schämten sich dieser bekenntnisverweigernden Regung und wurden sich gleichzeitig der Konzeptionslosigkeit ihrer Erziehungsmethoden bewußt. Sie hatten das Kind bisher aufgezogen, als ob es den Staat, den sie nicht mochten, nicht gäbe, hatten es auf

Deutsche Zustände

das Leben draußen nicht vorbereitet, es also in Teilbereichen weltfremd gemacht. Mit dem Beginn der Schulzeit aber war die behütete Phase, in der nur Eltern, Verwandte und gleichdenkende Freunde Einflüsse ausgeübt hatten, zu Ende. Jetzt wurde der Staat zum Erzieher, und da seine Einflüsse sich in schwer durchschaubarer Weise mit dem schulischen Wissenserwerb verquickten, durften die Eltern nur teilweise zum Partner der Schule werden; sie mußten, bei allem Vertrauen in das christliche Fundament in der Seele des Kindes, auch Kritiker und Widerredner der Schulpädagogik sein. Man mußte dem Kind also eine Zerreißprobe zumuten, die jenem im Kreidekreis nicht unähnlich war. Ließ man es aus Liebe dann los, um es nicht zu zerreißen, strafte man es und sich selbst vielleicht durch Entfremdung; hielt man es aber fest, verbaute man ihm in der Welt, in der es doch leben und seinen Platz finden mußte, möglicherweise den Weg. Konsequent zu bleiben, hieß also, dem Kind vielleicht alle Chancen im Leben zu nehmen, außer der, ein Märtyrer oder ein Held zu werden. Inkonsequentes Nachgeben aber erleichterte ihm das Leben und ebnete zum Fortkommen und Aufsteigen die Bahn.

Dieses Denkmodell von Erziehungsproblemen in Diktaturen, das in den Sekunden, in denen der Engel alle zum Schweigen gebracht hatte, entworfen wurde, war zwar prinzipiell richtig, dadurch aber, daß es nur die Extreme bedachte, vom wirklichen Leben entfernt. Es gab nämlich nicht nur das Aufgeben oder Festhalten, das Sich-Treubleiben oder Anpassen, sondern auch, was weitaus häufiger war, viele Mittelwege, darunter vor allem die Scheinanpassung, bei der man das Eigne dadurch bewahrte, daß man es nur in den eignen vier Wänden verlautbarte, draußen aber, wo man wie ein anderer lebte, es schweigen hieß. Dieses Gespaltensein oder Verstecken gab es in vielen Schattierungen und Nuancen, von der vollkommenen Trennung der beiden Leben bis zum Ineinanderfließen der Grenzen, was im ersten

Schulreife-Test

Fall zu Zynismus führte, im zweiten eine äußerst diffuse Denk- und Gefühlslage ergab. Wollte man ein Kind zu dieser Art von Lebenstüchtigkeit führen, mußte man ihm die Absolutheit seines Gerechtigkeits- und Wahrheitsbedürfnisses abtrainieren, es schweigen lehren, ihm die Spontaneität abgewöhnen und, um nicht vom Lügen zu reden, ihm klarzumachen versuchen, daß die häusliche Wahrheit nicht die staatlich-schulische war. Aber meist konnte man sich diese Verhaltenslektionen ersparen. Das Vorbild der Eltern, die lange in der Hochschule des Lebens auf DDR-Bürger studiert hatten, war Richtwert genug.

Leicht war es nicht, so gespalten zu leben. Es erforderte Anspannung, verletzte die Selbstachtung, und voller Risiko war es auch. Es gab die Gefahr von außen, nämlich die der Entlarvung (die, nebenbei gesagt, oft nicht so groß war, wie man dachte, da den Machthabern die Scheinanpassung, die ja auch eine Geste der Unterwerfung war, häufig ausreichte), und es gab die Gefahren, die in der Sache selbst lagen: die Charaktererweichung, die Relativierung moralischer Werte und das manchmal bewußt vollzogene, oft aber langsame, unmerkliche Hinübergleiten ins andere Lager, der Überzeugungswechsel, die innere Kapitulation. Die Gründe dafür waren vielfältig und vielschichtig, deshalb selten nur einsichtig, auch für den Betroffenen selbst. Man konnte, als Abschluß eines Lern- und Glaubensprozesses, aus tatsächlicher Überzeugung wechseln. Man konnte, des Versteckens und Gespaltenseins überdrüssig, es tun, um sich ehrlich zu machen oder es leichter zu haben. Dankbarkeit für die Gewährung von Privilegien konnte das Innere genauso verändern wie die Hoffnung darauf. Wenn Karrieren winkten, ging es leichter mit der Bewußtseinsveränderung. Die Unterscheidung von Ursache und Wirkung fiel dabei schwer.

So oder so ähnlich dachten die Eltern in diesen Sekunden, oder ich bilde mir heute ein, daß sie so dachten. Jedenfalls sorgten sie sich um ihre aufrichtige Tochter, die es in einer Welt, die ohne Ausnahme Übereinstimmung forderte, schwer haben würde. Später mußten sie sich von ihr sagen lassen, daß diese Sorge, die von einer Angst genährt wurde, die aus den Nachkriegs- und den ersten DDR-Jahren stammte, nicht nur lästig, sondern auch unnütz gewesen war. Die Jungen, die in dem eingemauerten Staat geboren waren, entwickelten ihre eigne Art von Selbstbehauptung und Widerstandswillen. Die Oppositionellen der achtziger Jahre waren vorwiegend junge Leute, die mutig und listig mit der Einheitspartei umzugehen verstanden. Als meine Tochter zehn Jahre nach dem Test ihrer Schulreife sich auf der Oberschule den vormilitärischen Übungen verweigerte, konnte sie in den peinlichen Aussprachen so mit den Schulgewaltigen reden, daß sie diese nicht provozierte und doch ihren Standpunkt wahrte. Und als sie wieder zehn Jahre später bei der Auflösung der Stasi mitwirkte, hatte sie ihre Eltern im Wissen um die finsteren Teile der DDR-Geschichte wohl schon überholt.

Leider hat die kleine Geschichte von dem störenden Engel, wie fast alle wahren, überhaupt keine Pointe. Daß ich sie dem Reisenden aus Husum oder aus dem Breisgau erzähle, hat mit meinen Versuchen zu tun, die deutschen Irritationen auch aus der Vergangenheit zu begreifen. Wir müssen, um uns den anderen verständlich machen zu können, uns so genau und so ehrlich wie möglich erinnern, und zwar nicht nur an Mauer und Todesstreifen, an Grenzschikanen und Eingesperrtsein, sondern auch an die im Westen weit verbreitete Meinung, daß man sich abfinden müsse mit der Teilung und auch die Staatsbürgerschaft teilen müsse. Verdrängen kann man nicht nur im Osten gut.

6. Zu den vielen Dingen, die Westdeutsche am Osten befremden müssen, gehört das Festhalten vieler Leute an der Feier der Jugendweihe. Zu dieser hatte man sie in DDR-Zeiten gezwungen, um die traditionelle kirchliche Bindung durch die ideologische an den Staat

Familienfeiern

zu ersetzen. Wenn nun die gleichen Menschen heute die Jugendweihe weiterführen, könnte unser Reisender annehmen, sie sehnten sich nach den unfreien Lebensumständen des SED-Staates zurück. Das aber ist nicht anzunehmen. Nicht DDR-Nostalgie ist hier in jedem Fall rege, sondern ein Bedürfnis nach Einbindung in ein größeres Gruppengefüge, das einem Halt und vielleicht auch Lebensrichtlinien gibt. Nicht Reglementierungen werden gewünscht, aber doch Regeln oder auch Konventionen; man braucht Höhepunkte oder Besinnungspausen im Lebens- und Jahresablauf, wie sie früher die Weisheit der Kirche verordnete. Man sucht nach Verhaltensmustern, die die Entscheidungen im reizüberfluteten Alltag erleichtern. Mit DDR-Zeiten verglichen, sind die Möglichkeiten der eignen Lebensgestaltung, aber auch der Verführung größer und vielfältiger geworden, aber jeder ist dabei auf sich selbst angewiesen, was häufig zur Überforderung führt. Das heißt dann Unsicherheit oder Fremdheit und gibt dem Gewohnten, das noch geblieben ist, einen höheren Wert.

Die Eltern der heutigen Jugendweihe-Kinder waren zuvor selber welche und deren Eltern vielleicht auch. Schon für sie war die Feier, bei der sie Geschenke bekommen und einmal im Leben im Mittelpunkt der Familie gestanden hatten, ein großer, erinnerungsträchtiger Tag. Damit waren christliche Traditionen verlorengegangen, und die SED hatte es verstanden, an die Stelle der abgewürgten kirchlichen Fest- und Feierkultur eine neue zu setzen, die, erst widerstrebend angenommen, schließlich doch wirksam wurde, erst als Ersatz, dann als die Sache selbst. Die Jugendweihe wurde zur echten Familienfeier, in der das Ideologische scheinbar keine Rolle mehr spielte oder doch überflüssig erschien. Mit den Jahren schien sie immer privater zu werden, blieb aber doch eine vom Staat initiierte und ihm verpflichtete Lebenszäsur.

Man kann erschrecken über diese posthumen Erfolge der Indoktrinierung, aber man muß die Menschen,

Deutsche Zustände

die sich in ihrer Ratlosigkeit an Überkommenes halten, zu begreifen versuchen. Das aber kann man nur, wenn man sich klarmacht, daß sie in der Mehrzahl den Kirchen entfremdet sind.

7. Da der Reisende aus Köln oder Marburg hier einwenden könnte, daß die Kirchen, vor allem die evangelische, in der DDR doch eine historische Rolle gespielt hätten, muß ich von meinen Erfahrungen aus den siebziger und achtziger Jahren erzählen, als die Kirchen sich sowohl den Oppositionsgruppen öffneten, als auch sich allem Kulturellen aufgeschlossen zeigten und besonders Schriftstellern ein freies, nicht-staatliches Forum für Lesungen und Diskussionen boten, das von mir häufig und gern genutzt wurde. In den Kirchen und Pfarrgärten, Akademie- und Gemeinderäumen herrschte meist großer Andrang, denn diese vom Staat zwar insgeheim überwachten, aber nicht gegängelten Treffen von Christen und Nichtchristen, die oft auch Ost-West-Treffen waren und einen Anflug von Illegalität hatten, zogen ihrer Zensurfreiheit wegen viele Menschen an. Selten habe ich Lesungen für so sinnvoll gehalten wie diese. Und wenn auch, wie sich später herausstellen sollte, die Unterwanderung mit Spitzeln stärker war, als wir ahnten, so kann das die gute Erinnerung wenig trüben, und an meiner Dankbarkeit für die Landeskirchen und für die Pastorinnen und Pastoren, die oft damit Sorgen und Ängste auf sich nahmen, ändert das nichts. Städtische und ländliche Pfarrhäuser waren für mich immer Stätten, in denen ich aufatmen und ich selbst sein konnte, und das Wissen um ihre geschichtliche Bedeutung für das deutsche Geistesleben gab jeder Begegnung in ihnen besonderen Glanz.

Die große Anziehungskraft, die die evangelische Kirche in diesen Jahren hatte, verdrängte ein wenig die Sorge um die vom Staat betriebene Entchristianisierung und nährte die Hoffnung, daß viele der vorwiegend jungen Leute, die zu

Leere Kirchen

bestimmten Anlässen die Kirchen füllten, sie nicht allein als Fluchtburgen benutzten, sondern sich von ihrem Geist erfüllen lassen würden. Das Prinzip der Kirche, auch Gruppen, die mit Christentum nichts im Sinn hatten, unter ihrem Dach Schutz zu gewähren, sah ich sowohl als Akt der Nächstenliebe und als lobenswerte Toleranzpraxis als auch als eine Art passiver Missionstätigkeit an.

Diese Hoffnung hat sich, wie auch jene, daß die Bundesrepublik mit ihrem Wort zum Sonntag, ihrem Religionsunterricht in den Schulen und ihrer Militärseelsorge ein stark christlich orientierter Staat wäre und dadurch die Wiedervereinigung eine Stärkung der Kirchen nach sich ziehen würde, als Illusion erwiesen. Vielmehr sieht es so aus, als ob in ganz Deutschland der Einfluß der Kirchen immer mehr schwindet und die Gesellschaft ihre christliche Prägung immer weiter verliert. Das legt den unangenehmen Gedanken nahe, daß die Unterdrückung des Religiösen durch die Marxisten-Leninisten nur eine brutalere und radikalere Form der auch im Westen fortschreitenden antireligiösen Modernisierung im Zeichen eines anderen Materialismus gewesen sein könnte. So betrachtet hätten die Feinde des Kalten Krieges in dieser einen Hinsicht als Brüder gewirkt. Daß sich die Kirchen im Osten nach der Entmachtung der SED so schnell wieder leerten, hat natürlich in erster Linie mit der religiösen Entwurzelung der jüngeren Generationen, daneben aber auch mit der dem Glauben nicht günstigen neuen Lebensweise zu tun.

Die naheliegende Erklärung für die Glaubenslosigkeit des heutigen Lebens ist die, daß der moderne Mensch Gott nicht mehr benötigt, weil er die Warenwelt heiligt und seine Glückseligkeit im konsumgesättigten Diesseits zu finden meint. Das ist zwar richtig, trifft aber nicht zu für alle. Denn neben jenen, die Wohlstandsgläubigkeit anstelle des Glaubens setzen, gibt es auch die im Überfluß Unglücklichen, die Sinnsucher, die nicht von Brot oder Torten allein leben wollen, und

Deutsche Zustände

Da viele DDR-Oppositionsgruppen sich im Schutz der evangelischen Kirchen bilden konnten, waren auch manche Kirchengebäude in aller Munde und zu bestimmten Anlässen auch mit Nicht-Christen gefüllt. Das Foto zeigt die St. Marienkirche im Dezember 1989.

34 Die Berliner Klosterkirche aus dem 13. Jahrhundert wurde 1945 zerstört und später als Ruine gesichert. Im mittelalterlichen Berlin stand sie nahe der Stadtmauer. Heute hat eine auf Autoverkehr ausgerichtete Straßenführung sie ins Abseits gedrängt.

jene, für die der Tod nicht der Schlußpunkt ist. Von ihnen zeugen nicht nur die Erfolge der Sekten, der Astrologen und anderer angeblicher Heilsbringer, sondern auch das Bedürfnis der Massen, populäre Idole zu heiligen oder zu vergotten. Das alles läßt darauf schließen, daß Gottes Platz in der Seele zu einer Leerstelle wurde, die nach neuen Glaubensinhalten und nach neuer seelischer Bindung verlangt.

Das aber sind doch Bedürfnisse, die eigentlich die Kirche zu befriedigen hätte, es offensichtlich aber zu wenig tut. Für die Menschen, die eine andere Welt suchen, scheint die Kirche zu sehr von dieser Welt zu sein. Für einen, der an dem Rationalismus heutigen Lebens kein Genüge findet, ist die Kirche vielleicht zu sehr Bestandteil desselben. Zu wenig Sendungsbewußtsein zeigt sie in seinen Augen, zu sehr paßt sie sich an.

Die Kirche ist eine unserer ältesten, traditionsreichsten Institutionen, die alle sich ändernden Zeitläufte nur überstehen konnte, indem sie sich, unter Wahrung

35

Leere Kirchen

ihrer Aufgabe, auf sie einzustellen versuchte. Das muß sie auch heute wieder versuchen, ohne sich dabei aufzugeben. Sie muß sich der Gegenwart stellen, ohne wie sie zu werden. Im Strom der Zeit sollte sie nicht mitschwimmen, sondern in ihm eine Insel bilden, eine feste Burg, in die man sich aus der Unsicherheit und Orientierungslosigkeit retten kann. Die Würde ihres Alters sollte sie nicht verleugnen, sondern sie herzeigen als ein Beständiges in einer von Wechsel zu Wechsel eilenden Zeit. Während unsere Städte, die durch kalte Kolossalbauten immer unwirtlicher werden, sich auf die Anziehungskraft ihrer alten, kunstvollen Bauten mit menschlichen Maßen besinnen, sollte die Kirche nicht der Versuchung erliegen, ihre altehrwürdigen Aufgaben modernistisch zu drapieren. Sie sollte Stolz und Vertrauen in die schöne, kräftige Sprache Luthers setzen, sie nicht aber in ein nichtssagendes Deutsch übertragen, das der Größe und Schönheit der Botschaft in keiner Weise entspricht. Predigten, die doch alle ihre Aufgabe von Markus 16 herleiten (»Gehet hin in alle Welt und prediget das Evangelium ...«), sollten, wenn sie, dem anerkennenswerten Bestreben nach Alltagsnähe folgend, Streß, Ärger am Arbeitsplatz oder Eheprobleme zum Thema haben, diese nicht in einer Weise behandeln, als habe der Prediger den Ehrgeiz, Psychotherapeut und nicht Seelsorger zu sein. Auch sollten Pastoren, die in der guten Absicht, sich nicht durch Lehren und Mahnen über ihre Mitmenschen zu erheben, bewußt auf die Autorität verzichten, die der Pfarrer früher hatte, bedenken, daß jemand, der Seelsorge benötigt, gerade die Autorität sucht und braucht.

Es geht dabei nicht um die Traditionen als solche. Die muß man ablegen können, wenn sie sich als ungeeignet erweisen. Es geht um die Frage, warum Christen welche sind und bleiben und der Kirche die Treue halten, und darum, wie man der Kirche Entfremdete wiedergewinnen kann. Und Traditionen sind dabei sicher nicht unwichtig. Ich kann mir nicht vorstellen, daß

Deutsche Zustände

Leute die Kirche besuchen, um über den Umgang mit Chefs beraten zu werden, des Pfarrers Meinung über Politik zu erfahren oder um Disco-Rhythmen zu hören, vor denen man schon in keinem Café sicher sein kann. Sie kommen doch wohl um der Sache willen, die die Kirche seit jeher sozusagen verwaltet, und das ist der christliche Glaube mit allem, was im Diesseits an Wissen und Gewissen, Denken und Handeln dazugehört. Vielleicht kommen sie, um Lebenssinn oder Orientierung zu suchen, vielleicht um der Einsamkeit zu entfliehen, um Trost zu finden oder weil ihnen vor der Vorstellung des Todes als einem Nichts graut. Sie kommen also der Seelsorge im weitesten Sinne wegen, und sie werden nur bleiben, wenn ihre Hoffnungen nicht enttäuscht werden, wenn also die Kirche ihre eigentliche Aufgabe erfüllt.

Besser freilich, als die Leute kommen zu lassen, wäre es, sie zu holen. Wenn ich die wenigen mir persönlich bekannten Vertreter der Kirchen betrachte, fällt mir neben vielem Erfreulichen, Guten und Angenehmen ihre heitere Ruhe ins Auge, mit der sie es sich im Kreis von Gleichgesinnten niveauvoll wohl sein lassen und mit der sie ihre Schar immer geringer werden sehen.

Ich glaube also, um es gröber zu sagen, eine gewisse Passivität feststellen zu können, die möglicherweise mit der Bejahung der pluralistischen Gesellschaft und der in ihr erforderlichen Respektierung anderen Glaubens und Denkens zusammenhängt. Mit Recht ist für uns Toleranz eine Tugend; doch verliert diese alle tugendhaften Verdienste, wenn sie auf Gleichgültigkeit oder Desinteresse beruht. Wert hat die Duldung anderer Überzeugungen nur, wenn sie mir schwerfällt, weil ich von der eignen Glaubenswahrheit überzeugt bin. Dann aber werde ich versuchen, andere, auch in ihrem Interesse, davon zu überzeugen. Und diese Versuche sind, wie ich finde, rar.

Ich sehe vielmehr eine gewisse Gleichgültigkeit gegenüber einer Entwicklung, die unser kulturelles und moralisches Wertesystem, das

Sisyphos-Arbeit

doch auch im nichtkirchlichen Bereich christlich geprägt war, immer weiter verfallen läßt. Wenn die Kirche glaubt, wie man Grund hat zu hoffen, daß das Christsein den einzelnen und die Gesellschaft glücklicher machen und bessern könnte, muß sie doch bestrebt sein, für ihren Bestand und ihre Ausweitung zu wirken. Sie darf sich nicht weiter ins Abseits drängen lassen. Sie muß die Erziehung zu Grausamkeit und Gewalt über die Fernsehkanäle mit ständigen Protesten begleiten, und sie darf Feiertage, die aus finanziellen Gründen gestrichen werden, nicht widerstandslos und klaglos preisgeben, als läge ihr nichts an ihnen – so daß Technokraten sicher schon heute erhoffen, ohne große Proteste der Kirchen morgen den Sonntag abschaffen zu können, der zweifellos den Produktionsablauf stört. Diesen christlichen Ruhetag zu heiligen, so könnte die Forderung lauten, ist doch Nicht-Christen nicht zumutbar.

Was also den Christen weitgehend fehlt, ist ihr sichtbar werdender Wille, sich nicht nur zu behaupten, sondern verlorene Seelen zurückzugewinnen, also, falls das Wort noch erlaubt ist: Mission. Früher fuhren glaubensstarke Leute, unsägliche Strapazen nicht scheuend, zu diesem Zweck in die Südsee oder nach Grönland. Heute brauchten sie, ohne jede Entbehrung, nur beim Nachbarn vorzusprechen, nur in der Öffentlichkeit mehr Selbstvertrauen zu zeigen oder sich in demokratischen Institutionen für die Kirchenbelange einzusetzen, ohne Behinderung durch Natur- oder Staatsgewalt. Aber statt verstärkt die Freiheit zu nutzen, idealisiert man manchmal sogar die Minderheitskirche, so daß der Eindruck erweckt wird, man fände eine kleinere Anzahl von Christen grundsätzlich besser als eine größere, was doch wohl im Gegensatz steht zu der Aufgabe: Gehet hin in alle Welt – oder doch wenigstens ins nächste Dorf.

Besonders die ostdeutschen Kirchen hätten mit mehr Selbstvertrauen, Selbstbewußtsein und vielleicht auch Missionseifer in die Wiedervereinigung gehen können.

Deutsche Zustände

Denn in der DDR haben sie, trotz starker Reduzierung, im großen und ganzen dem Druck widerstanden, und sie haben in schwierigen Zeiten als einzige Alternative zur staatlichen Paradiesverheißung neben christlichen und kulturellen, durch ihre Beziehung zu den westdeutschen Kirchen, auch nationale Aufgaben erfüllen können; so daß ihnen vielleicht die Kraft zuzutrauen wäre, aus den einstmals protestantischen deutschen Ländern wieder solche werden zu lassen oder sich das wenigstens vorzunehmen. Es muß ja, schon der wenigen, aber doch vorhandenen Katholiken wegen, keine hundertprozentige Wiedergewinnung sein.

8. Aber nicht nur die Entchristlichung ist dem Osten und Westen, wenn auch in unterschiedlicher Stärke, gemeinsam, sondern auch eine Ideenarmut und Orientierungsschwäche, die in politischer wie in ethischer Hinsicht in weiten Kreisen wohl schon Orientierungslosigkeit ist.

Mit dem Gegner politischer Freiheiten in den totalitären Staaten, dessen Abwehr alle vereinte, drohen den Demokratien die gemeinsamen Ideale und Leitlinien abhanden zu kommen, die auch für pluralistische Staaten notwendig sind. Bemühung darum ist wenig zu spüren. Die Parteiprogramme werden in Grundsatzfragen blasser und leerer. Laut artikulieren sich Gruppeninteressen, während die Gesamtheit kaum eine Lobby findet. Die politischen Freiheiten laufen Gefahr, sich durch Mißachtung ihrer ethischen Grenzen selbst zu zersetzen. Die Übereinstimmung in bezug auf gültige Werte wird immer geringer. Man mißachtet den Grundsatz, daß die Freiheit des einzelnen an der Grenze der Freiheit des Nächsten endet, daß die ökonomische Antriebskraft Egoismus notwendigerweise im Gemeinsinn Ergänzung braucht. Selbstverwirklichung darf nicht auf Kosten anderer erfolgen. Eine Gemeinschaft, die das Recht auf individuelle Lebensgestaltung sichert, muß auch den einzelnen in die Pflicht nehmen

Sisyphos-Arbeit

können. Das Gleichgewicht zwischen Individual- und Gemeinschaftsansprüchen muß gesichert sein.

Das aber hört der Wähler nicht gerne, weshalb Politiker von Pflicht und Verzicht nicht gern reden. Andere also müssen das auf sich nehmen. Doch verstehen die Massenmedien, obenan die privaten, sich vorwiegend als Unterhalter, die nach Einschaltquoten, nicht aber nach Werten fragen. Die Kunst will großenteils mehr schockieren als läutern; sie bricht ein Tabu nach dem andern, ohne ihr Beliebig- und Langweiligwerden zu bemerken, und scheint oft über Sinn und Gesinnung, Schönheit und Anständigkeit erhaben zu sein. Die Schule aber, wenn sie mehr will als Vermittlung von Wissen, kann an Erziehung nur geben, was die Gesellschaft ihr gibt.

Als Novalis vor 200 Jahren seinen romantischen Traum vom geeinten Europa träumte, schien ihm die Autorität einer wiedervereinten christlichen Kirche Voraussetzung dafür zu sein. Ein Zusammenleben in Frieden war, wie er glaubte, nur möglich, wenn eine Ansicht vom richtigen Leben alle beseelte; und da er erlebt hatte, wie der Versuch, auf Gottes Thron die Vernunft zu setzen, im Terror endete, war er überzeugt von der Notwendigkeit eines Ethos, das im Glauben gegründet ist. Die der Aufklärung verpflichteten Revolutionen verglich er mit des Sisyphos Anstrengung: Der Felsbrocken, der unter Mühen und Opfern auf den Berg gebracht worden ist, wird immer wieder zu Tale rollen, wenn nicht (so des Novalis gläubige Hoffnung) die Kraft des Himmels ihn auf dem Gipfelpunkt hält. Als Monarchist plagten ihn nicht die Probleme von uns Demokraten, die wir die Freiheit für ein hohes politisches Gut halten und folglich einen Pluralismus der Werte befürworten müssen, in dem die christliche Ethik, die unsere Kultur einmal grundlegend bestimmt hatte, nur eine noch unter anderen ist. Durch die Entchristlichung in den letzten Jahrzehnten hat sie, und zwar nicht nur im Osten, deutlich an Kraft und Einfluß verloren, ohne daß bei diesem Verfall der Werte

Deutsche Zustände

immer neue an die Stelle der alten getreten sind. Weithin herrscht Mangel an Unrechtsbewußtsein. Ein schlechtes Gewissen scheint mancher, der es nötig hätte, nicht mehr zu kennen. Denkt man hinzu, daß in der Erziehung der Einfluß der Familie sich mindert, auch die Lehrer verwirrt sind und die Heranwachsenden sich ihre Vorbilder aus dem Fernsehprogramm holen, muß man, will man sich nicht der Verzweiflung hingeben oder erneut diktatorische Menschheitsbeglücker erwarten, die Hoffnung auf eine Verbesserung der Lage dadurch zu erzeugen versuchen, daß man mit der Werte-Erneuerung bei sich selber beginnt.

9. In einer Erzählung Adalbert Stifters wird zur Verbesserung des Menschen empfohlen, gegenwärtige Gedanken und Gefühle, Erlebnisse und Wünsche wahrheitsgemäß aufzuschreiben, das Geschriebene zu versiegeln, erst nach drei oder vier Jahren wieder zu öffnen und aufmerksam zu lesen, als Dokument des vergangenen Ich. Der Tagebuchschreiber in der Erzählung muß bei dieser Lektüre teils weinen, teils lachen; denn manche seiner damaligen Wahrheiten haben sich inzwischen als Irrtümer erwiesen, Heißbegehrtes ist gleichgültig geworden, Prognosen sind in vielen Fällen nicht eingetroffen, und den Zorn, der inzwischen verrauchte, kann er gar nicht mehr recht verstehen. Er kann aber die heilende Wirkung der Zeit und das eigene Reiferwerden erkennen; er lernt, Distanz zu sich zu gewinnen, und er kann Entscheidungen korrigieren. Deshalb nimmt er sich vor, dieses Mittel der Selbsterkenntnis wieder und wieder anzuwenden, ein Leben lang.

Auch wenn man es wenig glaubhaft findet, daß sich ein alter Obrist durch diese Methode des Tagebuchschreibens vom ordensgeschmückten Kriegshelden, der »menschliches Blut wie Wasser« vergeudet, zum sanften Menschen Stifterscher Prägung mausert, so ist es doch lohnend, sich Gedanken darüber zu machen, ob dieses Rezept, das in

Die Mappe meines Urgroßvaters

der Erzählung über Generationen hinweg Anwendung findet, für unsere Zeit noch etwas taugt. Man kann ja, um heutigentags nicht altmodisch zu wirken, statt von Tagebüchern von Tonbandaufzeichnungen, Computerdiarien oder Therapieersatz reden und das Anfangsgelöbnis, das bei Stifter »vor Gott und meiner Seele« abgelegt wird, moderner formulieren. Wichtig ist nur, daß gelobt wird, es bei den Aufzeichnungen allezeit mit sich selbst und mit seinem Bild von der Welt ehrlich zu meinen und einige Jahre verstreichen zu lassen, ehe man sich der Begegnung mit sich selbst wieder stellt.

Jeder ist dabei auf sich selbst angewiesen, und jeder Gedanke an Öffentlichkeit muß vermieden werden, was medienabhängigen Zeitgenossen nicht leichtfallen wird. Mögliche Öffentlichkeit würde nicht nur den Ehrlichkeitsvorsatz gefährden, sondern auch die beabsichtigte Wirkung zunichte machen, die über Selbsterkenntnis zur Selbstläuterung führen soll. Man ist Richter, zugleich aber auch Angeklagter;

der Richter von heute wird beim nächsten Gerichtstag selbst auf der Anklagebank sitzen und vielleicht dazu verurteilt werden, sich selbst manchmal komisch zu finden, die eigne Haltung für falsch zu halten, an feststehenden Ansichten Zweifel zu hegen und, angesichts eigner Wandlungen und Widersprüche, Andersdenkende gelten zu lassen, also toleranter als vorher zu sein.

Soweit könnte auch heute die Wirkung solcher Rechenschaftslegung reichen. Stifter aber geht in seiner Fiktion weiter. Der inzwischen sanftmütig gewordene Offizier nämlich lernt »nach und nach das Gute vom Gepriesenen zu unterscheiden«, wobei er vordergründig an seine durch Ordensverleihung geehrten Heldentaten im Kriege denkt. Dahinter aber steckt der Gedanke, daß zwischen dem Guten und dem öffentlich Anerkannten oft Abgründe klaffen, so daß man, um das Gute erkennen zu können, sich von der herrschenden oder verordneten Meinung gelöst haben muß. Der Obrist kann es, und er erkennt nicht nur das Gute,

Deutsche Zustände

sondern ist auch befähigt, es umzusetzen, so daß er, was er »im Geiste denken gelernt hatte«, im Leben ausführen kann.

Darin ist der Alte vielen von uns Heutigen über. Unsere Zeit ist sich des Guten nicht mehr so sicher, und vielleicht war es schon die Stifters nicht mehr. Die Erzählung wurde um 1840 geschrieben und durch den Titel, *Die Mappe meines Urgroßvaters*, ins Vergangene verwiesen, und der alte Obrist ist dem Urgroßvater noch um eine Generation voraus. In so fernen Zeiten konnte man, nach dem Willen des Autors, das Gute vom Bösen noch deutlich trennen. Man konnte das Gute, Wahre und Schöne beschwören, das wir heute höchstens noch spöttisch gebrauchen, weil diese Begriffe für uns keinen Inhalt mehr haben, zumindest keinen allgemeingültigen mehr.

Viel Böses und Unschönes wurde früher unter diesen hehren Begriffen verborgen, aber man wußte doch wenigstens, was man verbergen mußte, wenn man als anständiger Mensch gelten wollte.

Auch wenn sie dauernd verletzt wurden, galten die moralischen Maßstäbe weiter; im Gewissen des einzelnen zumindest waren sie immer präsent. Beides, die Maßstäbe und das von ihnen abhängige Gewissen, drohen uns heute abhanden zu kommen. Wir sind erfolgreich im Entlarven und Relativieren, versagen jedoch beim Weitergeben oder Neusetzen von Werten. Moral aber muß gelehrt werden, am besten durch Vorbildwirkung; doch davon ist bei den wichtigsten Beeinflussern, den Politikern und dem Fernsehen, wenig zu sehen. Auch die Kunst weist solches Ansinnen von sich. Das Theater als moralische Anstalt ist ein Anachronismus. Weitgehend lebt es heut von Tabuverletzung, die es als Wert an sich zu verstehen scheint. Die Kirchen verlieren von Jahr zu Jahr mehr an Einfluß, und die Schule kann nicht mehr geben, als die Gesellschaft ihr zeigt.

Daß das Fressen vor der Moral kommt, ist die bittere Erkenntnis von Moralisten, nicht aber die Aufforderung, moralische Maßstäbe

Die Mappe meines Urgroßvaters

aufzugeben, schon gar nicht im Namen der Freiheit, die von Gesittung begrenzt sein muß. Freiheit würde im Chaos enden, wenn Ehrlichkeit und Friedfertigkeit ihren Wertecharakter verlieren würden. Den aber verlieren sie zwangsläufig, wenn wir aus Angst vor den großen Worten und leeren Begriffen, die leer sind, weil wir sie nicht leben und nicht vermitteln, ethische Traditionen abreißen lassen. Ein Heranwachsender, der die Regeln menschlichen Zusammenlebens nicht kennt, wird sie verletzen ohne schlechtes Gewissen. Er wird nicht fair, mitleidig und unbestechlich sein können, wenn er Fairneß, Mitleid und Unbestechlichkeit niemals erlebt oder preisen gehört hat. Wir moralisch Sprachlosen tun so, als wäre der Mensch von Natur aus gut.

Gewissen muß antrainiert werden, nicht durch Strafandrohung, sondern durch Wertevermittlung, die dem Egoismus, der Gewaltverlockung und der Haben-Ideologie der Reklame etwas entgegensetzt und überordnet. Wer auf die Kinderfrage, warum man nicht lügen, nicht stehlen, nicht töten dürfe, nur mit dem Hinweis auf die Polizei antworten kann, wird dieser Aufgabe nicht gerecht.

Dem Pluralismus kann dieser um sich greifende Mangel an Maßstäben nicht in die Schuhe geschoben werden, eher der Tatsache, daß von den miteinander konkurrierenden Wertesystemen keines so recht mehr gilt. Überall werden sie der Bequemlichkeit aufgeopfert. In der Beliebigkeit nähert man sich einander und macht aus der Mehrstimmigkeit eine Gleichheit der Leere. In ihr kann auch Selbstverwirklichung zu nichts führen. Und auch die Selbstläuterungsmethode müßte versagen, wenn die Grundlage, die man vielleicht den sittlichen Kern nennen könnte, fehlt.

10. Die deutschen Zustände von heute sind überschattet vom deutschen Gestern, besonders natürlich für einen, der, wie ich, in den zwanziger Jahren oder noch früher geboren wurde, in der Kindheit das

Wort Deutschland bis zum Überdruß hatte hören, lesen, sagen und singen müssen, später auch Jahre kannte, in denen er es nicht in den Mund nehmen wollte, und doch nie umhinkam, über das Land nachzudenken, an das er gebunden war. Es veränderte zu seinen Lebzeiten mehrfach seine Ausdehnung, sein Selbstverständnis und auch sein Wesen. Und wenn das eine »ewige« oder »heilige« oder »wahre« oder »andere« und immer wieder auch »neue« Deutschland sein Ende gefunden hatte, war es nicht leicht, es im nächsten wiederzufinden, da die eine historisch fundierte Selbstdefinition der anderen meist widersprach.

Gewünschte oder verordnete Antworten hatte es immer auf alle Fragen gegeben, aber sie erfüllten auch immer mit Skepsis, da die vorigen, gerade erst abgetanen, so schnell nicht vergessen wurden und mitgedacht werden mußten, wobei man dann merkte, daß nicht die Tatsachen der Geschichte, die jedesmal als Beweise dienten, entscheidend waren, sondern deren Auswahl und Interpretation. Die Antworten auf Fragen, wie die Ernst Moritz Arndts: »Was ist des Deutschen Vaterland?«, sind immer so vielfältig und unterschiedlich gewesen, daß sie das Nachdenken über Deutschland in Bewegung hielten. Und jede Wendung, die die Geschichte nahm, gab dem Nachdenken neue Ansätze, und die letzte Wendung, die uns überraschenderweise die Einheit brachte, stellt uns wieder in neuem Gewande die alten Fragen, denen wir nach dem chauvinistischen Prahlen und dem peinlichen Selbstloben vergangener Zeiten gern ausweichen würden, nämlich die nach der Nation.

Eine Tendenz zum Ausweichen scheint mir in jenen, in Zeiten der deutschen Teilung entwickelten Ansichten zu liegen, nach denen die Nationen, vor allem die deutsche, als Wahngebilde bezeichnet oder für unzeitgemäß gehalten wurde, weil wir angeblich bereits in einem postnationalen Zeitalter leben – das aber nur ein Glaubensstarker, der Gewünschtes für Wirklichkeit halten kann, zu sehen vermag.

Postnationales

46 Nach der Wiedervereinigung ist die Gegend um die südliche Friedrichstraße unter Beteiligung von Architekten aus aller Welt neu erstanden. Das Foto zeigt die Friedrichstadt-Passagen mit ihren bunten Steinplatten.

Da die Sehnsüchte, die einen solchen Glauben wahrscheinlich beflügeln, früher einmal (am Ende des Krieges nämlich, als mir die Augen für die von Deutschen begangenen Verbrechen geöffnet wurden) auch die meinen waren, habe ich viel Verständnis für solche Wünsche, weiß aber, daß sie nicht mehr als solche sind. Ich habe damals mit meinem Schicksal, dieser Nation angehören zu müssen, gehadert, habe, ohne mich von ihr lösen zu können, alles, was mir an ihr nicht gefiel, als typisch deutsch bezeichnet, bis mir dann aufging, daß möglicherweise typisch deutsch auch diese Manie der Selbstbezichtigung ist.

Die Postnationalen, die ihre Theorien vor allem auf die Internationalität der Wirtschaft stützen, haben eine bessere Methode der Befreiung von Nationalschuld und -verantwortung entwickelt. Sie erklären, ohne Rücksicht auf die mit sich selbst nicht so zerstrittenen Nachbarn zu nehmen, Nationales für veraltet – was doch angesichts der deutschen Vereinigung, der

Postnationales

nationalen Befreiung ehemals kommunistischer Länder, der Selbstbestimmungsregungen westeuropäischer Regionen und der nationalistischen Exzesse in Jugoslawien, das doch ebenfalls eine gemeinsame Wirtschaft hatte, die Realität zu mißachten heißt. Hier war wohl, wie auch bei der ernstgemeinten These, daß das Ende der Konfrontation der Supermächte das Ende aller Geschichte wäre, mehr Wunschdenken als Wirklichkeitsanalyse am Werk.

11. Den anderen Ausweg aus den Problemen, die wir mit unserer nationalen Vergangenheit haben, weisen uns die Entlarver von Mythen, auf denen angeblich Nationsbildung beruht.

Geschichte hat keinen Sinn als den, den die Menschen ihr geben, und da jede Zeit neue Sinngebung benötigt, wird in jeder auch alte zerstört. Denken wir beispielsweise an die Anfänge Deutschlands, die in den jeweils offiziösen Geschichtsbildern dieses Jahrhunderts der Gegenwart immer näher gerückt wurden, so daß das Objekt der Betrachtung, ständig an Alter und damit an Würde verlor. Als Geschichtsinteressierter meines Jahrgangs konnte man nacheinander von Historikern, Lehrern und von Dichtern erfahren, daß Deutschlands Wiege sowohl im Jahre 9 nach Christi im Teutoburger Wald gestanden habe, als auch um 800 in Aachen, in Quedlinburg 916 beim Vogelfangen und 1871 im Schloß zu Versailles. Als Väter wurden also Hermann der Cherusker, Karl der Große, Heinrich I. und der Eiserne Kanzler verdächtigt – bis dann schließlich in unseren Tagen die Frage von den Mythos-Entlarvern endgültig dadurch entschieden wurde, daß sie sie für gegenstandslos erklärten, weil Deutschland im nationalen Sinne eigentlich niemals bestanden habe, vielmehr eine zweckbestimmte Erfindung des 18. und 19. Jahrhunderts gewesen sei.

Daß sie selbst dabei zweckbestimmt argumentieren, entgeht ihnen. Sie wollen, wenn sie Geschichte erzählen, wie schon ihre

Deutsche Zustände

Vorgänger, die sie der Mythenbildung bezichtigen, Begründungen für Zustände oder Absichten der Gegenwart liefern, also der von ihnen bevorzugten Politik nützlich sein.

Als man im vorigen Jahrhundert in Deutschland von einem Weltreich wie dem britischen träumte, mußten als Vorbilder die eroberungssüchtigen Germanen herhalten – wobei man den baldigen Verfall ihrer Reiche, weil mit der Absicht nicht übereinstimmend, großzügig übersah. Deutlicher als die Historiker wurden dabei noch die politischen Dichter, Felix Dahn zum Beispiel, der Historienschreiber und -reimer, bei dem der germanische Donnergott Thor sein Insigne, den Hammer, besitzergreifend aus seiner Heimat, dem hohen Norden, bis in den tiefsten Süden der Welt schleudern mußte, damit die letzte Gedichtsstrophe lauten konnte:

»Seitdem ist's freudig Germanenrecht / Mit dem Hammer Land zu erwerben: / Wir sind von des Hammergottes Geschlecht / Und wollen sein Weltreich erben.«

Schon Klopstock und Kleist hatten, als Gefahren von außen drohten, den Cherusker und seine Thusnelda zu kerndeutschen Helden erhoben. Viele weniger bedeutende Dichter hatten Karl den Großen und den Vogelherd-Heinrich besungen und sich auch Bismarcks noch angenommen, immer zum Nutzen der jeweiligen Gegenwart.

Erfindungen waren dabei im allgemeinen nicht nötig. Man brauchte nur die passenden historischen Fakten hervorzuheben oder als wesentlich zu erklären und die unpassenden zu verharmlosen oder nicht zu erwähnen – also Geschichtsschreibung so zu betreiben, wie man sie auch heute vorwiegend betreibt. Wer das Verschwinden der Nationen im vereinten Europa erwartet, wird das ehrwürdige Alter dieser Idee an der übernationalen Adelskultur vergangener Jahrhunderte beweisen und von der Mehrheit der Bauern und Bürger, die der französischen Sprache nicht mächtig waren und Bildungsreisen nach England und Frankreich nicht unternehmen konnten, geflissentlich

Geschichte als Lebensbedürfnis

schweigen. Wer den Föderalismus in Deutschland nicht mag, wird den klugen Westfälischen Frieden als Unglück empfinden; wer auf Klassenkampf schwört, wird den Bauernkrieg und die Arbeiterbewegung zum Kern deutscher Geschichte machen; der Nationaldemokrat wird auf die demokratischen Wurzeln des Nationalgedankens verweisen; wer die westeuropäische Geschichte als die einzig richtige und normale empfindet, wird die deutsche für einen »Sonderweg« halten (was dann allerdings auch für die russische, italienische, polnische oder jede beliebige andere gelten müßte); und einer wie ich, der sich an die Idee einer Kulturnation klammert, wird von Traditionen und Sprache reden, Herder, Lessing, Schiller und Thomas Mann für wichtiger als manchen Politiker oder Feldherrn halten und seinen Widersachern beabsichtigte Auslassungen ankreiden, wenn sie zum Beispiel als Quelle der gräßlichen Kriege, die Nationalstaaten untereinander führten, einzig den nationalen Gedanken bezeichnen, als hätte vor dessen Entstehen nur Friede zwischen den Staaten geherrscht.

Geschichte ist also, so oder so, für die Gegenwart nutzbar. Man sollte deshalb ihre Betrachtung immer mit Vorsicht genießen; doch kommt keine Zeit ohne das Nachdenken über Geschichte und die eigne Geschichtlichkeit aus. Denn wir sind sowohl Gegenstand künftiger Geschichte als auch Produkt der Geschichte. Alles was wir tun oder lassen, denken und sagen ist beeinflußt von Überkommenem. Wir sind, was wir wurden, und wer mehr über sein Werden weiß, weiß mehr über sich.

Was aber für den einzelnen gilt, gilt auch für Völker, für Staat und Gesellschaft. Sie sind ein geschichtlich Gewordenes, und Geschichte ist ihnen Lebensbedürfnis. Nur durch sie nämlich läßt sich ihr heutiger Zustand erklären und ihr morgiger möglicherweise prognostizieren, weil sie, im Guten und Bösen, als Gewinn und als Bürde, mit uns und in uns lebt.

Dieses Hineinragen der Geschich-

Deutsche Zustände

Die Wasserstraßen, wie hier der Oder-Havel-Kanal, waren bis zur Mitte dieses Jahrhunderts wichtiger als heute. Begonnen wurde mit dem Kanalbau in Brandenburg schon im 16. Jahrhundert.

te ins gegenwärtige Leben vollzieht sich in unterschiedlichen Formen: in der Sprache und in ethischen Werten, in Sitten und Traditionen, in religiösem Glauben und Unglauben, in Eßgewohnheiten, Vorlieben und Vorurteilen, in Märchen, ja, auch in Mythen, in Büchern, die nie veralten oder aufs neue lebendig werden, in Bildwerken, Bauten und auch in Empfindungen, in denen der Vertrautheit zum Beispiel, der Zusammengehörigkeit, der Loyalität unserem Dorf, unserer Stadt, unserem Land gegenüber. Heimatgefühl hat viel mit Geschichte zu tun.

12. Daß Geschichte auch Last ist, hat man schon immer empfunden. Man denke an Goethes auf das Glück der Traditionslosigkeit anspielende Xenie: »Amerika, du hast es besser...« – was aber heute, der amerikanischen Ureinwohner zum Beispiel gedenkend, auch nicht mehr stimmt.

Nie aber hatte jemand mehr Grund dazu, unter dieser Bürde zu leiden, als die Deutschen nach den Verbrechen der nationalsozialistischen Zeit. Diese Last der Erinnerung abzuwerfen, ist weder möglich noch wünschbar. Denn neben bedrückender Schuld bietet sie auch Erfahrung, die Wiederholung verhindern läßt. Überhaupt sollte ein Zustand, in dem wir frei sind von aller Geschichte, uns schrecken; und wir sollten uns glücklich schätzen, daß er nicht möglich ist.

Möglich ist aber historische Unwissenheit oder Desinteresse, der Versuch eines Lebens ohne Fragen nach dem Woher und Wohin. Dies aber hieße, einen kulturlosen Zustand herbeiführen. Denn Kultur ist auf Geschichte gegründet, und Kulturlosigkeit heißt auch, von ihr nichts wissen zu wollen oder sie als tot, nicht mehr weiterwirkend zu sehen. Kultur und Geschichte in Europa aber sind, zumindest seit zwei- bis dreihundert Jahren, nationale Kulturen und nationale Geschichte, die sich ständig gegenseitig gewinnbringend beeinflußt haben. Und wenn die Nation ein Mythos sein sollte, so ist er doch Teil der Geschichte, nicht weniger

Deutsche Zustände

real als andere Faktoren, eine Idee, die Geschichte bewegt hat und noch immer bewegt.

Man kann das, je nach Einstellung, erschreckend, bedauerlich oder erfreulich finden; bestreiten aber können es nur Utopisten oder Realitätsblinde – oder aber Leute, die einer Sache keine Bedeutung zubilligen können, deren Definition schwankend ist. Denn der Begriff Nation wurde zu verschiedenen Zeiten und in verschiedenen geographischen Räumen sehr verschiedenartig verwendet. Man denke nur an die Unterschiede zwischen Amerika, Frankreich und Deutschland, an die nationalen Befreiungskämpfe in den afrikanischen und asiatischen ehemaligen Kolonialgebieten, an den Gebrauch des Begriffes im Deutschland des 18. Jahrhunderts, wo auch von einer preußischen und bayerischen Nation gesprochen wurde, oder gar an das Heilige Römische Reich Deutscher Nation – das von einem Nationalstaat im heutigen Sinne so gar nichts hatte, ihm aber doch, nicht grundlos, als Vorläufer galt. In ihm begannen die nationalen Ideen zu keimen, schüchtern in Renaissance-Zeiten, mächtiger dann im 18. Jahrhundert, in dem nationales Denken langsam an Stelle des theokratischen und dynastischen trat.

Es war eine Hinwendung zu den Menschen, nicht nur zu denen einer Schicht, sondern zu allen, die nicht mehr durch Gott oder den Monarchen, sondern durch ihre Herkunft, ihre Kultur und Sprache zusammengehörten. Es bildete sich, vorerst unter den Intellektuellen, eine säkularisierte, demokratische Identität. Die Französische Revolution war nicht Anfang, sondern Höhepunkt dieser Entwicklung. Auf Deutschland wirkte sie zweifach, erst als Ansporn zur demokratischen Emanzipation, dann, durch die napoleonische Unterdrückung, als Auslöser nationaler Gesinnung und Wehrhaftigkeit. Das mögliche Doppelantlitz manchen nationalen Denkens und Fühlens wurde hierbei schon deutlich: auf der einen Seite die Besinnung auf Eignes und die Hinwendung zum Volk, das auch die Ärmsten und Niedrigsten

Last der Geschichte

mitumfaßte, auf der anderen das Ausgrenzen und Verteufeln des Fremden und eine Selbstüberschätzung grotesker Art.

Welterlösergedanken, wie sie sich später (1861) in Emanuel Geibels Gedicht »Deutschlands Beruf« in den oft zitierten Versen ausdrücken: »Und es mag am deutschen Wesen / Einmal noch die Welt genesen« finden sich schon bei Fichte; und Ernst Moritz Arndts Vaterland, das soweit reichen sollte, »wie die deutsche Zunge klingt«, hatte vielleicht auch schon ein wenig mit kommenden Eroberungsgelüsten zu tun. Der Nationalismus (ein Begriff, den ich hier – im Unterschied zu manchen Wissenschaftlern, die unter ihm alles nationale Denken und Fühlen fassen und damit zwischen »national« und »nationalistisch« keinen Unterschied machen – im landläufigen Sinn, also in negativer Färbung, benutze) zeigte bei Jahn, Arndt und Fichte neben dem Demokratischen auch schon jene bösen Züge, die sich gegen Ende des 19. Jahrhunderts verstärkten und unter Hinzufügung rassistischer Theorien zur Völkischen Bewegung führten, die nicht nur die »Germanen-Bibel«, die Hirngespinste einer Mathilde von Ludendorff und andere Kuriositäten hervorbrachte, sondern auch Hitler mit zum Aufstieg verhalf.

Dessen zwölf Machtjahre endeten mit einer völligen Niederlage, die eine heilende Roßkur für den deutschen Nationalismus war. Wenn sich auch danach noch manchmal Symptome des Übels bemerkbar machten, so wurden sie doch nicht wieder zur Massenerscheinung, und die Wachsamkeit, die die Demokratie den Rückfällen gegenüber zeigte, wurde von der Mehrheit immer begrüßt. Nationalistische Selbstbeweihräucherung, Aggressivität und Größenwahn sind heute begrenzt auf extremistische Grüppchen, auf deren Äußerungen und fremdenfeindliche Verbrechen die Öffentlichkeit mit sensibler Ablehnung reagiert.

Hier zeigt sich in positiver Weise die Wirkung historischer Erfahrung. Doch hat diese auch eine weniger vernünftige Kehrseite: die Fixierung

Deutsche Zustände

unseres historischen Denkens auf diese zwölf bösen Jahre nämlich, die unter anderem eine Scheu vor damals mißbrauchten Begriffen nach sich zieht. Worte wie Volk, Nation, Heimat kann man fast nur mit Zusätzen benutzen, die die Abgrenzung von der Bedeutung, die sie vor einem halben Jahrhundert hatten, deutlich machen, andernfalls hört man, wenn einer Nation sagt, gleich Nationalismus, und wenn einer Schätzenswertes an Deutschland findet, ist der Verdacht der Überschätzung nicht weit. Im Hinblick auf deutsche Schuld und die daraus zu ziehenden Lehren ist diese Fixierung durchaus positiv zu bewerten; die beispiellosen Verbrechen, die unter dem Begriff Auschwitz zusammengefaßt werden, sollten niemals vergessen sein. Doch hängt die Verwirklichung dieses Vorsatzes auch mit dem Weiterbestehen eines nationalen Bewußtseins zusammen. Denn nach dem Aussterben der damaligen Zeitgenossen lassen sich Scham, Schuld und Verantwortungsbewußtsein auf kommende Generationen nur dann übertragen, wenn man, statt die Nation für unzeitgemäß oder wahnhaft zu halten, sich ihr weiterhin als zugehörig betrachtet und sich für das, was sie tut oder tat, verantwortlich fühlt.

13. Das Nichtvergessenkönnen und -wollen der deutschen Verbrechen hat auch zur Folge, daß man wieder und wieder in der deutschen Geistesgeschichte, als sei diese ganz auf den einen dunklen Punkt ausgerichtet, nach Quellen dieser Verfehlung sucht. Natürlich findet man davon viele, und durchaus nicht nur trübe, da das von Hitler und seinen Leuten Nationalsozialistische Weltanschauung genannte Gemenge von überall her zusammengeklaubt war. Dabei wird alles von Hitler Mißbrauchte häufig der Mitschuld verdächtigt, so daß die Liste der Präfaschisten bei manchem von Luther über Hölderlin bis zu Bismarck und Nietzsche reicht. Da jede Gegenwart ihre Vergangenheit auf Grund ihrer Erfahrungen und Gefährdungen neu betrachtet und wertet, hat

Luftreich des Traums

dieses Verfahren durchaus seine Berechtigung, wenn es die historischen Umstände berücksichtigt und nicht zu mechanischen Kurzschlüssen führt. Doch selbst wenn man zu der Ansicht gelangte, daß Auschwitz ohne Bismarcks Einigungswerk nicht möglich gewesen wäre, folgt daraus nicht, daß Bismarck schuld an Auschwitz hatte oder daß gar die deutsche Wiedervereinigung heute ein neues Auschwitz nach sich zu ziehen droht. Mit der gleichen Berechtigung könnte man sagen: Ohne Hitler hätte es nie eine Bundesrepublik Deutschland mit ihrer freiheitlichen Verfassung gegeben, also habe man Hitler dankbar zu sein.

Auch die Besinnung aufs Nationale im 18. Jahrhundert hatte nicht zwangsläufig den späteren extremen Nationalismus zur Folge, den es übrigens nicht nur in Deutschland gab. Sie war vielmehr, bei Herder und anderen, von freiheitlichen und weltbürgerlichen Absichten getrieben und hatte noch nichts mit dem Nationalstaatsgedanken und schon gar nichts mit rassistischen Vorstellungen zu tun. Ziel war die Veredlung und Bildung der Menschheit, deren Reichtum Herder in der Vielgestaltigkeit ihrer Völker sah. Das Ideal der Aufklärung von der Autonomie des Individuums, deren jedes seinen Wert in sich selbst hat, wurde von ihm auf die Völker übertragen, deren Gemeinschaft durch Herkunft, Sprache, Kultur und historisches Schicksal ihren Zusammenhalt hat. Die Völker betrachtete er als Kulturgemeinschaften, die älter und fester sind als die durch Machtverhältnisse entstandenen und in Herren und Untertanen aufgeteilten politischen Gebilde; und keine Kultur ist besser als die andere, aber jede anders, wodurch die reiche Verschiedenartigkeit der Menschheit entsteht.

Herders Wirkung war groß und vielfältig, und seine Ideen wurden rasch weiterentwickelt, auch zum nationalstaatlichen Denken hin. Aufgegeben wurde dabei teilweise seine Auffassung von der Gleichwertigkeit aller Völker zugunsten eines Sendungsbewußtseins der Deutschen, zu dessen Begründung

Deutsche Zustände

(man lese nur einmal wieder Fichtes *Reden an die deutsche Nation*) man sich die seltsamsten Gedankenkonstruktionen erdachte – was Jean Paul, in dieser Hinsicht ein Schüler Herders, dazu veranlaßte, den aufgeregten Patrioten ruhig entgegenzuhalten, daß es ebenso traurig um die Welt bestellt wäre, wenn es ausschließlich Deutsche, als wenn es keine gäbe, weil nämlich kein Volk das andere ersetzen könne und wahrer Patriotismus von Liebe lebe, nicht aber von Haß.

Gegen Ende des 18. Jahrhunderts war sich das gebildete Deutschland seiner kulturellen Identität schon sicher und damit der Politik weit voraus. Man war damals, wie ich heute, der Meinung, daß kulturelle Bindung nicht nur ehrwürdiger ist als die staatliche, sondern stabiler auch. Der Staat kann die Kultur, die eher da war und auch ohne ihn da wäre, zwar hegen und pflegen oder unterdrücken, aber machen kann er sie nicht. In der Kultur konnten damals die in vielen Staaten lebenden Deutschen Identität und Zusammenhalt finden, auch ohne das nur als Vorstufe des Einheitsstaates zu sehen. Nicht zur Nation sollten, nach der bekannten Xenie Goethes, die Deutschen sich ausbilden, sondern zum Menschen im neuhumanistischen Sinn. Als Heinrich Heine später, die politische Stärke Englands und Frankreichs vor Augen, über die Deutschen spöttisch bemerkte, sie hätten »im Luftreich des Traums« die unbestrittene Herrschaft, verkehrte er damit eine Metapher Jean Pauls, in der es geheißen hatte, »die geistige Luft« (und nicht die politisch-militärische Stärke) sei das für die Deutschen geeignete Element. Und wenn Schiller die »Deutsche Größe« (so der Titel eines Fragment gebliebenen Altersgedichts) rühmen wollte, so sah er sie vorwiegend in Sittlichkeit, Geist und Kultur.

Ein Luftreich des Traums war die Kulturnation mit ihren Idealen der höheren Menschlichkeit nicht nur, weil sie keine politisch-reale Existenz hatte, und deshalb durch Politik nicht zerstört werden konnte, sondern auch weil das Deutschland, auf das sie sich bezog, von großer

Luftreich des Traums

Unschärfe war. Der Name Deutschland (der übrigens im heutigen deutschen Staat zum erstenmal als amtliche Staatsbezeichnung erscheint und damit ausdrücken sollte, daß seine Grenzen die Deutschlands bezeichnen und Ansprüche darüber hinaus nicht bestehen) hatte zu dieser Zeit schon ein beträchtliches Alter. Denn Deutsche hatte es ja, auch wenn die modernen Anti-Nationaltheoretiker davon wenig Notiz nehmen wollen, schon früher gegeben, und die Landschaften Mitteleuropas, in denen sie lebten, wurden schon seit dem 11. Jahrhundert deutsche Lande oder Deutschland genannt. Deutsch als Bezeichnung der Volkssprache, im Unterschied zu der der Gelehrten, wurde schon im 8. Jahrhundert nachgewiesen, im 11. erscheinen, als »deutsche Leute« die Deutschen, und seit dem 15. Jahrhundert spricht man von ihnen, ganz gleich in welchen Ländern sie leben, von der deutschen Nation. Luther vergleicht in seinen Tischgesprächen Deutschland mit einem Roß, dem der Reiter fehlte, und wenn Bismarck dann, 1867, sein Einigungswerk mit den Worten ankündigt: »Setzen wir Deutschland in den Sattel, reiten wird es schon können«, so scheinen beide Bilder, trotz der Verkehrung, sich ähnlich, aber inzwischen ist ein anderes Deutschland gemeint, eins mit den festen politischen Grenzen des Deutschen Bundes, der dann Deutsches Reich heißen wird.

Das vorstaatliche, kulturelle Deutschland-Bewußtsein, das sich der Humanität und dem Weltbürgertum verpflichtet fühlte, war im Laufe des 19. Jahrhunderts in ein staatlich-politisches umgeschlagen, erst in den napoleonischen Besatzungsjahren und den Befreiungskriegen und dann in der Nationalbewegung, deren Gegner Metternich vergeblich betonte, Deutschland sei ein geographischer, also kein politischer Begriff. 1848 wurde die erstrebte politische Einheit als Endzweck der kulturellen verstanden. Als aber 1871 die Einheit glückte, zeigten sich die Brüche zwischen beiden Begriffen, da das Reich weder alle Deutschen noch nur Deutsche vereinte und ein

Deutsche Zustände

Nationalismus bestimmend wurde, der, als Bismarck abtrat, auch die expansionslüsterne Alldeutsche Bewegung hervorbrachte, die dann in dem vom Versailler Vertrag reduzierten Deutschland als Völkische Bewegung erst richtig zum Zuge kam. Sie war antisemitisch, hantierte mit Schlagworten wie Blut und Boden, prahlte mit barbarischen Zügen und hielt Humanität für eine dekadente Erscheinung – war also der Idee der Kulturnation geradezu entgegengesetzt.

Sie endete, wie zu hoffen ist, endgültig mit Hitlers Ende. Die Idee der Kulturnation aber, die vor allem in Emigranten und in passiven oder aktiven Widerständlern (die Münchener Studenten der »Weißen Rose« und Stauffenberg starben ihrer gedenkend) die Diktatur überstanden hatte, lebte auch nach dem Krieg weiter. Von ihr, als deren Repräsentant sich Thomas Mann fühlte, wurde die deutsche Teilung, wie es viele empfanden, sozusagen überwölbt.

Als in den sechziger Jahren in der DDR die Behauptung, es gäbe jetzt zwei deutsche Nationen mit zwei Kulturen, zum Dogma erhoben und an Schulen und Universitäten eingepaukt wurde, war für einen, der in deutscher Kultur und Sprache als Ganzem lebte, der Gedanke an die in Jahrhunderten gewachsenen und durch Politbürobeschlüsse nicht einfach zerstörbaren kulturellen Bindungen zwischen den politisch und ideologisch getrennten Deutschen ein notwendiges Gegenbild. Die Entstehung dieser Vorstellung durch Abstoßung vom Dekretierten war mir so deutlich, daß mir beim plötzlichen Sterben der von den Funktionären verkündeten Lehre meine Gegenbehauptung überflüssig erscheinen wollte, doch wurde bald deutlich, daß das nicht stimmte, weil nun, vorwiegend von westlicher Seite, Meinungen laut wurden, die auf mich wirkten, als befleißigten sie sich, der SED nachträglich noch recht zu geben. Ich meine die Diskussionen über die noch oder nicht mehr vorhandene oder für störend oder gefährlich empfundene nationale Verbundenheit.

Luftreich des Traums

Die Gründe dafür scheinen mir darin zu liegen, daß man, erstens, nach dem Mißbrauch nationaler Gefühle durch Nationalisten bis hin zu Hitler und dem Wiedererscheinen von Fremdenfeindschaft und Neo-Nazis das Kind mit dem Bade ausschüttet, indem man alles Nationale verteufelt oder mit Schweigen übergeht; daß man, zweitens, das Nationale als Störfaktor bei der Vereinigung Europas betrachtet; oder daß man drittens die alte Bundesrepublik nachträglich zu einem Staat verzaubert, in dem Nationales, weil als veraltet erkannt, keine Rolle mehr spielte, so daß sich kurioserweise zu der vielberedeten Nostalgie des Ostens auch eine des Westens gesellt.

Die erste Reaktion ist mir verständlich, doch halte ich sie für unklug und für gefährlich, weil man damit den Extremisten das nationale Terrain überläßt. Der zweite vermutete Grund beruht wohl, falls er zutreffen sollte, auf einem Mißverständnis, auf dem nämlich, daß die erwartete und wohl auch notwendige Einheit Europas das Ende der Nationen bedeuten wird. Unsere Nachbarn im Westen wie im Osten wären damit sicher nicht einverstanden und werden Theorien über das Veraltetsein von Nationen, die von deutscher Seite kommen, sicher als erneute Versuche betrachten, die Welt an deutschem Wesen genesen zu lassen, oder gar verstecktes Hegemoniestreben vermuten und entsprechend mißtrauisch sein.

Wir gehen, wie zu hoffen ist, einer Ära entgegen, in der sich die Nationalstaaten Europas zusammenschließen. Sie werden Souveränitätsrechte an höhere Instanzen abgeben, so viele Probleme wie möglich gemeinsam lösen und Kriege untereinander unmöglich machen – aber ihre Sprache, ihre Kultur und auch Schuld und Verantwortung werden sie nicht abgeben; denn das würde nicht nur dem Willen ihrer Bürger zuwiderlaufen, sondern auch die schöpferischen Kräfte Europas schwächen, die auf der Vielfalt der sich gegenseitig beeinflussenden Kulturen beruhen. Auch dann müssen wir also mit

Deutsche Zustände

unserem Deutschsein noch leben, mit der Belastung durch Auschwitz und die Millionen von Kriegstoten, aber auch mit der Gewißheit, in der zweiten Hälfte dieses Jahrhunderts in alte Übel nicht zurückgefallen zu sein.

14. Da ich zwar die vierzig Lebensjahre der DDR in dieser verbrachte, aber dabei auch immer die Entwicklung im anderen Teil Deutschlands verfolgte, also die jährlich wiederkehrenden Reden der Bonner Politiker über die uns vorenthaltene deutsche Einheit hörte und es beruhigend fand, daß die gesamtdeutsche Staatsbürgerschaftsregelung nicht geändert wurde, war ich verwundert, als ich nach der Wiedervereinigung mehrfach hören und lesen konnte, daß die alte Bundesrepublik in ihrer Modernität nichts mehr von einem Nationalstaat gehabt hätte, die Loyalität ihrer Bewohner sich vielmehr ausschließlich auf Wirtschaftswachstum und Wohlstand, auf sozialstaatliche und verfassungsrechtliche Vorzüge gerichtet hätte, weshalb dieser Nicht-Nationalstaat bei der Vereinigung 1990 in eine Krise geraten mußte; denn die hinzukommenden sechzehn Millionen Ostdeutschen beriefen sich, aller Modernität hohnsprechend, auf die Zusammengehörigkeit der Nation.

Seltsam an diesen Meinungen schien mir, daß sie sich gegen die Ostdeutschen richteten und nicht gegen die bundesrepublikanischen Politiker, die, entspräche diese Behauptung den Tatsachen, vierzig Jahre lang ständig gelogen hätten, wenn ihnen ein Wort wie Wiedervereinigung über die Lippen gekommen war. Folgt man diesen Theorien, waren die modernen Westdeutschen, weil sie nationales Denken angeblich schon hinter sich hatten, wieder einmal besser als ihre Nachbarn, die noch immer, wie die ostdeutschen Hinterwäldler, auf ihre Nationalfarben fixiert waren. Da wurde, so schien mir, die deutsche Überhebung wieder sichtbar, obwohl Gegenteiliges beabsichtigt war.

Vor allem aber war ich erstaunt darüber, daß hier die identitäts-

Loyalitäten

Allein aus wirtschaftlichen Gründen wurde die bedürfnislose und schnellwachsende Kiefer zum beherrschenden Baum der märkischen Wälder. Vor Beginn des Raubbaus im 18. Jahrhundert waren Laubbäume, vor allem die Eiche, bestimmend.

stiftende Wirkung der Verfassung der der Nation entgegengesetzt wurde, was doch nur auf Unkenntnis des Grundgesetzes beruhen konnte, das in seiner Präambel bekanntlich die politische Einheit der Deutschen zur Aufgabe machte – weshalb mir der Streit um den sogenannten Verfassungspatriotismus immer als ein Schein-Streit erschien. Als sich die DDR-Bürger für die Bundesrepublik entschieden, war das auch eine Entscheidung für deren Verfassung, wie es eine für die Westorientierung, die weltoffene, demokratische Lebensweise und für die D-Mark, das heißt für die Wirtschaftsform, war. Beschimpft wurden sie dafür von verschiedenen Seiten. Die einen wollten in ihnen nur Trittbrettfahrer des Wohlstands, die anderen aber Nationalisten sehen. Dabei konnten doch auch jene den Beitritt gutheißen, die als Voraussetzung für die Nation nicht gemeinsame Sprache und Herkunft, sondern nur den Willen der Bürger sehen.

Die erstaunliche Tatsache, daß von den marxistisch-leninistischen Lehren und der Doktrin von den zwei deutschen Nationen, die schon vom Kindergarten an eingebleut wurden, nur geringe Spuren in den Ostdeutschen erhalten blieben, legt die Vermutung nahe, daß die ohne Zweifel vorhandene DDR-Prägung mehr eine soziale als eine ideologische war. Das aber macht sie der inhaltlich anders gerichteten westdeutschen Prägung ähnlich. Denn beide Teile haben sich in den Jahren der Trennung verändert – gottlob, wie ich hinzufügen will. Die daraus resultierende deutsch-deutsche Fremdheit wird oft als »die Mauer in den Köpfen« bezeichnet, doch halte ich das für eine falsche Metapher, weil sie eine ostdeutsche Alleinschuld daran suggeriert. Die Mauer war ein Bauwerk allein des Ostens, die Fremdheit aber ist beiderseitig, und sie wird unter anderem verstärkt durch die im Westen gängige Meinung, die eigne Entwicklung sei die normale gewesen, die andere aber eine abartige – also wieder ein Sonderweg.

Um diesen begreifbar zu machen, werden ostdeutsche Psychogramme

Loyalitäten

entworfen, die häufig psychiatrischen Diagnosen ähneln, in denen die Therapeuten, die sich als das Normale schlechthin empfinden, alle möglichen seelischen Abnormitäten beschreiben, statt das Anderssein zu akzeptieren und darauf zu vertrauen, daß das neue soziale Umfeld neue Prägungen schaffen wird. Auch sollten die Therapeuten bedenken, daß ihre Patienten auch noch zehn Jahre nach der Vereinigung in schlechteren sozialen Verhältnissen leben, daß also manches, das die Erforscher des östlichen Seelenlebens fremd und störend empfinden, ganz einfach auf Armut beruhen kann.

15. Als 1871 das Deutsche Reich gegründet wurde, hatten fünf Jahre zuvor Preußen und Sachsen noch einen Krieg miteinander geführt. Schlachten waren in Sachsen zwar keine geschlagen worden, aber eine preußische Besatzung war zu ertragen gewesen, und die hatte sich unter anderem durch das Requirieren von Pferden verhaßt gemacht. Die Pferde des sächsischen Dorfes, von denen mir kürzlich nach mündlicher Überlieferung erzählt wurde, hatten es zwar bei den Preußen nicht ausgehalten und waren selbständig zurückgekommen, aber vergessen wurde der Raub ebensowenig wie die zeitweilige Absicht des preußischen Königs, das besiegte Sachsen ganz aufzulösen, so daß die Spannungen auch nach der Vereinigung noch beträchtlich blieben, ohne daß das Kaiserreich daran zerbrach. Vielleicht aber wäre alles anders gekommen, hätte damals schon eine Presse mit Vorliebe für Schreckensberichte täglich verlauten lassen, daß Preußen und Sachsen verschiedene Sprachen sprächen, der sie trennende Graben ständig tiefer und breiter würde und die innere Einheit eigentlich schon gescheitert sei.

Solches aber, auf Ost und West bezogen, kann man seit zehn Jahren in Presseberichten immer wieder lesen, und manche dieser Artikel sind von Stammtischdummheiten über Ost- und Westcharaktere nicht weit entfernt. Dergleichen

Deutsche Zustände

ernstzunehmen fällt immer schwerer. Wir sollten das Thema, das Neues kaum bringen kann, bald beenden, im Geiste des Pluralismus das Anderssein nicht nur gelten lassen, sondern als Bereicherung empfinden und in der Einheit nicht Zwang zur Einheitlichkeit sehen.

Carlo Schmid, einer der Gründerväter der Bundesrepublik Deutschland, hat im Mai 1949, kurz vor der Verabschiedung des Grundgesetzes, das Wort gesprochen, das Willy Brandt später zu guter Stunde, leicht abgewandelt, wieder gebrauchte, nämlich das von dem Bewußtsein, »daß zusammenkommen muß, was zusammen gehört«. Daß er dabei nicht an die Einheitlichkeit von Mentalitäten, sondern an die Gemeinsamkeiten von Herkunft, Sprache, Kultur und Geschichte dachte, ist anzunehmen. Und die Millionen von Vertriebenen aus den ehemaligen deutschen Ostgebieten, die im noch verbliebenen, wenn auch geteilten Deutschland neue Heimat fanden, und später die DDR-Flüchtlinge, die um die Staatsbürgerschaft nicht zu betteln brauchten, werden es denen gedankt haben, die, allen Spöttern zu Trotz, von Schwestern und Brüdern sprachen und sich altmodisch als Landsleute betrachteten und nicht, was ihnen Verantwortung erspart hätte, als postnational.

Die deutsche Vergangenheit mit ihren Höhen und schrecklichen Tiefen, die uns Verantwortung auflädt, aber auch Sicherheit bietet, wird uns zumindest für jene Zeit, in der das vereinte Europa unserm Identitätsbedürfnis nicht mehr als Bürokratie und den Euro bietet, ans problematische Nationale gebunden sein lassen, ob uns das gefällt oder nicht.

MÄRKISCH-
BERLINISCHES

NOTWENDIGE TOLERANZ

Das berühmte Toleranz-Edikt, das 1685 in Potsdam erlassen wurde, um den in Frankreich verfolgten Hugenotten die Einwanderung nach Brandenburg möglich zu machen, versuchen Kritiker immer wieder mit dem Hinweis zu entwerten, Friedrich Wilhelm, der Große Kurfürst, habe damit wirtschaftspolitische Ziele verfolgt. Das ist zwar richtig, aber kein ernstzunehmender Einwand, da man die Menschenfreundlichkeit politischen Handelns an Resultaten, nicht an Beweggründen mißt. Eine von Moralität geprägte Politik ist gut, eine moralische, die Notwendigkeiten folgt, besser; jedenfalls ist auf sie mehr Verlaß. Den Glaubensflüchtlingen wurde damals geholfen und dem vom Dreißigjährigen Krieg zerstörten und von Menschen entblößten Brandenburg auch. Außerdem wurde damit in Brandenburg-Preußen eine Toleranz-Tradition begründet, die ihre Ursprünge insofern nie leugnete, als sie stets beiden Seiten, den Toleranten und den Tolerierten, zugute kam. Ein altes Kirchenlied der in die Mark geflüchteten Böhmischen Brüder (»Dein Volk, das sonst im Finstern saß, von Irrtum ganz umgeben, das findet hier nun sein Gelaß und kann in Freiheit leben«) kennzeichnet die eine Seite dieses Prozesses, die andere die Tatsache, daß durch die Kenntnisse und Fähigkeiten der Zugereisten die Wirtschaft zum Blühen kam.

Diese fremdenfreundliche Haltung war eine, die der Staat verordnen, auch manchmal erzwingen mußte. Denn die Vergünstigungen, die den Einwanderern den Anfang erleichterten, erregten den Neid der Alteingesessenen, und ein ängstliches Mißtrauen gegen Leute, die anders sprachen und an anderes glaubten, kam noch hinzu. Doch wurde, trotz aller Widerstände, der Lernprozeß erfolgreich durchlaufen, vielleicht auch weil die Mark Brandenburg selbst im Mittelalter durch Einwanderung entstanden war. Die Märker, die nicht, wie die Hessen oder die Bayern, Stammesverwandtschaft verbunden hatte, waren ursprünglich selbst als Landfremde aus verschiedenen Gegenden gekommen, die slawischen Einwohner waren ihre Nachbarn gewesen; immer wieder waren Fremde hinzugekommen; und bald nach der Reformation war Brandenburg zum einzigen deutschen Land geworden, in dem die religiöse Einheit, die damals mit der politischen eng verknüpft war, sich aufgelöst hatte, weil die Familie des Kurfürsten, nicht aus Glaubenseifer, sondern aus Erbschaftsgründen, kalvinistisch geworden war.

Man hatte also schon Übung im Tolerieren, doch ging das nicht ab ohne Komplikationen, beim großen Kirchenliederdichter Paul Gerhardt zum Beispiel, der Berlin verlassen und nach Lübben, das damals sächsisch war, ausweichen mußte, weil seine Glaubensstrenge in Konflikt mit der Treue zum Kurfürsten geriet. Er weigerte sich, eine Erklärung zu unterschreiben, die die Berechtigung anderer Glaubensrichtungen, die er für Irrglauben hielt, anerkannte, weil das mit seinem Gewissen nicht zu vereinbaren war.

Notwendige Toleranz

Die Straße *Unter den Linden* 1993, in westlicher Richtung von der Universität aus gesehen. Vorn Rauchs Reiterstandbild Friedrichs des Großen, dahinter das *Brandenburger Tor* und die *Siegessäule*.

Das klassische Preußen des 18. Jahrhunderts führte die vernünftige und auch nützliche Toleranz-Politik in verstärktem Maß weiter. Das berühmte Wort Friedrichs des Großen: jeder in seinem Lande könne nach eigner Fasson selig werden, müßte man mit dem Zusatz lesen: Hauptsache, er nützt dem Staat.

Es war ein Staat der Vernunft, der religiösen Fanatismus nicht duldete und Nationalismus nicht kannte, ein pädagogischer Staat, der seinen Einwohnern mit rigorosen Mitteln beibrachte, was man später die preußischen Tugenden nannte, unter denen wohl das nüchterne Vernunftdenken die Kardinaltugend war. Um ein funktionierendes, sicheres und das Recht achtendes Gemeinwesen zu schaffen, mußte jeder an seinem Platze die ihm aufgetragenen Pflichten erfüllen, also gehorsam und fleißig, pünktlich, rechtschaffen und unbestechlich und, um des inneren Friedens willen, auch duldsam sein. Diese auf Nützlichkeit ausgerichtete Tugendlehre, mit der sich ein armseliges Staatsgebilde zum modernsten seiner Zeit machen konnte, ist unserem heutigen demokratischen und individualistischen Denken, das sich an Pflichten ungern erinnert, nicht gerade sympathisch, und ein Zurückwünschen preußischer Zustände wäre sehr töricht – dem Land aber wäre zu wünschen, einige der Vorzüge des schon lange verstorbenen Staates hätten ihn in den Nachkommen seiner Bewohner überlebt.

ZUM GEDENKEN AN DEN ERSTEN BRANDENBURGISCHEN LANDTAG VON 1946

Zu den vielen Überraschungen, die die Jahre 1989 und 1990 zu bieten hatten, gehörte auch die Tatsache, daß das Zugehörigkeitsgefühl zu den alten Ländern, die es 37 Jahre lang nicht mehr gegeben hatte, bei den Bewohnern der DDR noch erhalten war – oder doch so schnell wieder geweckt werden konnte, daß es wie ein überkommenes altes erschien. Noch bevor die deutsche Vereinigung die Wiedereinführung der Länder erforderlich machte, begann schon die Wiedergeburt der Bezirksbewohner als Mecklenburger, Sachsen, Thüringer, Brandenburger. Man wurde sich seiner historischen Eigenständigkeit wieder bewußt. Die traditionsreichen Wappentiere der Länder waren nicht ausgestorben, sondern nur scheintot gewesen. Auch der Rote Adler, der übrigens (es sei gesagt, um Mißverständnisse auszuschließen) wie der Rote Platz oder das Rote Rathaus, seine Farbe keiner parteipolitischen Richtung verdankte, stieg über Sumpf, Sand und märkische Heide wieder empor.

Die Gründe für diese in den aufregenden Wendejahren nur am Rande wahrgenommene Erscheinung einzig im Mangel an Orientierung in den Wirren der Zeit zu suchen, hieße die Sache zu einschichtig zu sehen. Sicher hatte das überraschende Ende der DDR bei vielen seiner Bewohner, die sich dem Staat in Zu- oder Abneigung verbunden gefühlt hatten, neben Schmerz oder Freude, Jubel oder Klage auch eine Art Entzugserscheinung zur Folge, die zu heilen bei manchem nicht einfach war. Wie bei Todesfällen von Menschen, die einem in Haß oder Liebe etwas bedeutet hatten, entstand nach diesem Sterben, das nicht nur einen Staat, sondern auch eine glaubensähnliche Ideologie hinweggerafft hatte, bei den Überlebenden in jenen Seelenbereichen, in denen vorher Vertrauen und Hoffnung oder Kritik und Ablehnung ihren Sitz gehabt hatten, eine innere Leere, die als Angst oder Unsicherheit in Erscheinung trat. Man war, ob gern oder nicht, dem Verstorbenen verbunden gewesen. Man hatte zu ihm gehört, auch wenn man vielleicht an ihm nur gelitten hatte. Sein Ende hatte für viele eine Art Heimatverlust bedeutet – weshalb man sich plötzlich wieder der eigentlichen, mit der Ideologie nicht zerstobenen Heimat entsann.

Diese Besinnung aufs Hergebrachte war eine aufs Bleibende und Konkrete, und nach der Vereinigung auch eine aufs Vertraute und Überschaubare. Denn nachdem die Währung, der Lebensstil und die Gesetze anders geworden waren, hatte der Boden, auf dem man nach wie vor stand, an Wichtigkeit zugenommen; und das Vaterland, das auf einmal bis an die Alpen und an den Rhein reichte, war für Leute, die über Jahrzehnte unfreiwillig sehr eingezogen gelebt hatten, zur Identitätsfindung etwas zu groß.

Wichtiger aber als diese, einem Mangel geschuldete Ursache war bei der Wiedererweckung föderativen Denkens und Fühlens, wie ich vermute, die historische Komponente, die lange unterdrückt oder verfälscht worden war. Diese Entwicklung hatte schon in DDR-Zeiten

Der erste Brandenburgische Landtag

begonnen, als die vorgeschriebene Sicht auf die Geschichte, die Theorien beweisen sollte und deshalb vom Vergangenen nur Stückwerk gebrauchen konnte, sich in den letzten Jahren allmählich aufzulösen begann. Anteil daran hatte auch die verstärkte Erforschung der Regionalgeschichte, die mit ihrem Hang zum Konkreten für Manipulationen wenig geeignet ist. Zwar durfte, auf die Gegenwart bezogen, von einem Land Brandenburg nichts verlauten, aber mit dem zugelassenen Adjektiv märkisch konnte doch ausgedrückt werden, daß der historisch begründete Zusammenhang noch bestand.

Das war in den Anfangszeiten der DDR noch ganz anders gewesen. Als 1952 ihre fünf Länder zugunsten einer rigorosen Zentralisierung zerschlagen wurden, war das offizielle Geschichtsbild und die Lehren, die aus diesem gezogen wurden, noch viel eindeutiger ausgerichtet auf die Zwecke der Macht. Zeitweilig wurde im offiziellen Erziehungsprozeß die Geschichte der KPdSU (B) für wichtiger gehalten als wesentliche Teile der deutschen Geschichte; und gar für die einzelnen Länder war in dieser Schmalspurhistorie kein Platz.

Das galt besonders (und zwar für die damalige Zeit in ganz Deutschland) für die Beurteilung Brandenburg-Preußens, das man, darin den Siegern des Krieges folgend, unmittelbar für Hitler verantwortlich machte – und damit unbewußt Goebbels einen späten Triumph verschaffte. Denn der hatte für die Wahlpropaganda in den Weimarer Jahren die Erbfolge: Friedrich der Große – Bismarck – Hitler erfunden und damit (man denke an den berüchtigten »Tag von Potsdam«) große Erfolge in der Irreführung erzielt. Das wahre Verhältnis Preußens zu Hitler wurde erst am 20. Juli 1944 deutlich, als der Versuch zur Korrektur vieler Irrtümer auf tragische Weise mißlang.

Das durch Einseitigkeit falsche Bild Preußens wurde erst Jahrzehnte später berichtigt, erst im westlichen, dann auch allmählich im östlichen Deutschland, wobei mir der Einfluß dieser Berichtigung, der

Märkisch-Berlinisches

sich in der Geschichte ja so gut wie immer vom Westen ausgehend nach Osten bewegte, in diesem Fall nicht so bedeutend erscheint, wie beispielsweise bei der Dampfmaschine oder der Jeansmode. Es war vielmehr so, daß die DDR, die vorgab, eine eigne Nation zu bilden, mit der Schrumpfform von Geschichte, die nur das ins ideologische Schema Passende anerkannte, auf die Dauer nicht leben konnte, sondern eine eigne, vollständige Geschichte brauchte; und dazu bot Preußen sich an. Also durfte Friedrich wieder der Große heißen und Unter den Linden auf das nicht mehr vorhandene Schloß zu reiten, und Otto von Bismarck wurde aus der Verdammnis wieder befreit.

Das geschah aus der richtigen, aber zu späten Erkenntnis, daß eine nicht-manipulierte Geschichte für Staat und Gesellschaft nicht Luxus ist, sondern Lebensbedürfnis. Da aber die in der DDR herrschende Ideologie vorgab, die Gesetze, nach denen Geschichte angeblich abläuft, zu kennen, machten sich manche vor, auf Grund dieser Kenntnis mit Sicherheit siegen zu müssen, und verstellten sich damit nicht nur den Blick auf viele Tatsachen der Geschichte, sondern auch auf die Spuren, die diese in uns hinterlassen haben – und die nicht nur die damals gewünschten waren, sondern auch die aus christlicher, preußischer und nationalsozialistischer Zeit.

Heute müssen wir, bewußt oder nicht, mit der Prägung aus DDR-Zeiten leben, ohne daß die früheren gänzlich verschwunden sind. Bedenkt man den Verlauf unserer Geschichte, muß man vermuten, daß die demokratische Prägung nicht gerade die stärkste von ihnen ist. Sie ist aber vorhanden, und mit ihr wurde gerechnet, als nach dem Ende der bösen zwölf Jahre der Neuaufbau des besetzten, stark reduzierten, in vieler Hinsicht zerstörten und von noch laufenden Demontagen betroffenen Landes begann.

Mit noch vorhandenen demokratischen Traditionen rechneten nicht nur die Überlebenden aus den Weimarer Jahren und die westlichen

Der erste Brandenburgische Landtag

Siegermächte, sondern auch Stalin und seine deutschen Genossen, die es deshalb für richtig hielten, der geplanten Umgestaltung nach sowjetischem Muster ein demokratisches Aussehen zu geben durch Zulassung verschiedener Parteien, Abhaltung von freien Wahlen und Wiedererrichtung föderativer Strukturen, wie es deutschem Herkommen entsprach.

Nach der Reichseinigung hatte das Kaiserreich die Besitztümer der Länder nicht angetastet; die Weimarer Republik hatte ihnen stärkere innen-, wirtschafts- und kulturpolitische Rechte gegeben; der Hitlerstaat aber, der einen rigorosen Zentralismus namens Führerstaat brauchte, war schon im ersten Jahr seines Bestehens darangegangen, den Ländern ein Ende zu machen, so daß nach seinem eignen blutigen Ende die Wiederauferstehung des Demokratischen und des Föderativen als zwei Seiten ein und derselben Sache erschien; wie sich zeigen sollte, nicht ohne Grund.

Die Länderverwaltungen waren in allen Besatzungszonen eher da als die zentralen Behörden. Auch Brandenburg, das mit seinen Gebieten jenseits der Oder mehr als ein Drittel seines Territoriums eingebüßt hatte, war jetzt, nach Jahrhunderten, zum erstenmal wieder unter ihnen. Im Kaiserreich und in der Weimarer Republik war es eine der zwölf Provinzen des übergroß gewordenen Preußen gewesen. Nun wurde es in den Rang eines Landes erhoben und führte die Provinz nur noch im Namen – was unsinnig war, da Preußen faktisch nicht mehr bestand. Formell freilich endete es erst 1947 durch ein Dekret der Besatzungsmächte, und nun erst wurde das Land die Provinz endgültig los.

Los wurde es bei dieser Gelegenheit auch die Bezeichnung Mark. Amtlich hatte es so schon seit 1815 nicht mehr geheißen; doch hatte sich (womit ich auf das Thema des Hineinragens der Geschichte in das Heute zurückkomme) der Name als zählebig erwiesen, weshalb es ja bis heute die Märker und die Märkische Schweiz und die Märkische Feuersozietät noch gibt. Mark hatte

Märkisch-Berlinisches

ursprünglich Grenzland bedeutet, und ein solches war sie 1945 durch die Kriegsfolgen nun wieder geworden; doch hatte, wie ich vermute, die Tatsache, daß diese Bezeichnung beim Neubeginn wieder zu Ehren kam, mit dem Etymologischen nichts zu tun. Jedenfalls führte sowohl die Verwaltung, die im Juli 1945 von der sowjetischen Besatzung eingesetzt wurde, als auch der später gewählte Landtag den Namen »Provinz Mark Brandenburg«, bis, wie gesagt, das schon tote Preußen noch einmal starb. Wollte man diese Formalien ernst nehmen, hätte es erst seit dem Kontrollratsgesetz vom 25. Februar 1947 ein Land Brandenburg gegeben. Dessen Landtag hatte allerdings, als er den neuen Namen annahm, fünfzehnmal schon getagt.

Gegen Formalien als solche soll damit aber nichts gesagt werden. Sie sind nötig im pluralistischen Rechtsstaat, weil der nur bei korrekter Einhaltung seines Regelwerks funktioniert. Wenn seine Gegner ihn deshalb formal nennen, sollte man das nicht als Schimpfwort, als das es gemeint ist, nehmen, sondern die Berechtigung dieses Begriffs insofern anerkennen, als er tatsächlich staatlicherseits keine Inhalte als die allgemeinen, in der Verfassung verankerten, bietet, sondern vor allem die Form vorgibt, innerhalb derer der friedliche Streit um die Macht sich entfalten, die Macht aber nicht zu einer diktatorischen werden kann.

Doch kann vorhandene diktatorische Macht, wie sie zum Beispiel ein Besatzungsregime darstellt, sich auch mit dem Mantel des Formal-Korrekten umgeben. Sie kann demokratisch abstimmen lassen, die Abstimmenden aber durch Einschüchterung zur Abstimmung in ihrem Sinne zwingen; oder sie kann die demokratischen Regeln in einer Weise gestalten, daß sie selbst bei deren Befolgung immer begünstigt ist.

Beides geschah im Umkreis der ersten Landtagswahlen. Die Macht zur Einschüchterung hatte die Sowjetarmee, die von Hitler befreit und gleichzeitig Schrecken ver-

Der erste Brandenburgische Landtag

78 Das 1908 für die Potsdamer Regierung fertiggestellte neobarocke Gebäude, das im Innern viele Jugendstilelemente aufweist, war 1946–1952 Sitz des Brandenburgischen Landtags. Heute ist die Staatskanzlei des Landes hier untergebracht.

breitet hatte; und die Kenntnis der Spielregeln hatten ihre deutschen Genossen, und sie nutzten sie. Sie ließen die Wahlen erst stattfinden, als die SPD-Wähler schon der SED angehörten. Sie sorgten bei den zwei zugelassenen bürgerlichen Parteien für schlechtere Ausgangspositionen, und sie legten ihnen, vor allem auf dem Lande, Hindernisse in den Weg.

Daß Stalins Genossen, die die Massenorganisationen alle am Gängelband hatten, im Vorfeld der Wahlen deren Gleichstellung mit den Parteien durchsetzen konnten, so daß also auch die FDJ, der Kulturbund usw. zur Wahl standen, war bestimmt einer Einschüchterung zu verdanken; denn so begriffsstutzig, daß sie die Wirkung dieser Regelung nicht hatten voraussehen können, waren die Vertreter der bürgerlichen Parteien wohl nicht. Und wenn später im Landtag die Gewaltenteilung beseitigt und eine Verfassungsgerichtsbarkeit abgelehnt wurde, so trifft darauf sicher das gleiche zu. Die Macht lag bei denen, die die Be-

Der erste Brandenburgische Landtag

satzungstruppen im Rücken hatten und nicht gewillt waren, sich demokratisch kontrollieren zu lassen. Sie hatten andere Ziele als eine parlamentarische Demokratie.

Schon in der den Wahlen vorausgehenden »Beratenden Versammlung der Provinzialverwaltung« hatte die SED sich durch Hinzuziehung des Kulturbundes, der FDJ, der Frauenausschüsse, der VdgB und des FDGB eine Mehrheit gesichert und darüber hinaus die anderen Parteien durch das, was sie Blockpolitik nannte, weitgehend abhängig gemacht. Bei den Wahlen aber war ihr die Unkenntlichmachung der Parteiunterschiede durch Einheitslisten noch nicht gelungen – oder sie war der Meinung, daß solche krasse Beschneidung der Wahlfreiheit nicht nötig sei. Es war ein Versuch, den sie nicht wiederholte. Später in der DDR, wo man nur den »Kandidaten der Nationalen Front« zustimmen konnte, wurden nur Wahlparodien geboten. Man hatte aus Mißerfolgen gelernt.

Die Landtagswahlen fanden statt im Oktober 1946. Zuvor, im September, waren Kommunalwahlen gewesen – mit deren Erwähnung ich mir Gelegenheit zum Einflechten einer persönlichen Erinnerung gebe, die die damalige Situation in einem winzigen Ausschnitt zeigt.

Ich war damals, nach einem kurzen Lehrgang in Potsdam, von der Provinzialverwaltung als Neulehrer nicht, wie ich es gewünscht hatte, in meinen Heimatkreis Teltow, sondern in das entfernte Westhavelland geschickt worden – um mir die Hörner abzustoßen, wie ich beim Ausschuß für Volksbildung erfuhr. Das Dorf war winzig und abgelegen und wurde von einem SED-Bürgermeister regiert. Bei der Gemeindewahl standen, da die sowjetischen Behörden die örtliche Registrierung der Liberalen verzögert und damit ihre Kandidatenaufstellung verhindert hatten, nur zwei Parteien zur Auswahl, die sozialistische und die christdemokratische, die beide im Dorf die gleiche Mitgliederzahl hatten, nämlich je zwei. Wahlveranstaltungen hatte nur die SED durchführen können, und auf ihnen war, »ganz unter uns«, auch ver-

Märkisch-Berlinisches

breitet worden, daß Gemeinden mit CDU-Bürgermeistern Nachteile drohen würden, bei der Zuteilung von Flüchtlingen zum Beispiel, vor allem aber durch verstärkte Anforderungen der Sowjetarmee. Dieser nämlich mußten häufig Kartoffeln geliefert werden; und die Stellung von Gespannen und Arbeitskräften zur Demontage von Eisenbahnschienen und zum Ausgraben des Fernsehkabels, das in den dreißiger Jahren vom Brocken nach Berlin gelegt worden war, verlangten sie auch.

Diese Drohungen hatten auf die Wahl selbst, die ja noch wirklich geheim war, keinerlei Einfluß. Drei Stimmen konnte die SED nur für sich verbuchen (– und alles rätselte, wer der Dritte wohl sein könnte, wobei mich kein Verdacht treffen konnte; denn ich Neunzehnjähriger hatte nicht wählen dürfen, weil man damals erst mit einundzwanzig volljährig und damit auch wahlberechtigt war). Die CDU also hatte haushoch gewonnen. Als nun aber der Bürgermeister gewählt werden sollte, zeigte es sich, daß die SED-Wahlredner nicht erfolglos gedroht hatten; denn man setzte den alten Bürgermeister, den die Russen als Genossen schon kannten, in sein Amt wieder ein. Man hatte gezeigt, wie man innerlich dachte; sichtbar handelnd aber streckte man sich nach der kurzen Decke, was leider nur kurzzeitig half. Fünf Jahre später war kaum einer der Bauern noch da.

Das also war im September gewesen; im Oktober dann, als der Landtag gewählt wurde, war es im Großen zwar nicht ganz so kurios wie im Kleinen, aber ein bißchen ähnelten sich die beiden Vorgänge doch. Zwar konnte die SED sich als die stärkste der Parteien erweisen, doch blieb ihr, auch wenn man die paar Prozente der Bauernvereinigung zu den ihren addierte, die Mehrheit versagt. Die beiden bürgerlichen Parteien zusammen hatten mehr Stimmen als die SED und ihre Trabanten. Sie machten aber, den Umständen und möglicherweise auch eigner Überzeugung entsprechend, wie die havelländischen Bauern davon keinen Gebrauch.

Der erste Brandenburgische Landtag

Am 22. November 1946 trat im zertrümmerten Potsdam, im Plenarsaal des Regierungsgebäudes, der erste demokratisch gewählte Landtag zusammen. Brandenburg, das in den Jahrhunderten als Markgrafschaft, Kurfürstentum und Kernprovinz Preußens immer eine politische Einheit gebildet hatte, wurde nun als Land aus der Taufe gehoben – auch wenn es noch anderthalb Jahre lang anders hieß.

Diesen Tag eines Anfangs zu feiern, will mit dem Wissen ums Ende nicht recht gelingen, aber gedenken sollte man seiner, besonders dann, wenn man mit »Gedenken« auch »Nachdenken« meint. Denn ein Anfang, den man, verglichen mit dem, was ihm folgte, als nicht übel bezeichnen könnte, der aber dem kommenden Übel nicht zu wehren vermochte, ist es doch wert, erinnert zu werden, sowohl als Versuch, es besser als vorher in der deutschen Geschichte zu machen, als auch als lehrreiche Lektion.

Nun ist es leichter, über die Lehren, die die Geschichte erteilt, zu reden, als handelnd die richtigen Schlußfolgerungen daraus zu ziehen. Denn alle Vergleiche von Gegenwart und Historie hinken; keine Zeit gleicht der anderen; und wenn wir, weil wir vom Folgenden wissen, in bezug auf das Damals klüger sind als die Vorgänger vor einem halben Jahrhundert, so bedeutet das nicht, daß unsere Klugheit auch vor dem Heute besteht. Lehren erteilt die Geschichte viele, auch solche, die einander widersprechen, und ob die, die wir beherzigen, die richtigen waren, erweist sich leider immer zu spät.

Auch damals hatte man aus der Geschichte, in deren Ruinen man elend hauste, für Zukünftiges lernen wollen, hatte zum Beispiel aus der Tatsache, daß die Zerstrittenheit seiner Gegner Hitler die Wege geebnet hatte, die Lehre von der notwendigen Einheit aller Antifaschisten gezogen und damit die Blockpolitik begründet – was ja vielleicht richtig gewesen wäre, hätte ein neuer »Führer« seinen Marsch auf Berlin schon angetreten; aber eine Diktatur solcher Art war nicht in Sicht. Dafür aber eine andere, für

Märkisch-Berlinisches

die die Einheit der Antifaschisten, wenn auch vielleicht nicht als Wegbereiter, so doch als scheindemokratisches Alibi nützlich war. Eine Entscheidung darüber, ob bei der Zustimmung zum Abbau demokratischer Rechte durch die Landtagsabgeordneten aller Fraktionen guter Glaube, Opportunismus oder Einschüchterung den Ausschlag gaben, maße ich mir nicht an. Ich kann nur feststellen (und ich folge dabei, wie bei vielen anderen Fakten, der verdienstvollen Forschung von Werner Künzel von der Landeszentrale für politische Bildung), daß es im Landtag in den knapp sechs Jahren seines Bestehens bei der Aushöhlung von Gewaltenteilung und Selbstbestimmung, beim Abbau demokratischer Rechte und auch bei der allmählichen Verminderung eigner Befugnisse keinen sichtbaren Widerstand gab. Um Verständnis für diesen Mangel an Selbstbehauptungswillen zu gewinnen, sollte man sich vor Augen halten, daß die wirkliche Macht im Lande von der wahrlich nicht unparteiischen Besatzungsmacht ausgeübt wurde; und man sollte parallel zu der traurigen Chronik des Landtages auch die der Gefängnisse und Internierungslager in Bautzen, Jamlitz und Ketschendorf lesen, wo nicht nur Naziverbrecher litten und starben, sondern auch Menschen, denen der Gebrauch von verfassungsmäßigen Rechten als ein Verbrechen ausgelegt worden war.

Schon in den ersten Landtagssitzungen wurde, trotz der absoluten Mehrheit der bürgerlichen Parteien, beschlossen (und das erinnerte doch an meine Dorfleute), mit den Posten des Landtags- und des Ministerpräsidenten die sozialistische Einheitspartei zu betrauen, die auch die Ministerien für Inneres, für Wirtschaft und für Volksbildung erhielt. Das war insofern von innerer Logik, als auch die anderen Ministerien, die von CDU- und LDP-Leuten geleitet wurden, in ihrer Arbeit nie andere als der SED genehme Tendenzen erkennen ließen – und als es später bei eigentlich strittigen Themen, wie der Beseitigung der Gewaltenteilung, der Ablehnung einer Verfassungs-

Der erste Brandenburgische Landtag

gerichtsbarkeit und bei der Zentralisierung von Justiz und Wirtschaftsplanung, zwar in den Beratungen manchmal Bedenken, bei Abstimmungen aber keine Gegenstimmen gab. Die sogenannte »führende Rolle« der Partei, die bald auch schon *die* Partei hieß, war faktisch also schon vor ihrer Festschreibung da.

Mit der Gründung der DDR und der strafferen Zentralisierung verloren die Länder mehr und mehr Kompetenzen, obwohl die Verfassung ausdrücklich vorschrieb: »Die Republik baut sich auf den deutschen Ländern auf.« Ungeachtet der Tatsache, daß die SED überall praktisch die Macht hatte, wurden die Länder von ihr doch als Rest einer horizontalen Gewaltenteilung empfunden, als eine »Barriere« zwischen Volk und Regierung, wie Grotewohl sagte, als ein »aus feudaler Zeit überliefertes« Relikt.

Die Länder waren dem Kommandounternehmen, das Sozialismus genannt wurde, im Wege, und sie mußten verschwinden bei dessen Beginn. Nicht viel mehr als zwei Jahre war der DDR-Staatsaufbau so, wie die Verfassung es vorsah, dann wurde er nach SED-Plänen verändert, ohne daß man eine Änderung der Verfassung für nötig hielt. Aus dem Land Brandenburg wurden im Zuge des »Aufbaus des Sozialismus« und zu Ehren des 70. Geburtstags von J.W. Stalin drei von der Zentralmacht völlig abhängige Bezirke, die von allen föderativen Kompetenzen entblößt waren – und die uns heute (auch das ein Beispiel für die Gegenwärtigkeit des Vergangenen) die Regionalpresse noch konserviert. Als Zeitungsleser lebt man noch immer in den Bezirksgrenzen, da auch die *Märkische Allgemeine* nicht hält, was der Titel verspricht.

Absurderweise ließ man die DDR-Länderkammer, wohl aus deutschlandpolitischen Gründen, länger als die Länder leben. Erst sechs Jahre nach deren Ende wurde auch sie lautlos zu Grabe getragen. Freilich hatte sie auch zu Lebzeiten nie von sich reden gemacht.

Märkisch-Berlinisches

Weder sie noch die Länderparlamente füllen historische Ruhmesblätter. Doch sollte bei der Beurteilung der Parlamentarier, die die Abschaffung der Länder ohne Proteste geschehen ließen, bedacht werden, daß in diesen frühen, von Aufbaupathos und Machtwillkür geprägten DDR-Jahren Widerstand nicht nur Karrieren und Parteimitgliedschaften beenden, sondern auch Freiheitsentzug oder gar Tod nach sich ziehen konnte. Die Immunität war dagegen, wie Beispiele einzelner Abgeordneter zeigen, kein Schutz. Schon der geringe Gebrauch verfassungsmäßiger Freiheitsrechte konnte für den, der nicht rechtzeitig floh, mit Verhaftung enden. Sowjetische Militärtribunale fällten ihre Urteile, meist solche über 25 Zwangsarbeitsjahre, auch noch nach Gründung der DDR.

Damals kein Held gewesen zu sein, sollten wir niemandem vorwerfen. Aber an jene, die bei der Verteidigung demokratischer Rechte Freiheit und Leben riskierten, sollten wir uns doch manchmal erinnern, wenn wir heute, unter ganz anderen Bedingungen, vor Entscheidungen stehen, die nicht leichtfallen, wie vor denen zwischen Gemeinnutzen und persönlichem Vorteil, zwischen Staats- und Parteiinteressen oder vor solchen, bei denen zwischen bequemer Anpassung und bitterer Wahrheit gewählt werden muß.

BERLIN ALS BEISPIEL

Als im November 1989 die Öffnung der Grenzen die Deutschen in einen Freudentaumel versetzte, sah die Welt auf den Bildschirmen vor allem die Berliner lachen, Freudentränen vergießen und ihr sprachlos machendes Glück »Wahnsinn!« nennen – und sie nahm es wie selbstverständlich als Äußerung deutschen Glücks. Daß die Berliner stellvertretend für die Nation agierten, hing nicht nur damit zusammen, daß hier die Mauer besonders viele auf engem Raum zusammenlebende Menschen getrennt hatte, sondern auch mit der schon von mehreren Generationen gemachten Erfahrung, daß Berliner Geschichte seit Bismarcks Zeiten deutsche Geschichte in Kleinformat war.

Die Revolution in Berlin von 1848 war noch eine fast ausschließlich preußische Sache gewesen, die von 1918 aber bestimmte die Geschicke ganz Deutschlands mit. Die Weimarer Republik hätte mit mehr Recht Berliner Republik heißen können. Hitler wurde nicht in München, sondern erst in Berlin zum deutschen Verhängnis; sein Ende in dieser Stadt wurde zu dem seines Reiches, dessen Kapitulation hier unterzeichnet wurde; und die Aufteilung Deutschlands unter die Siegermächte wurde in Berlin im Duodezformat wiederholt. Das Welttheater des Kalten Krieges hatte in Berlin seine Probebühne und bevorzugte Spielstätte; und nie wurde in Deutschland wohl ein Bauwerk mit soviel politischer Symbolik beladen, wie in den letzten Jahrzehnten das Brandenburger Tor.

Diese Rolle als Stellvertreter war der Stadt zwar erst spät zugewachsen, doch hatte ihr die Geschichte dafür gute Grundlagen geliefert, von ihren mittelalterlichen Anfängen an. Nicht in einem ethnisch einheitlichen Stammesgebiet war Berlin entstanden, sondern in Kolonisationsräumen, in die Zuwanderer vom Rhein und aus Flandern, aus Niedersachsen und Franken strömten, sich mit den slawischen Autochthonen vermischten und auch in den nachfolgenden Jahrhunderten Toleranz gegen Fremde ausbilden mußten, da Einwanderung immer nötig blieb. Es kamen Verfolgte aus Salzburg, Böhmen und Frankreich; und als die Residenz der Markgrafen und Kurfürsten zu der der preußischen Könige wurde, also nicht mehr nur das märkische Umland beherrschte, sondern für den sich ständig vergrößernden, arg zerrissenen Besitzstand der Hohenzollern maßgeblich wurde, mußte sie sich auf eine ost-westliche Vielfalt einstellen, die von Memel und Schlesien bis an den Niederrhein reichte, und sie mußte diesen unterschiedlichen Einflüssen offen sein. Ein Anziehungspunkt war Berlin nicht nur für die Leute aus den Provinzen, also die Brandenburger, Rheinländer, Pommern, Ostpreußen, Schlesier, Wenden, Polen und Juden, sondern auch für die Soldaten, die in den Anrainerstaaten zum Militärdienst gepreßt worden waren, für die Beamten und Offiziere, die von der funktionstüchtigen Verwaltung und der ruhmreichen Armee angelockt wurden, und später, im 19. Jahrhundert, für Massen von Proletariern, denen die expandierende Industrie Arbeit bot.

Berlin als Beispiel

Schon im Lauf des 18. Jahrhunderts war Berlin räumlich auf das Zweieinhalbfache gewachsen, und die Bevölkerungszahl hatte sich um das mehr als Dreifache vermehrt. Doch beschleunigte sich dieser Prozeß im 19. Jahrhundert. 1870 gab es schon fünf mal so viele Berliner wie 1800; eine Million waren es zehn Jahre später; und als 1920 die lange schon ineinandergewachsenen umliegenden Städte und Dörfer zum Berliner Stadtgebiet kamen, wurde die Grenze von vier Millionen Einwohnern erreicht.

Man war hier also immer gewohnt, mit Zugereisten zu leben, und da diese in der stets wachsenden und sich wandelnden Stadt mit ihrer Vielfalt an Lebensformen schnell heimisch wurden, war es immer leicht, zum Berliner zu werden. Nicht in Berlin geboren zu sein, bedeutete nie, nicht als Berliner angesehen zu werden. Die Redensart der Jahrhundertwende, daß der richtige Berliner aus Schlesien stamme, gab in witziger Übertreibung Tatsachen wieder, die auch noch für das geteilte Berlin Geltung hatten, setzte man für die Schlesier einerseits Sachsen und Mecklenburger, andererseits Niedersachsen und Schwaben sein. Das einst zweigeteilte Berlin hat von seiner Einwohnerschaft her also durchaus gesamtdeutschen Charakter, der jetzt durch den Regierungsumzug noch verstärkt werden wird.

Modell für das Ganze ist Berlin auch im strapaziösen Prozeß deutschen Zusammenwachsens. Nur in diesem Bundesland kommen Ost und West unter einer Länderregierung zusammen und beweisen recht und schlecht, daß es geht. Die Bonner Politiker und Beamten, die nun ihre Wohnsitze vom Rhein an Spree und Havel verlagern, werden bald mit Erleichterung an sich und ihren Kindern bemerken, daß Berlin, wie schon seit Generationen, jeden Provinzler im Handumdrehen zum Groß- und Hauptstädter macht.

Obwohl die Geschichte Berlins schon häufig Situationen des Um- und Aufbruchs kannte, deren Ursachen politische oder soziale Spannungen waren, ist es schwer

Märkisch-Berlinisches

möglich, historische Parallelen zur heutigen Lage zu finden und Lehren daraus zu ziehen. Die Geschichte scheut Wiederholungen, und ihre angeblichen Gesetzmäßigkeiten, die in der DDR jeder Staatsbürgerkundelehrer zu kennen glaubte, haben sich mit der sozialistischen reinen Lehre in Rauch aufgelöst. Man braucht Abstraktionsvermögen, um historischen Vergleichen das Hinken abzugewöhnen; und doch ist es erforderlich, auf Geschichtserfahrung zurückzugreifen, weil es passendes Anschauungsmaterial sonst nicht gibt.

Es lohnt sich also angesichts der kolossalen Bautätigkeit, die Berlin momentan verändert, sich an das durch die industrielle Revolution ausgelöste hektische Bauen der zweiten Hälfte des vorigen Jahrhunderts zu erinnern, durch das wichtige Stadtviertel einen Charakter bekamen, der sie noch heute prägt. Da die Arbeiterheere, die besonders aus den armen östlichen Landesteilen gekommen waren, Wohnungen brauchten, wurde 1862 vom Stadtbaurat James Hobrecht (dem Berlin auch seine Kanalisation verdankte) ein Bebauungsplan entworfen, der für die nächsten Jahrzehnte galt. Es war ein großzügiger Plan, der mit breiten Alleen, großen Parzellen, auflockernden Grünflächen, prächtigen Vorder- und bescheidenen Hinterhäusern das Zusammenleben von Reichen und Armen in humanen Wohnverhältnissen hatte erreichen wollen, und der doch am Ende, da sein Entwerfer die staatliche Sorge für das Gemeinwohl zu hoch angeschlagen und die Durchsetzungskraft des Profitstrebens nicht genügend berücksichtigt hatte, Berlin zur größten Mietskasernenstadt der Welt werden ließ. Denn der langfristige Plan förderte die Bodenspekulationen und führte dazu, daß das übertreuerte Bauland eng und hoch mit Fluchten von Hinterhäusern und winzigen Höfen bebaut wurde, in die kein Sonnenstrahl fiel. Die gräßliche Hinterhauswohnungsmisere, bekannt als das »Milljöh« Heinrich Zilles, war also einer Sozialpolitik zu danken, die gutgemeint, aber nicht durchsetzungsfähig genug war. Die entfesselten Marktkräfte konnten

Berlin als Beispiel

zwar in kürzester Zeit Stadtteile aus dem Boden stampfen, die der Einwohnerzahl nach Großstädte für sich hätten sein können; aber soziale Belange, die ihnen Fesseln gewesen wären, berücksichtigten sie kaum. Denn die Dynamik der Wirtschaft folgt nicht moralischen, sondern profitablen Gesetzen; sie braucht Moralisten, die kritisieren und mahnen, und sie braucht einen Gesetzgeber, der dem Eigennutz Grenzen setzt.

Aber der Aufbruch im letzten Viertel des vorigen Jahrhunderts, der Berlin zu Haupt-, Kaiser-, Industrie- und Millionenstadt machte, die Adelsgesellschaft in eine bürgerliche verwandelte und die düsteren Wohnquartiere am Kreuzberg, am Prenzlauer Berg und am Wedding baute, war gleichzeitig auch ein Abbruch in großem Stil. Nie hat die Stadt, weil sie immer von Zugewanderten lebte, Traditionsgefühle in ausreichendem Maße entwickelt. Nun aber schien es, als ob sich die Neureichen der armen Vergangenheit schämten und nur die wilhelminische Gegenwart etwas galt.

Märkisch-Berlinisches

Im Zentrum wurden ganze Straßenzüge verändert, Stadttore und Wasserläufe beseitigt, wertvolle Gebäude, wie der Schinkelsche Dom, abgerissen und durch protzige Monumentalbauten ersetzt. Als Julius Rodenberg, der Flaneur und Chronist jener Jahre, durch die Friedrichstadt und den westlichen Teil der Straße Unter den Linden spazierte, fielen ihm dauernd Häuser ein, die in seiner Jugend für ihn Bedeutung gehabt hatten und die es nun nicht mehr gab. Die überdimensionierten Kaiser- und Bismarckdenkmäler sollten die nach menschlichen Maßen geformten von Schadow und Rauch in den Schatten stellen. Die Architektur, als Stein gewordene Geschichte, sollte mit dem pompösen Dom und dem Reichstag bekunden, daß nun herrlichere, glanzvollere, imperialere Zeiten als die bescheidenen preußischen anbrechen würden, für die Reichshauptstadt und für das Reich. Sieht man, wie hier alle Maßstäbe mißachtet wurden, die durch Schloß, Oper und Zeughaus gesetzt und von Schinkel respektiert worden waren, kann man die Liebe des alten Fontane zur Schlichtheit des klassischen Preußen und seine Verachtung des »Borussismus« seiner wilhelminischen Gegenwart besser verstehen.

Als der Kaiser ging und die Generäle blieben, vom kaiserlichen Reichstag aus die Republik ausgerufen wurde, die zwar Weimar in ihrem gängigen Namen führte, Berlin aber als Regierungssitz und Schicksalsort hatte, war der Umbruch, den Berlin, wieder stellvertretend, erlebte, zwar abrupter als der der Gründerjahre, aber er dokumentierte sich mehr im Wandel des politischen, sozialen und kulturellen Lebens als in der Architektur. Kein Bildersturm richtete sich gegen Schlösser oder gegen die Denkmäler der vergangenen Epoche. Die Straßen trugen weiter die Namen von Kaisern, Kaiserinnen, Prinzen oder siegreichen Schlachten. Das Zentrum blieb in seiner klassischen Schönheit aus preußischen Zeiten und in seiner kaiserlichen Pracht vollständig erhalten. Das neue, vorwiegend sozial ausgerichtete Bauen, das so vorbildliche Beispiele hervorbrachte wie Bruno Tauts Britzer Hufeisensiedlung, konzentrierte sich auf die Außenbezirke der nun zu ihrer heutigen Ausdehnung angewachsenen Stadt. In Kunst und Literatur wurde Berlin bahnbrechend für die Moderne. Für die Wissenschaft war es schon vorher zum deutschen Zentrum geworden, und die Technik schritt hier besonders stürmisch voran. Deutlicher als anderswo aber zeigten sich in Berlin auch die Negativseiten der neuen Freiheit: die sozialen Zerrissenheiten, die politischen Feindschaften, der Trend zur Gewalt.

Die Duldsamkeit gegenüber der vergangenen Epoche trug nicht nur tolerante, sondern auch konservative Züge. Da die republikanischen Freiheiten mit Privilegienverlusten und sozialen Unsicherheiten verbunden waren, liebte man in weiten Kreisen die Demokratie nicht und träumte von festen Herrschaftsstrukturen, von glorreichen Kaisern, charismatischen Führern oder der Diktatur des Proletariats. Der Parlamentarismus, dem eine solide

Berlin als Beispiel

Berlin und die Mark haben Karl Friedrich Schinkel viel zu verdanken. Neben seinen berühmten Berliner Bauten kann man auch auf dem Lande noch viele Spuren seines Wirkens an Schlössern, Kirchen oder auch Chausseehäusern finden. In seiner Geburtsstadt Neuruppin steht seit 1883 sein von Max Wiese geschaffenes Denkmal, auf dem er (auf dem Foto nicht sichtbar) in der rechten Hand den Entwurf des Berliner Schauspielhauses hält.

Mitte fehlte, wurde von rechts und links angefeindet und als Herrschaft der Monopole oder als Judenstaat diffamiert. Den revolutionären Erhebungen von Linksaußen folgten die terroristischen Morde von Rechtsaußen; es floß also Blut in Schloßnähe und im Zeitungsviertel, im Tiergarten, wo Rosa Luxemburg und Karl Liebknecht ermordet wurden, und später, beim Anschlag auf Walter Rathenau, auch im Grunewald. In den späten Jahren der Republik gab es bei den Straßenschlachten der Nazis und Kommunisten Tote. Nach ihnen wurden dann, nach 1933 von den einen, nach 1945 von den anderen, Straßen benannt.

Von den Um-, Auf- und Abbrüchen, die Berlin in der Neuzeit erlebte, war der Umbruch von 1933 mit seinen blutigen Folgen der radikalste und schlimmste. Wäre die Hitlerdiktatur nicht nach zwölf Jahren zu Ende gewesen, hätte Berlin mehr als nur seinen guten Ruf und sein Erscheinungsbild, sondern dazu noch seinen Namen verloren; die Pläne für den Umbau

Berlin als Beispiel

zur europäischen oder gar globalen Hauptstadt Germania lagen schon vor. Hitlers Machtfülle und Deutschlands Größe sollten durch neoklassizistische Monumentalbauten verewigt werden. Mit den dazu notwendigen Abrissen wurde Ende der dreißiger Jahre begonnen; und auch im ersten Kriegsjahr gingen die Arbeiten daran noch weiter; dann legten Bomben die Stadt in Trümmer, und die Erstürmung der Stadt durch die Rote Armee vollendete das Vernichtungswerk.

Als die Siegermächte 1945 Berlin vierteilten und damit zum Miniatur-Modell Deutschlands machten, wiederholte sich die für Berlin typische Verbindung von Aufbruch und Abbruch, die man als Jungbleiben oder als Traditionsmangel bezeichnen kann. Der Bruch mit der jüngsten Vergangenheit mußte so rigoros wie möglich erfolgen; auch die historischen Wurzeln des Nationalsozialismus sollten vernichtet werden, und da dazu auch alles Preußische zählte und die Siegermächte Preußen durch Dekret aufgelöst hatten, war es anfangs

Märkisch-Berlinisches

schwer, in Berlin an Traditionen zu erinnern oder für die Erhaltung von historisch Wertvollem zu plädieren; man setzte sich leicht dem Verdacht aus, von gestern zu sein.

Wieder hatte die Einwohnerschaft, die durch den Krieg und die Vernichtung der Juden dezimiert worden war, sich erneuert. Vertriebene waren aus den verlorenen Ostgebieten gekommen. Die Angehörigen der politischen Führungsschichten stammten aus den verschiedensten Gegenden Deutschlands. Im Ostsektor begann die Zuwanderung von Parteipersonal, besonders aus Sachsen. In den Westsektoren wurde in den nächsten Jahrzehnten der Zuzug von Westdeutschen gefördert, und es strömten viele Ausländer ein. Wie die Ostjuden in den zwanziger Jahren im Scheunenviertel, konzentrierten sich nun die Türken in den alten Mietskasernenvierteln am Kreuzberg und Wedding. Die Vielfalt des Lebensstils stellte sich in neuer Gestalt wieder her.

Der Wiederaufbau Berlins vollzog sich von vornherein unter den

Bedingungen der Spaltung, und wenn auch beide Seiten anfangs betonten, daß alle städtebaulichen Maßnahmen auf die Gesamtstadt ausgerichtet sein sollten, wurde dieser Vorsatz doch bald vergessen, und als dann die Mauer beide Stadthälften trennte, baute man, als wäre man auf ewig getrennt. Aus verschiedenen Motiven, aber mit dem gleichen Ergebnis, wurden Berliner Bautraditionen, hier unter dem Diktat einer Ideologie, dort unter dem der Moderne, in beiden Teilen wenig beachtet, doch wirkte sich diese Geschichtslosigkeit im Ostsektor, zu dem der Kern des alten Berlin gehörte, verheerender aus. Nicht Wiederaufbau, sondern Neugestaltung war oft die Devise. Die südliche Friedrichstraße mit dem Mehring- (dem alten Belle-Alliance-)Platz wurde auf diese Weise verschandelt, die einst lebendige Alexanderplatzgegend in autogerechte, fußgängerfeindliche Leere verwandelt, das alte Sperlingsgassenviertel und der Fischerkiez abgerissen und voll häßlicher Wohnblocks gestellt.

Während im Westen einflußreiche Architekten ihre nicht immer berlingemäßen Lösungen durchsetzen konnten und städtebauliche Gesamtkonzepte viel zu wünschen übrig ließen, war im Osten eine Parteilinie maßgebend, die erst stark von stalinschen Architekturvorstellungen, dann von denen Ulbrichts und Honeckers abhängig war. Sie schwankte ständig, war in sich glücklicherweise auch widersprüchlich und gliederte sich in verschiedene Etappen, deren erste, die vom Bau der Stalin-Allee und vom Abriß des Schlosses gekennzeichnet wurde, die am stärksten von starrer Ideologie geprägt war. Die zweite, von Großplattenbauweise und Ulbrichts Vision einer sozialistischen Stadt bestimmte, hatte das Staatsratsgebäude, das Außenministerium an Stelle von Schinkels Bauakademie, den Fernsehturm neben der Marienkirche und die Trostlosigkeit des Alexanderplatzes auf dem Gewissen, während die dritte, mit dem Namen Honeckers verbundene, sowohl für die Unwohnlichkeit der östlichen Trabantenstädte und die

Berlin als Beispiel

betonierte Pseudogemütlichkeit des Nikolai-Viertels als auch für die Wiederaufstellung des Rauchschen Friedrich-Denkmals Unter den Linden und die Wiederherstellung und glückliche Vollendung des Gendarmenmarktes zuständig war. Eine ideologische Lockerung unter Hinwendung zu dem, was man Erbe nannte, war also unverkennbar; die Sünden der Ulbricht-Ära, die im Abriß des wiederaufbaufähigen Schlosses gegipfelt hatten, wurden nicht wiederholt. Berlin wurde um Vorzeigeobjekte bereichert, auf Kosten des übrigen Landes, in der manche wertvolle Altstadt zerfiel. Insgesamt aber läßt sich über die Zeit, in der Ostberlin sich Hauptstadt der DDR nannte, sagen, daß man, wie in anderen Zeiten zuvor, dahin tendiert, politische Umbrüche als Anlässe zum Umbau der Stadt zu nehmen – wodurch Berlin zwar nie schöner wurde, aber lebendig blieb.

Der Umbruch in der Mitte dieses Jahrhunderts vollzog sich also in zwei konkurrierenden Zentren, der Umbruch, in dem wir uns jetzt befinden, muß aus der Doppelstadt wieder eine machen, doch scheint das auf Bauplätzen schneller als in den Köpfen zu gehen. Rasch ging der Abbruch der trennenden Mauer vonstatten; der Potsdamer Platz, einst verkehrsreiche Mitte, dann Grenzplatz von gähnender Leere, ist, mehr protzig als schön, wiedererstanden; Teile der Friedrichstraße haben ein anderes Gesicht erhalten; im Spreebogen wachsen Regierungsbauten; oft weiß man nicht mehr, wo die Mauer gestanden hatte; aber den Leuten merkt man in vielen Fällen die Ost- oder Westberliner Herkunft noch an.

Das Jammern darüber, das besonders Journalisten nicht lassen können, zeigt neben Ungeduld auch ein Unverständnis für den Charakter der großen und großflächigen Stadt. Die verschiedensten Denk- und Lebensarten waren hier schon immer vertreten, auch wenn sie ein einheitlicher Lokalpatriotismus verband.

Als Gerhart Hauptmann vor etwa hundert Jahren nach ersten Theatererfolgen seinen Wohnsitz vom öst-

Märkisch-Berlinisches

Berlins Mitte hat heute zwar eine Schloß-
brücke, aber kein Schloß. Wo es einst
stand, gähnt noch die von Ulbricht
geschaffene Leere, die nach dem Wiederaufbau des Schlüter-Baus verlangt. Um
den entschlußlosen Politikern zu zeigen,
was hier fehlt, wurde 1993 in privater
Initiative diese Schloß-Attrappe errichtet.
Ihr Anblick überzeugte, aber geschehen
ist nichts.

lichen Stadtrand Berlins in die Kurfürstendammgegend verlegte, kommentierte das sein Freund Wilhelm Bölsche mit der Bemerkung, dieser Wechsel von O nach W sei auch eine Flucht aus einem Bereich der Unterprivilegiertheit und der sozialen Gärung in den der Eleganz und der Wohlhabenheit. Man konnte also auch damals schon mit dem Stadtbezirk Welten wechseln, was bei dieser Ansammlung von vielen Städten und Dörfern, aus denen das moderne Berlin sich zusammensetzt, kein Wunder ist. Man lebt in Schmargendorf oder Grünau und ist doch ein Berliner. Man liebt und kennt seinen Kiez, also die engste Umgebung, und fühlt sich doch der Gesamtstadt verpflichtet. Auch der Neuköllner oder der Prenzlauer-Berg-Bewohner, der nie im Leben einen Grunewaldvillenbesitzer besuchte, fühlt sich wie dieser »den Linden« und dem Kurfürstendamm verbunden, und auch dem Tegeler, der sich nie nach Weißensee oder Friedrichshagen verirrte, ist das Brandenburger Tor ein Zeichen, mit dem er sich identifiziert.

Märkisch-Berlinisches

Im Vorkriegs-Berlin und noch in den ersten fünf Nachkriegsjahren erfüllte auch das Stadtschloß der Hohenzollern diese Aufgabe. Bis 1950 galt die notüberdachte imposante Ruine mit ihrem weithin sichtbaren Kuppelgerippe als Berlins Mitte, bis man sie im ersten Jahr der DDR-Staatsgründung mit Hilfe von viel Dynamit beseitigte und Schloßplatz und Schloßfreiheit zu einer riesigen Wüste vereinigte, die noch immer in ihrer trostlosen Leere nach dem Wiederaufbau des Schlosses verlangt.

Daß das Areal des Schlosses immer noch brach liegt, ist ein Versäumnis, das die Berlin-Verbundenheit der Berliner nicht gerade fördert. Diese Verbundenheit war trotz der politischen Teilung der Stadt durch die Siegermächte nach 1945 noch lange vorhanden, und erst nach dem Mauerbau begann sie zu kranken. Denn die alten Berliner, die die Teilung als unrechtmäßig und anomal empfanden, starben weg, wanderten ab oder fügten sich innerlich den unveränderbar scheinenden Realitäten, und die

Zugeborenen und Zugewanderten beider Seiten kannten die Stadt nur als geteilte und empfanden ihre Abnormität als normal.

Diese Ausgangslage muß man in Rechnung stellen, fragt man nach dem heutigen Berlin-Gefühl der Berliner. Die Liebe zum Kiez, ob in Köpenick oder Kreuzberg, ist überall ungebrochen, und die Verantwortlichkeit für das Ganze stellt sich langsam und kontinuierlich, aber natürlich mit sehr unterschiedlichen Akzenten, überall wieder her. Ein in den sechziger Jahren in Waidmannslust oder Pankow Geborener wird sicher anders empfinden als eine Familie aus der Bernauer Straße, die beim Bau der Mauer aus ihrer Wohnung vertrieben wurde; und ein Bewohner Marzahns, der vor zwanzig Jahren von seiner Partei aus Sachsen nach Berlin beordert wurde, um in der DDR-Regierung Karriere zu machen, hat sicher andere Zugehörigkeitsgefühle als der Schreiber dieser Zeilen, der, in Berlin geboren und aufgewachsen, die Zeit der Teilung, ohne sich mit ihr abfinden zu können, im Osten verbrachte, und der sich auch zehn Jahre nach der Wiedervereinigung die Freude daran bewahren möchte, daß Zehlendorf und Kleinmachnow nun wieder dicht beieinander liegen und er die U-Bahn unter der Friedrichstraße, die er 28 Jahre lang nur hören und unter den Sohlen spüren konnte, nun wieder benutzen kann.

TRAUER, NICHT STOLZ

Kriegsopfergedenken und Kriegsbereitschaft hatten in der Vergangenheit viel miteinander zu tun. Die Toten des letzten Krieges mußten als Ansporn zum nächsten dienen. Sie waren die Vorbilder, denen man nacheifern, also auch nachsterben, sollte, allesamt Helden, auf deren Gedenksteinen nicht vom jähen Ende, von Qualen und Leiden, sondern von Ruhm und Ehre zu lesen war. Da sie, wollte man Sängern und Rednern glauben, den schönsten aller Tode gestorben waren (von »der Schönheit des Sterbens in der Blüte des Lebens« wußte selbst ein so friedliebender Mann wie Jean Paul zu dichten), wäre Klage um sie defätistisch, Mitleid mit ihnen blasphemisch gewesen, und wenn Trauer empfunden wurde, mußte es eine militante, genannt stolze Trauer sein.

Die Denkmäler für die Toten von Bismarcks Kriegen glichen meist Siegesmälern. Die Gedenkstätten, die nach 1918 errichtet wurden, dienten oft auch dem Zweck, die Niederlage vergessen zu machen, wie beispielsweise in der Berliner

Neuen Wache durch einen goldglänzenden Eichenlaubkranz. Sie wurden häufig zu Aufmarschplätzen von Nationalisten, die den »im Felde unbesiegten« Toten, die nicht widersprechen konnten, Revanchegelüste unterstellten und ihnen einen neuen Waffengang verhießen, mit endlichem Sieg.

Was daraus folgte, war die totale Niederlage, die noch verlustreicher war als die erste dieses Jahrhunderts, und die Erkenntnis von großer Schuld. Die Überlebenden, die Totenehrung nur als Heldengedenktagsfeiern mit rituellen Bekenntnissen des Kriegswillens kannten, nun aber im Erleben des Krieges zu Kriegsgegnern geworden waren, standen ratlos vor den Millionen von Toten, die öffentlich zu ehren problematisch war. Zwar waren sie alle zu Opfern des Krieges geworden, aber da Soldaten und Zivilisten, Befehlshaber und Untergebene, Opfer und Täter darunter waren, hatten sie in unterschiedlichem Maße Anteil an deutscher Schuld.

Ein Heldengedenken alten Stils stand im Westen Deutschlands bei der überwiegenden Mehrheit nie zur Debatte. Auch die Kriegsgräberfürsorge verstand sich immer als Friedensaufgabe, als Mahnung vor neuem Krieg. Diskutiert wurde aber zu verschiedenen Anlässen über die Notwendigkeit eines differenzierten Gedenkens, das, unter Aussparung der Täter, nur die Opfer von Krieg und Gewaltherrschaft ehrt.

In der DDR war das nie ein Thema öffentlicher Debatten. Hier waren von Anfang an Reglementierungen wirksam, nach denen nur derjenigen Toten gedacht werden durfte, die auf der richtigen Seite gestanden hatten, auf der der Sowjetunion. Das waren vor allem die Sowjetsoldaten, die auf deutschem Boden gefallen waren und aufwendige Ehrenmäler in vielen ostdeutschen Städten und Dörfern erhalten hatten, die ermordeten Hitlergegner und die KZ-Insassen – nicht aber die in deutschen Lagern verendeten russischen Kriegsgefangenen und Zwangsarbeiter, die in der Sowjetunion als Verräter galten, nicht die Opfer aus Stalins Lagern,

Trauer, nicht Stolz

In den Wäldern bei Halbe, südlich Berlins, wo im April 1945 die letzte Kesselschlacht des Krieges viele Opfer forderte, wurde in den Jahren danach ein Friedhof geschaffen, auf dem mehr als 22 000 deutsche Soldaten begraben wurden. Heute hilft die Bundeswehr bei der Pflege des riesigen Areals.

nicht die zivilen Kriegstoten und die Angehörigen der deutschen Armee. Die verfallenden deutschen Soldatengräber wurden zum Zeichen für die politische In-Dienst-Stellung auch der Toten. Noch die Trauer wurde ideologisiert. Ein Beispiel dafür waren auch die Toten von Dresden, derer nur gedacht werden durfte, weil Ursache ihres Todes nicht der sowjetische, sondern der anglo-amerikanische Luftkrieg gewesen war.

Heute, im wieder vereinten Deutschland, ist Berlin als Ort zentralen Gedenkens nicht nur seiner Hauptstadtfunktion wegen besonders geeignet, sondern auch weil in der Stadt und ihrer Umgebung viel an die Opfer von Krieg und Gewaltherrschaft erinnert, von den nahen Konzentrationslagern bis zu den Gedenkstätten der Judendeportation und -vernichtung, vom Ort der Offiziersverschwörung gegen Hitler bis zu den vielen Soldatengräbern im märkischen Sand.

In Brandenburg, wo die letzten Schlachten des Zweiten Weltkrieges tobten, ruhen mehr deutsche Solda-

Trauer, nicht Stolz

ten als in anderen Bundesländern, und viele von ihnen bekamen kein Grab. Man verscharrte sie im Frühjahr 1945 an Straßen und Waldrändern oder warf sie in Massengräber, von denen oft keine Spur blieb. Manche Gräber an Feldrainen, die in den Nachkriegsjahren von Dorfbewohnern gepflegt wurden, verfielen mit dem Wechsel der Generationen und waren in den siebziger Jahren, als die DDR durch die Helsinki-Abkommen zur Erhaltung der Kriegsgräber verpflichtet wurde, nicht mehr auffindbar.

Soweit deutsche Soldatenfriedhöfe existieren, fallen sie nicht ins Auge wie die sowjetischen; sie liegen eher versteckt. Oft findet man sie am Rande von Dorf- und Kleinstadtkirchhöfen, seltener in freier Landschaft als gesonderte Anlagen, wie die bei Lietzen in Odernähe, die schon während der Kämpfe um die Seelower Höhen angelegt wurde. Hier liegen Massen- und Einzelgräber an einem Hügel, auf dessen Höhe ein Holzkreuz steht.

Die Erhaltung der Gräber ist vor allem der Evangelischen Kirche zu danken, über die auch die Hilfe aus Westdeutschland floß. Das gilt ebenso für den Soldatenfriedhof in Halbe, den größten der neuen Bundesländer, der durch das tätige Mitleid eines Dorfpastors entstanden ist. Vierzig Kilometer südlich Berlins, zwischen Märkisch Buchholz, Prieros und Halbe, war Ende April 1945 die 9. Armee unter General Busse, die sich zu großen Teilen aus ganz jungen, kaum ausgebildeten Männern zusammensetzte, eingeschlossen und fast völlig vernichtet worden. Die Toten, unter denen sich auch viele zivile Flüchtlinge befanden, wurden danach an Ort und Stelle notdürftig begraben, ohne daß Zeit für eine Identifizierung blieb. Mit dieser wurde erst 1951 begonnen, als Ernst Teichmann Pfarrer in Halbe wurde und diese traurige Pflicht auf sich nahm. Zehntausende von Toten, die verstreut in den Wäldern und an Seeufern lagen, wurden exhumiert, registriert und auf dem sieben Hektar großen Waldfriedhof begraben, auf dem auch Opfer aus sowjetischen Internierungslagern

Märkisch-Berlinisches

der Nachkriegszeit ruhen. Die Friedhofsweihe erfolgte 1960, aber noch heute kommen Hinterbliebene in der Hoffnung nach Halbe, Schicksale Vermißter klären zu können, und da manchmal bei Grabungsarbeiten in den umliegenden Dörfern noch Skelette von Kriegstoten gefunden werden, kommen immer wieder neue Grabstätten hinzu.

Auch noch ein halbes Jahrhundert nach Kriegsende ist der Anblick der langen Gräberreihen erschütternd. Die Keramikschildchen, die, oft lückenhaft, Namen und Daten tragen, versuchen, den in Massen Getöteten Individualität wiederzugeben und so die sich der Vorstellung entziehende Zahl von zweiundzwanzigtausend Toten in konkrete Einzelschicksale aufzulösen, und sei es durch die Aufschrift: Unbekannter Soldat.

Etwas von dem, was hier Mütter und Frauen der in den Tod Getriebenen empfinden, ist auch in der zentralen Gedenkstätte der Neuen Wache, die an das Abstraktum von Millionen Toten erinnert, zu spüren.

Daß es der einzelne ist, der unter Qualen den Tod erleidet, und auch der einzelne, der mitleidet und trauert, kommt hier durch die Plastik der Käthe Kollwitz zum Ausdruck. Tessenows frühere Gedenkstätte, ein leerer Raum mit dem funkelnden Siegeskranz auf dem Altar des Vaterlands, konnte das nicht vermitteln. In ihm herrschte ein Pathos, das an überwundene Heroisierung erinnert. Ihm fehlten Trauer und Leiderfahrung, die an Individuelles gebunden sind.

ZUM LOBE DER DENKMALPFLEGER

Gedanken über Denkmalpflege bewegten mich wohl erstmalig im Potsdam der Nachkriegsjahre und später in einem am Rande des Oderbruchs gelegenen Dorf. War es in Potsdam ein Transparent mit der Aufschrift »Weg mit diesen Überresten des Feudalismus«, das in den fünfziger Jahren zeitweilig, wohl als Ankündigung des schon erwogenen Abrisses, die Ruine des Stadtschlosses zierte, so in dem märkischen Dorf ein angehender Pfarrer, der jede Verantwortung für das, was er »alten Plunder« nannte, weit von sich wies.

Ich war durch die Lektüre Fontanes, der 120 Jahre zuvor die dortige Dorfkirche ein »Ohnegleichen« genannt hatte, dorthin geraten und gefaßt darauf, wenig nur vorzufinden; denn diesen Landstrich hatten die im April 1945 dort tobenden Kämpfe weitgehend zerstört. Erstaunlicherweise hatte die Kirche das Inferno, wenn auch verletzt, überstanden. Der Chor war von einer Granate getroffen worden, und man hatte ihn, um die Kirche wieder benutzen zu können, nach dem Krieg durch Aufmauerung abgetrennt. Jahrelang waren in dem amputierten Gebäude noch Gottesdienste gehalten worden, dann hatten die immer weniger werdenden Kirchgänger sich in das Pfarrhaus zurückgezogen und das Gotteshaus sich selbst und dem ohnmächtigen Denkmalschutz überlassen, das heißt dem Verfall.

Als ich Ende der siebziger Jahre, vor allem der Epitaphe wegen, die Kirche von innen zu sehen begehrte, geriet ich, da die Pfarrstelle nicht mehr besetzt war, an einen im Pfarrhaus wohnenden jungen Theologen, der mein Entsetzen über die Verwüstungen und den Verfall im Innern mit Belehrungen erwiderte, die ein seltsames Gemisch aus theologischen Weisheiten und sozialistischem Schulwissen darstellten und mich davon überzeugen sollten, daß ein Bauwerk, das Jahrhunderte hindurch der Unterdrückung des Volkes durch den Adel gedient und die unselige Verbindung von Thron und Altar gefestigt hatte, nicht erhaltenswert sei. Bevor nicht jedermann eine anständige Wohnung

hätte, sei es sündhaft, für Nutzloses Geld auszugeben. Ein Pfarrer habe seelsorgerische, nicht aber museale Aufgaben, und die Zeit der Grafen (von denen es allerdings in diesem Dorf nie welche gegeben hatte) sei glücklicherweise endgültig vorbei.

Die Denkmalfeindschaft des jungen Mannes (der übrigens, das muß ich hier sagen, um die Kirche nicht in Verruf zu bringen, aus dem Seelsorgedienst bald darauf wieder entlassen wurde) ist sicher weiter verbreitet, als man zu hören bekommt. Er sprach nur aus, was andre lediglich denken, wobei die Gründe dafür verschieden sein mögen. Jedenfalls gab und gibt es davon genug.

Als Theodor Fontane im Jahre 1860 diese Ortschaft, es war Friedersdorf bei Seelow, besuchte, weil er in seinen *Wanderungen durch die Mark Brandenburg* darüber zu schreiben gedachte, war er entzückt von der Kirche, weil er das, was er hier suchte, auch fand.

Als er zehn Jahre später die berühmten Kathedralen von Reims und Rouen besichtigte, lobte er

Zum Lobe der Denkmalpfleger

Das Schloß der Familie von der Marwitz in Friedersdorf bei Seelow existiert nicht mehr, die teilweise zerstörte Kirche aber wurde nach 1990 wieder aufgebaut und zeigt im Innern auch wieder einige der historischen Erinnerungen, die Fontanes Interesse erregten. Die Mauer rechts neben dem Gruftanbau umschließt den Familienfriedhof.

zwar auch kurz ihre gotische Schönheit, war aber wortreich über die Leere in ihrem Innern entsetzt. »Ihre Mängel«, so schreibt er, »liegen in dem, was moderne Architekten als ›die Abwesenheit von allem Störenden‹ bezeichnen – eine Baumeisterphrase, gegen die ich einen wahren Haß habe«, weil sie nämlich, so schimpft er weiter, in Wahrheit besage, daß bei der letzten Restaurierung zwar Stilreinheit erzielt wurde, dafür aber Kahlheit und Langeweile vorherrschend seien. Die Baumeister würden, so meint er, wenn man ihnen freie Hand ließe, überall nach dem Motto handeln, daß die Toten tot seien und die Lebenden immer recht hätten, und er erklärt das Vorherrschen dieses »Aufräumungsprinzips« mit dem Egoismus der Architekten und dem Mangel an historischem Sinn.

Diese und ähnliche Klagen kommen bei ihm immer wieder. Ihm sind die Bau- oder Inventarteile, die die verschiedenen Epochen anschaulich machen, wichtiger als ästhetische Reinheitsfragen, und er steht damit gegen den herrschenden Kunstgeschmack seiner Zeit. Die Praxis der Restaurierung im 19. Jahrhundert war in den meisten Fällen auf Stileinheit gerichtet, wodurch An-, Um- und Einbauten aus späteren Zeiten häufig als unpassend erachtet wurden und vielfach verlorengingen.

Liest man Fontanes wehmütig-satirische Verse über den in Gründerzeiten zu Reichtum Gekommenen, der ein Rittergut erstanden hatte und nun den »Kirchenumbau« (so der Titel) in die Wege leitet, sollte man bei den Beweggründen dieses Herrn Schultze nicht nur an die jederzeit wohlbekannten Nützlichkeitserwägungen denken, sondern auch dieses »Aufräumungsprinzip« in Rechnung stellen, wenn da die Leichensteine der Ritter und Nonnen als Schwellen im Stallbau Verwendung finden und dann der Maurer auf seinen Hinweis:

»Und denn, Herr Schultze, dicht
 überm Altar
Noch so was vergoldigt Kattolsches
 war,

Zum Lobe der Denkmalpfleger

Maria mit Christkind ... Es war doch ein Jammer«,

die Antwort erhält:

»Versteht sich in die Rumpelkammer.«

In dieser stand das Vergoldigte dann lange, wenn es nicht wurmzerfressen zerfiel. Denn wenn man auch in Preußen auf Initiative Schinkels, der schon 1815 Maßnahmen zur »Erhaltung aller Denkmäler und Altertümer« beantragt und auch praktisch ergriffen hatte, dem hervorragenden Beispiel Frankreichs folgend die Denkmalpflege zu einer Institution gemacht hatte, so war doch ihre praktische Wirkung, von einigen Glanzpunkten abgesehen, noch immer gering. Mehr als im Erhalten, Pflegen und Retten lagen ihre Verdienste im Inventarisieren, aber auch damit kam man so schnell nicht weit. Verglichen mit den Möglichkeiten der damaligen Konservatoren, können unsere heutigen schwachen Behörden als allgegenwärtig, allwissend und mächtig gelten. 1843 war der Schinkel-Schüler Ferdinand von Quast als Konservator bestätigt worden, aber noch lange war seine Arbeit durch Gesetze nicht ausreichend geschützt. Nicht nur das Ausräumen und Umbauen der Kirchen war üblich; man riß auch mittelalterliche ab, um neugotische an deren Stelle zu setzen; und ehe man auch Barockes zu schätzen und zu schützen lernte, mußten noch Jahrzehnte vergehen.

Auch der interessierte Laie Fontane, der aber sachverständige Freunde hatte, war dem Zeitgeschmack unterworfen, so daß er in den sechziger Jahren das Barock eine »Geschmacksverirrung« nannte und »alle Butterglocken-, Zwiebel- und Laternentürme« gern dem Feuertod überliefert hätte; doch stärker als diese Vorbehalte, die auf klassizistische und romantische Vorstellungen zurückgeführt werden können, war sein Sinn für Geschichte, und das heißt auch sein Verständnis für ständigen Wandel, für den kontinuierlichen Prozeß des Entstehens und Vergehens.

Daß die Friedersdorfer Kirche, trotz Laternenturm, Schweifhaube

Märkisch-Berlinisches

und barocker Innenausstattung, Fontanes Entzücken erregte, hatte mit ihrer Fülle von Zeugnissen historischen Wandels zu tun. Der mittelalterliche Feldsteinbau, den die Jahrhunderte durch Außenputz, Fensterverbreiterung, Turmneubau und Gedenktafeln immer wieder verändert hatten, war das Gegenteil von dem, was die Stilpuristen sich erträumten, aber er war lebendig, ein historischer Organismus, der mit den Generationen gewachsen war. Er war Abbild dessen, was wir Geschichte nennen; und seine Details hielten Erinnerungen an viele einzelne Menschen der Vergangenheit wach.

An sie anknüpfend ließen sich Geschichten erzählen; und danach hatte der Autor gesucht. Man könnte hier, Fontanes Baumeisterschelte folgend, vom Egoismus des Schriftstellers reden, aber es war mehr als das, nämlich ein anderes Geschichtsverständnis – und damit ein erweiterter Denkmalsbegriff. Während die Architekten, die einerseits durch ihre romantisch-vaterländische Begeisterung für das Mittelalter die Denkmalpflege erst ins Leben gerufen hatten, andererseits aber die Dome auf ihre (oft fiktiven) Ursprünge zurückgebaut oder sie um Fehlendes ergänzt hatten (und uns damit so beeindruckende Bauten wie den Kölner Dom, die Marienburg, die Wartburg oder die Klosterkirche in Jerichow hinterließen) – während diese also vorwiegend ästhetisch urteilten, nur auf Kunstwert aus waren, setzte Fontane mehr auf den historischen Wert. Natürlich fällte auch er ästhetische Urteile, scharfe zuweilen, über die Malereien und die Bauten des Soldatenkönigs zum Beispiel; aber es kam ihm nie in den Sinn, etwas aussagekräftiges Altes weniger schutzbedürftig zu finden, weil es nicht stilrein oder künstlerisch nicht bedeutend war.

Aus der Verantwortung heraus, Überkommenes zu erhalten, fühlte er sich also zum Frontmachen gegen beide Seiten verpflichtet: gegen die historistischen Baumeister, die, eigentlich ahistorisch, nur punktuell ein bestimmtes Ästhetisches als Kriterium gelten lassen, und gegen

Zum Lobe der Denkmalpfleger

die neureichen Schultzes und Müllers, die alte Grabsteine höchstens als Baumaterial schätzen – und die heute an Stelle eines Fachwerkhauses in günstiger Lage lieber ein kunststoffplattenverkleidetes Kaufhaus sähen.

Sein dritter Gegner aber, vielleicht sein stärkster, war die Gleichgültigkeit und Unwissenheit der Menge, die den damals noch massenhaft vorkommenden Abriß von Stadtmauern und Toren, Dorfkirchen und verkehrsbehindernden Gassen in Ordnung fand oder doch klaglos geschehen ließ. Gegen solch Unwissen sind, könnte man sagen, Fontanes *Wanderungs*-Bücher gerichtet. Scheint er dem Leser doch bei jeder Entdeckung zu sagen: Seht doch endlich, was ihr hier Kostbares habt! Und seine Bemühungen hatten wohl Wirkung. Während sein Aufruf zur Rettung von Schnitzaltären nur geringen Widerhall finden konnte, erlebten die *Wanderungen* eine Auflage nach der anderen; noch heutzutage sind ständig mehrere Ausgaben davon auf dem Markt.

Anderthalb Jahrhunderte sind seit den Jahren vergangen, in denen Fontane (teilweise auch in seinen Romanen) die Leser in dieser Hinsicht zu sensibilisieren versuchte; der Denkmalgedanke hat, auch auf staatlicher Ebene, an Terrain inzwischen gewonnen; die Schar seiner Verhinderer aber bleibt sich in seiner Zusammensetzung ungefähr gleich. Zwar bauen die Baumeister von heute keine neogotischen Kirchen und bekleiden im allgemeinen auch nicht die Posten der Konservatoren, aber das, was Fontane ihren Egoismus nannte, ist manchen von ihnen, die man als Neubaufetischisten bezeichnen könnte, geblieben; und er kommt den Absichten des Geschäftsmannes, der sein Kaufhaus am Markt gern über die Kirchturmhöhe hinausgebaut hätte, entgegen; und die Menge derer, die sich mehr für die Billigangebote der Kaufhausketten als die Verschandelung und Geschichtslosmachung ihrer Stadt interessieren, ist nach wie vor groß.

Eines freilich hat sich grundlegend verändert: Nicht mehr dem

Märkisch-Berlinisches

Birken gedeihen gut auf märkischen Sandböden. Selten findet man sie als Alleebäume, häufig aber als Einfassungen von Waldwegen. Mit ihren weißen Stämmen lockern sie die Monotonie der Kiefernwälder auf.

Auftrag eines kunst- und geschichtsliebenden Königs, wie ihn Preußen in Friedrich Wilhelm IV. hatte, hat die Denkmalbehörde ihre Existenz zu verdanken, sondern einem demokratisch-parlamentarischen Staat. Nicht die Güte (oder auch Willkür) eines Monarchen ist also entscheidend, sondern das Verantwortungsbewußtsein und die Fachkenntnis eines gewählten Repräsentanten, der aber, theoretisch betrachtet, nur das ausführen sollte, was die Wählerschaft will.

In der Praxis aber wirkt, glücklicherweise, die Wählergunst nicht so unvermittelt. Würden Abriß oder Erhaltung denkmalgeschützter Bauten durch Abstimmung entschieden, könnte das für die Denkmalpflege das Ende bedeuten. Und ein Politiker, der Denkmalerhaltung an Stelle von Wohlstand verspräche, hätte bei Wahlen wohl kaum Erfolg. Denn immer, wenn die Interessen der Denkmalpflege denen der Wirtschaft zuwiderlaufen, entschieden die Wähler in ihrer Masse vermutlich für den Vorteil des Augenblicks. Jedenfalls lehrt die Erfahrung, daß Bürgerinitiativen, die für Denkmäler tätig werden, immer nur eine Minderheit repräsentieren und daß verantwortungsbewußte Denkmalpfleger, die gegen falsche Entscheidungen der Politik oder der Wirtschaft Widerstand leisten, häufig alleine stehen. Zugleich nach oben und unten fechtend, stehen sie oft vor der Alternative, entweder zum Verräter an ihren Prinzipien oder zum tragischen Helden zu werden, der im Kampf gegen ein kulturloses Denken, das sich als effizient bezeichnet, selten gewinnt.

Will man hier Hilfe leisten, muß man die Sisyphusarbeit der Aufklärung auf sich nehmen, jedem Mißerfolg mit einem Trotzdem begegnen und die Hoffnung nicht sinken lassen, daß irgendwann später jeder Politiker Wahlschlappen erleidet, der erhaltenswerte Vergangenheitsschätze ans Geld oder einen Augenblicksvorteil verrät. In einer Zeit, in der das Zauberwort »Arbeitsplätze« jedem Frevel Rechtfertigung liefert, muß daran erinnert werden, daß es neben den dringenden sozialen Problemen

Märkisch-Berlinisches

auch dringende kulturelle zu lösen gilt.

Die Vision, die uns schrecken sollte, ist die einer Gesellschaft, die von nichts weiß als vom Augenblicksnutzen, die sich also um Vergangenheit und Zukunft nicht schert. Der Historiker Jakob Burckhardt, ein Zeitgenosse Fontanes, der mit ziemlicher Skepsis aufs nächste, also auf unser Jahrhundert blickte, hat einmal von der drohenden »Barbarei der Geschichtslosigkeit« gesprochen und damit einen Zustand von geringem kulturellen Niveau gemeint. Nur Barbaren, so meint er, geben sich mit dem gerade Vorhandenen zufrieden und fragen nicht nach dem Gestern und Morgen, nicht nach dem Woher und Wohin.

Denn alle Kultur ist auf Geschichte gegründet, und Kulturlosigkeit heißt: davon nichts wissen zu wollen, was wiederum auch bedeutet: über das eigne Werden im unklaren zu sein.

Ein Bauwerk, dessen Lebenszeit länger schon währt als die der ältesten unter uns lebenden Generationen, macht uns durch Anschauung vertraut mit Geschichte; es erweitert den Blick in die zeitliche Ferne, und es rückt uns, da wir es sehen und anfassen, also »begreifen« können, die Vergangenheit nah. Da es Teil der Entwicklung ist, der wir unser Sein und Wesen verdanken, können wir es als uns zugehörig empfinden und aus ihm nicht nur Erkenntnis gewinnen, sondern ihm auch, als Bestandteil des uns Vertrauten in Dörfern und Städten, Gefühle entgegenbringen, die wohl hauptsächlich damit zusammenhängen, daß in ihm etwas zu finden ist, was unserer Zeit fehlt.

Um Zeuge von Aufbau und Abriß ein und desselben Gebäudes zu werden, ist heute das Erreichen eines biblischen Alters nicht mehr vonnöten. Die Schnellebigkeit unserer Zeit ist so schwindelerregend geworden, daß dauerhaft einzig der Wechsel erscheint. Gewöhnung bedeutet: Veränderung als normal zu empfinden. Der Gegenstand, den wir gestern noch in Gebrauch hatten, ist heute schon ins Museum gewandert. Das in der Jugend Ge-

Zum Lobe der Denkmalpfleger

lernte wird im Alter nicht Weisheit, sondern veraltetes Wissen. Statt Solidität wird Dynamik gefordert. Dauerhaftigkeit wird als Illusion empfunden. Täglich werden uns Umwälzungen, oft katastrophale, aus der kleiner gewordenen Welt gemeldet. Alles ist unbeständig und unsicher geworden. Um so mehr brauchen und lieben wir das Beständige, das uns Überkommene, das schon länger als unsere Moden und unsere Verbrauchszyklen dauert, und das der Flüchtigkeit unserer Wegwerfwelt widersteht.

Daß wir das Alte lieben und brauchen, hängt auch damit zusammen, daß die moderne Welt mit ihren übermenschlichen technischen Kräften, deren Wirkungsweise nur noch Spezialisten begreifen, mit ihren Verkehrsströmen und ihren riesenhaften Bank- und Bürogebäuden, vor denen die Menschen kleiner und unbedeutender werden, vor allem Effizienz und Gewinn auf ihre Fahnen geschrieben hat. Dabei wird sie nicht nur unwirtlicher und kälter, sondern in ihrem Glas und Beton auch gleichförmiger. Wenn die Städte nicht ihre historischen Kerne hätten, würden sie sich wie ein Ei dem andern gleichen; sie würden Persönlichkeit und Gesicht verlieren, und man könnte sich in ihnen so wenig zu Hause fühlen, wie es auf Flugplatzanlagen möglich ist. So wie verwahrloste Orte die Verwahrlosung ihrer Einwohner fördern, so erschweren geschichtslose das Heimischwerden. Die Erhaltung von alten Häusern mit menschlichen Maßen oder von alten Siedlungsanlagen ist also Erhaltung von Menschlichkeit.

Die vielen Betroffenen, die das heute noch nicht begreifen, lassen ein Aufklärungsdefizit erkennen, das auch Denkmalpädagogik erforderlich macht. Schönheit zu sehen, muß man erlernen, und das Besondere kann nur erkennen, der etwas vom Allgemeinen weiß. Oft werden Denkmäler von den Einheimischen erst wahrgenommen, wenn Touristen kommen, um sie zu bestaunen. Dann schätzt man sie anfangs, weil sie Geld in den Ort bringen; schließlich aber macht man das Rühmen der Fremden zum eignen, und es

Märkisch-Berlinisches

kommt zum Berechnen so etwas wie Stolz hinzu. Ihren Wert für andere begreifend, werden die Kostbarkeiten auch für die Anwohner bedeutend. Kulturelle Identitätsfindung kann auch über Vorteilsberechnung gehen.

Man muß einen solchen Weg zur besseren Einsicht nicht als egoistisch oder gewinnsüchtig diffamieren: man kann in ihm auch die Durchsetzung berechtigter Forderungen der Gegenwart sehen. Bedenken aber sollte man, daß sich die Begründung von Denkmalerhaltung niemals mit Hinweisen auf wirtschaftliche Vorteile oder auch auf Lebensqualitäten erschöpft. Um dieser Kulturaufgabe gerecht zu werden, müssen auch andere als auf gegenwärtigen Nutzen zielende Gründe berücksichtigt werden, die einer auf materiellen Wohlstand orientierten Gesellschaft nicht so eingängig sind. Ich meine damit so Unzeitgemäßes wie Pflicht, Ehrfurcht, Verantwortung oder auch (man verzeihe das altmodische Wort) Pietät. Sollten diese in Zahlen nicht faßbaren Werte, die heute nur selten vermittelt werden, tatsächlich im Sterben liegen, kämen wir einer hochtechnisierten Barbarei näher, und mehr müßte dann zu Grabe getragen werden als nur der Denkmalschutz.

DIE RUINIERTE STADT

Der Anblick der Stadt war mir seit meiner Kindheit vertraut gewesen. Zwar hatte ich sie selten besucht, war aber oft an ihr vorübergefahren. Kaum hatte der Magdeburger Zug die letzten Villenvororte Berlins verlassen, tat sich rechter Hand schon der Zauber der Fremde auf. Das lag so nah bei Berlin und war doch ganz anders. Es erinnert an Rom, hörte ich die Erwachsenen schwärmen, und obwohl sie die Ewige Stadt sicher so wenig kannten, wie die Namensgeber der Märkischen Schweiz die Schweiz gekannt hatten, konnte dieser Vergleich (der wohl auf der Verwandtschaft zwischen Schinkels Nikolaikirchenkuppel und der von St. Peter beruhte) doch deutlich machen, daß es hier anders aussah als sonst in der Mark.

Bezaubernd aber war der Anblick auch ohne solche Vergleiche. Da waren im Vordergrund die zwei Arme der Havel, die sich an der Spitze der Freundschaftsinsel wieder vereinten, die Lange Brücke, die zwischen Stadtbahnhof und Stadt die Verbindung herstellte, der Lustgarten, das Neptunbassin und die Kolonnaden, die breite Front des Stadtschlosses, hinter der man die Pracht und Vielfalt der Straßen und Plätze erahnen konnte, weil nicht nur der Steinwürfel der Nikolaikirche seine Kuppel über das Gewirr der Dächer erhob. Da wurde der goldene Atlas über der Kuppel des alten Rathauses sichtbar; über dem Militärwaisenhaus blitzte die goldene Caritas in der Sonne; und dazwischen ragte, sich stufenförmig nach oben verjüngend, der Turm der Garnisonkirche hervor. Dann verbreiterte sich die Havel, und es erschien, um die Stilvielfalt noch bunter zu machen, das Wasserwerk Friedrich Wilhelms IV., die Moschee im maurischen Stil. In Sekundenschnelle zog das alles vorüber, blieb aber in der Erinnerung dauernd lebendig – auch deshalb, weil die von Bomben zerstörte Stadt noch genug Anhaltspunkte zu ihrem Wiedererstehen im Geiste bot.

Die Ruinenstadt sah ich erstmals im Herbst 1945. Ein Motorschiff, auf dem man dichtgedrängt stehen mußte, hatte die S-Bahn-Fahrgäste, der defekten Geleise wegen, von Wannsee aus weiterbefördert. Schemenhaft waren das Schloß auf der Pfaueninsel, die Sacrower Heilandskirche und das Glienicker Kasino im Nebel vorbeigezogen und hatten die Hoffnungen wachsen lassen, man träfe wider Erwarten nach der Landung an der Langen Brücke auch die Stadt noch in alter Herrlichkeit an.

Man traf aber nur noch ein Stadt-Gerippe. Der Bombenangriff vom 14. April 1945 hatte die Residenz an der Havel in ihrem Kern getroffen, sie ausbrennen lassen, aber nicht völlig zerstört. Vernichtet war ihre prächtige Silhouette (denn die Waisenhauskuppel, die die britischen Bomben verschont hatten, war durch sowjetische Artillerie noch zum Einsturz gebracht worden), aber die Mauern, wenn auch teilweise geborsten, brandgeschwärzt und mit leeren Fensterhöhlen, standen noch an den alten Straßen und Plätzen, es gab noch die schönen Durchblicke (wie den vom Schloß auf die Garnisonkirche, deren Turm nur das obere Viertel

Die ruinierte Stadt

fehlte), und es gab den von Bäumen beschatteten, brückenüberwölbten, Vergleiche mit Amsterdam herausfordernden Kanal.

In diesem Zustand lernte ich die Stadt erst richtig kennen. Das knappe Jahr, das ich in ihr verbrachte, genügte, um Sinn für ihre Schönheit zu wecken, die auch in der Zerstörung noch sichtbar war. Wenn man von der Havelkolonnade des Stadtschlosses, in die Bomben Lücken gerissen hatten, auf die massive Ruine der Nikolaikirche blickte, war neben der Trauer über das Verlorene auch die Hoffnung da, daß Friedenszeiten alles wieder erstehen lassen könnten – doch wurde diese Hoffnung in den nächsten Jahrzehnten durch ideologische Verbohrtheit, Geschmacklosigkeit und Willfährigkeit zunichte gemacht. Ulbrichts städtebaulicher Dilettantismus, der auch von Architekten als höchste Weisheit gepriesen wurde, setzte sich durch. Die Vision einer »sozialistischen Stadt«, die Ostberlin die Öde des Alexanderplatzes und den Fernsehturm in der Stadtmitte bescherte,

hat die Stadt Potsdam unvergleichlich härter getroffen, sie teilweise ihres Zaubers beraubt.

1961 wurde das Stadtschloß abgetragen, 1968 die Garnisonkirche beseitigt, der Kanal wurde zugeschüttet, der Lustgarten wurde zum Sportstadion umgestaltet, und wo einst an Straßen und Plätzen sich architektonische Schönheiten den Rang streitig machten, dehnt sich heute die asphaltierte Öde einer breiten Straße (der »sozialistischen Magistrale«), der man noch einige Reminiszenzen an das alte Potsdam belassen hat. Sinn- und planlos, ohne Bezug zueinander, stehen der Marstall, die Nikolaikirche und das alte Rathaus, von nichtssagenden Plattenbauten umstellt. Sollte das Hotel-Hochhaus auf dem Gelände des Schlosses die Funktion gehabt haben, die Residenz von einst unkenntlich zu machen, ist das vollendet geglückt.

Geht man heute vom Stadtbahnhof kommend zu Fuß über die Lange Brücke, muß man zuerst die neueste Bausünde hinter sich bringen, das sogenannte Potsdam-

Märkisch-Berlinisches

Nicht nur Friedrich der Große, sondern auch seine Nachfolger haben in den Potsdamer Parks gebaut. Das Schloß Orangerie entstand unter Friedrich Wilhelm IV., dessen Standbild seit 1873 vor dem Mittelbau steht.

Die Bausünden in Potsdam nehmen kein Ende. Nachdem die Stadt zu DDR-Zeiten durch rigorosen Abriß ruiniert wurde, verunziert man sie jetzt, wie hier in der Nähe des Bahnhofs, durch unpassende Bauklötze, die den Blick verstellen.

Center, mit dessen häßlichen Quadern, die nun den Blick auf die Stadt verstellen, die Potsdamer wohl beweisen wollten, daß man auch ohne ideologische Vorgaben städtebauliche Verbrechen begehen kann. Hinter der Brücke steht man als Fußgänger verloren vor sich verzweigenden breiten Straßen, die den Marstall, die Nikolaikirche und das alte Rathaus hinter den Autoströmen unerreichbar erscheinen lassen, so daß man die Hoffnung aufgibt, in der Brandenburger Straße oder am Bassinplatz so etwas wie Urbanität finden zu können, und lieber gleich Sanssouci und Charlottenhof zustrebt, in deren Gärten man sich von dem Schock, den die ruinierte Stadt immer wieder auslöst, erholen kann.

Dem Geschichtsbewußten ist Potsdams Charakter immer zwiespältig erschienen. Die heiterschöne Parkanlage des Lustgartens, heute nicht mehr vorhanden, hatte vorher dem Exerzieren gedient und dem Spießrutenlaufen. Die anmutige Garnisonkirche, deren Glockenspiel »Üb immer Treu und Redlichkeit« verkündet hatte, war von Hitler als Theaterkulisse für sein heuchlerisches Bekenntnis zu preußischen Traditionen mißbraucht worden. Neben Schönheit und Toleranz waren auch Hochmut und Machtgier hier heimisch gewesen. Die Zerstörung der Stadt kurz vor Kriegsende konnte als Konsequenz einer blutigen Verfehlung verstanden werden. Der Kahlschlag in DDR-Zeiten aber, der aus maßloser Selbstüberschätzung das Gewordensein leugnen, das Gewesene auslöschen sollte, kann heute nur zornig machen und müßte, wäre genug Kultur- und Traditionsbewußtsein vorhanden, zu einer Wiedergutmachung durch Neuaufbau, zumindest des Stadtschlosses, führen, allen Stimmen, die städtebauliche Barbarei als nicht-revidierbar, ja, sogar als erhaltenswert ausgeben, zum Trotz.

HOCHWASSER IM ODERBRUCH

Schuld an den Sorgen, die das Oderbruch bei Hochwasser bereitet, ist eigentlich Friedrich der Große. Der nämlich hat es vor 250 Jahren trockenlegen und besiedeln lassen. Hätte er diese Kultivierungstat unterlassen, würden in der 60 Kilometer langen und bis zu 20 Kilometer breiten Niederung nördlich von Lebus nur wenige Menschen wohnen; sie würde, wie in den vielen Jahrhunderten zuvor, bei jedem Hochwasser vollaufen, und kein Hahn krähte danach. Man brauchte sich um die Festigkeit der Deiche keine Sorgen zu machen und sich nicht über die immer wieder laut werdenden Gedanken grüner Strategen ärgern, die von einem möglichen Rückbau der Kultivierung träumen, gegen den ja auch nichts spricht als die Tatsache, daß wir dann zwanzigtausend Heimatvertriebene mehr hätten. Angesichts der Millionen, die wir in diesem Jahrhundert davon schon hatten, fällt anscheinend für kühne Denker diese geringe Zahl kaum ins Gewicht.

Daß König Friedrich in dieser Gegend schon immer besonders verehrt wurde, ist verständlich. Bis 1945 gab es hier für ihn sechs kleinere und größere Denkmäler, von denen einige heute auch wieder stehen. Dabei war er, ähnlich wie Hitler, der als vielgepriesener Autobahnbauer nur die schon vorhandenen Pläne anderer ausgeführt hatte, lediglich der Vollender einer Absicht gewesen, die sein Vater, der als Soldatenkönig bekannte Friedrich Wilhelm I., bereits gehabt hatte. Das Vorhaben war aber dem sparsamen Mann als zu teuer erschienen, und er hatte es seinem Sohn zugeschoben. Es ging dabei um eine Verkürzung des Flusses, mit der erreicht werden sollte, was schon die brandenburgischen Kurfürsten seit dem 16. Jahrhundert allein mit Deichbau erfolglos versucht hatten: die Gewinnung neuen, fruchtbaren Acker- und Siedlungslands.

Die Oder machte nämlich nördlich von Frankfurt, zwischen Lebus und Oderberg, einen großen Bogen nach Westen, umfloß also die Niederung, teilweise hart am Rande der sie abschließenden Hochfläche, wobei sie sich, des geringen Gefälles wegen, in viele Arme und seenartige Ausbuchtungen verteilte, so ähnlich wie sich noch heute die Spree im Spreewald in vielen Fließen verläuft. Um dieses Bruch (was, wie auch das Wort Luch, soviel wie Sumpf bedeutet) trockenzulegen, mußte durch eine Kanalgrabung von etwa 20 Kilometern der Bogen abgeschnitten und der Fluß in das neue Bett eingeleitet werden, so daß er, statt die am westlichen Rande gelegenen Städte Wriezen und Freienwalde weiterhin zu berühren, Hohenwutzen auf kürzestem Wege erreichte – auf einem Abschnitt des Weges also, der heutzutage gegen das Hochwasser verteidigt werden muß.

Sieben Jahre dauerten die Grabungs- und Deicharbeiten. 1753, also drei Jahre vor dem Siebenjährigen Krieg, war der neue Oderverlauf fertig, und Friedrich hatte, wie er gesagt haben soll, im Frieden eine Provinz erobert. Allerdings war es eine, die immerfort Arbeit machte. Das ganze 19. Jahrhundert

Hochwasser im Oderbruch

Das Oderbruch, nördlich von Frankfurt, früher Überschwemmungsgebiet, wurde im 18. Jahrhundert zu Siedlungsland. Weiter unten aber, auf das Stettiner Haff zu, blieb der natürliche Zustand der Ufer weitgehend erhalten. Dort bedeutet Hochwasser keine Gefahr.

hindurch war man mit der Verbesserung der Deiche und mit der Ableitung des Binnenwassers beschäftigt. Immer wieder gab es Deichbrüche und Überschwemmungen, die den immer zahlreicher werdenden Bewohnern Schaden zufügten. Aber trotzdem blühte der Landstrich nach kümmerlichen Anfängen, in denen die Kolonisten Pionierarbeit leisten mußten, seiner außergewöhnlich fruchtbaren Böden wegen im 19. Jahrhundert rasch auf.

Die Bruchbewohner, genannt auch die Oderbrücher, kamen aus aller Herren Ländern zusammen, was für die Mark Brandenburg insgesamt ja durchaus keine Ausnahme war. Die wenigen Leute, die vor der Trockenlegung in den meist inselartig liegenden Ortschaften gelebt und sich von dem als sagenhaft beschriebenen Fischreichtum ernährt hatten, waren wahrscheinlich Wenden genannte Sorben gewesen, die aber im 17. Jahrhundert durch die auf den benachbarten Höhen gelegenen Rittergüter und Städte schon germanisiert worden waren. Zu ihnen, die für den Verlust ihrer Fischerei mit Land entschädigt wurden, also Bauern werden mußten, stießen nun die Kolonisten, die teils aus der Mark kamen und ihre Dörfer Neu Trebbin, Neu Barnim oder Neu Küstrinchen nannten, teils aber auch aus Böhmen und Österreich, aus Westfalen, der Pfalz und Schwaben. Einige kamen auch aus der französisch-sprachigen Schweiz, weshalb man noch heute über die Dorfnamen Vevais, Beauregard und Croustillier staunen kann.

Etwa vierzig Ortschaften entstanden so in friderizianischen Zeiten, darunter einige Spinnerdörfer, die den preußischen Wollmanufakturen zuarbeiteten. Aber das Spinngeschäft währte nicht lange, so daß man auch in diesen Orten von der Landwirtschaft leben mußte, und sei es als Arbeiter in der bald entstehenden Zuckerfabrikation. Hauptabnehmer war die nicht weit entfernte Hauptstadt. Je größer die wurde, desto reicher wurden die Oderbruchbauern. Mit Kartoffeln und frischem Gemüse, und zur

Hochwasser im Oderbruch

Weihnachtszeit auch mit Gänsen, war das Oderbruch in Berlin immer präsent.

Theodor Fontane, der die Oderbruchleute als junger Mann kennengelernt hatte, behandelte sie in seinen *Wanderungen durch die Mark Brandenburg* nicht gerade freundlich. Er sieht sie als habgierige, großmannssüchtige Neureiche, und in Briefen spricht er sogar vom »Bruchbauerngesindel«, ganz anders aber in seinem Roman *Vor dem Sturm*. Da wird auf jeder Seite nicht nur die Liebe zu dieser herben, flachen, von Gräben und Straßen regelmäßig durchzogenen, stets etwas melancholischen Landschaft deutlich, sondern die zu ihren nicht weniger herben, traditions- und heimatverbundenen Bewohnern auch.

Die Verbundenheit der Oderbrücher mit ihrem Bruch hängt sicher auch mit dessen ständiger Gefährdung zusammen. Selbst wenn Überschwemmungen lange ausblieben, wurde man durch die notwendige Zusammenarbeit in den Deichbauverbänden ständig an die Gefahren, die der Fluß mit sich bringen konnte, erinnert. Auch unter Kriegen hatte man häufig zu leiden. Kaum war die Trockenlegung halbwegs beendet, kamen die Truppendurchzüge des Siebenjährigen Krieges, die Landleuten immer Verluste brachten, ob es die fremden Truppen waren oder die eignen. Vor der Schlacht bei Zorndorf, 1758, zog Friedrich mit 37 000 Mann durch die Oderbruchdörfer, um den Fluß bei Güstebiese zu überqueren, und ein Jahr später kam er mit 40 000 Soldaten wieder, überquerte die Oder beim Dorfe Reitwein, um sich am 12. August, einem der schwärzesten Tage Preußens, von den Österreichern und Russen schlagen zu lassen, bei Kunersdorf in der Neumark, das heut Kunowice heißt. Die Reste der geschlagenen Armee sammelten sich dann wieder in den Oderbruchdörfern, wobei alles Eßbare verzehrt wurde, so daß für die Kosaken, die dann bald kamen, kaum noch etwas zu plündern blieb.

Verglichen mit der Heimsuchung im 20. Jahrhundert waren das aber

Märkisch-Berlinisches

Die östlichen Gebiete Brandenburgs und Mecklenburg-Vorpommerns gehören zu den bevölkerungsärmsten Deutschlands. Je mehr man sich der Oder nähert, desto einsamer wird es, sobald man die Durchfahrtsstraßen verläßt.

nur Kleinigkeiten. In den ersten vier Monaten des Jahres 1945 wurde die Wohlhabenheit hier endgültig vernichtet und der Landstrich wie kaum ein anderer in Deutschland vom Kriege verheert. Ab Januar stand die sowjetische Armee am östlichen Oderufer, hatte aber auf der westlichen Seite schon Brückenköpfe bei Kienitz und Reitwein errichtet, um die lange erbittert gekämpft wurde, bis im April die mit riesigem Aufwand an Kriegstechnik und Menschen geführte Schlacht um die Seelower Höhen begann. Der schon entschiedene Krieg forderte hier noch einmal 50 000 Tote. Die Dörfer und Städte des Oderbruchs sanken in Trümmer. Und zwei Jahre später kam über die blutgetränkte Ruinen- und Kraterlandschaft, in der man hungernd unter Notdächern oder in Erdhütten hauste, wieder die Flut.

Das Hochwasser von 1947, bei dem es auch Tote gab, mindestens 15, kam nicht, wie 1997, im Sommer, sondern im März. Nach einem harten, schneereichen Winter führte die von der Schneeschmelze im Gebirge verursachte Flutwelle viel Treibeis mit sich, das sich an Brückentrümmern, die noch im Strom lagen, staute und sich im Unterlauf auf die noch feste Eisdecke schob. Die Bremswirkung, die das erzeugte, ließ die Pegel rasch ansteigen, und die Oderbruchdeiche, die bei den Kämpfen durch Laufgräben und Schützenlöcher, Geschützstellungen und Unterstände, Granateinschläge und Panzerketten zerstört worden waren und in den zwei Nachkriegsjahren nur notdürftig hatten repariert werden können, hielten dem Druck nicht stand. Der erste Durchbruch erfolgte bei Reitwein, und die Flut überschwemmte mit einer Geschwindigkeit von acht bis zehn Kilometern pro Stunde das südliche Bruch. Die Deiche der Alten Oder, Schlafdeiche genannt, waren bald überflutet, und nun floß, dem alten Lauf folgend, auch das nördliche Bruch voll. Straßen und Eisenbahnen wurden überflutet, und auch die an Hängen liegenden Städte bekamen das Wasser zu spüren. In Freienwalde reichte es

Märkisch-Berlinisches

bis an das Postgebäude, im fast völlig durch Kämpfe zerstörten Wriezen bis an den Marktplatz heran. Da die Evakuierung in einigen Gebieten zu spät eingesetzt hatte, viele Leute Haus und Vieh nicht im Stich lassen mochten oder aus Angst vor Verschleppung auf die Fahrzeuge der hilfeleistenden Russen nicht steigen wollten, mußten Tausende auf Hausböden oder auf Dächern tagelang ausharren, bis Hilfe kam.

Nach dem Ablaufen des Wassers mußten die durch Krieg und Zerstörung sowieso schon Verarmten wieder ganz neu beginnen, und man könnte vermuten, daß sie das lieber anderswo als in dieser dauernd gefährdeten Gegend taten, aber das war nicht der Fall. Nie hat es eine Fluchtwelle aus Angst vor dem Wasser gegeben. Man flüchtete, wie überall in der DDR, aus politischen Gründen, wegen der Repressalien gegen die Bauern Anfang der fünfziger Jahre, wegen der Zwangskollektivierung um 1960, nicht aber, weil die Hochwasserdrohung einen vertrieb. Das mit Mühsal Errungene, unter Gefahren Bewahrte hat anscheinend eine besondere Bindekraft.

Selbstverständlich hat es auch im Oderbruch immer wieder Leute gegeben, die begeistert von ihm, kamen und enttäuscht wieder gingen. Jugendliche verlassen es, um anderswo Arbeit zu finden, denn hier sind die Chancen dafür gering. Manch Städter kommt aber auch, um hier Wurzeln zu schlagen, Künstler darunter, die einem erklären, daß sie nicht nur die hiesige Ruhe zum Arbeiten brauchen, sondern auch den weiten Himmel, die im Herbst hindernislos dahinfegenden Winde, die Einzelgehöfte inmitten der Äcker, die Loose heißen, und hinter dem Deich den normalerweise träge dahinströmenden Fluß.

Warum die Gegend, in der übrigens auch Schinkel einiges wenig Bekannte, aber doch Schöne gebaut hat, anscheinend besonders Bildhauer anzieht, ist nicht recht zu begreifen. Vielleicht kommen die kunstvoll geformten Steine in der Flachheit und Weite besonders zur

Hochwasser im Oderbruch

Geltung, weil wenig da ist, das das Interesse von ihnen ablenkt, und kaum etwas, das sie überragt. Jedenfalls hat die Bildhauerei hier schon eine, wenn auch kurze, Geschichte, die in den zwölf bösen Jahren begann.

So wie die preußischen Könige das am Rande des Bruchs gelegene Rittergut Quilitz erst dem General von Prittwitz, dann dem Staatskanzler von Hardenberg für besondere Verdienste schenkten (und es Neu Hardenberg nannten, bis die DDR daraus Marxwalde machte), so schenkte Hitler das nicht weit von Wriezen gelegene Anwesen Jäkelsbruch dem Bildhauer Arno Breker, dessen Verdienst in der Formung sehr großer, nackter, muskelbepackter Recken bestand. In Jäkelsbruch, dessen Schlößchen den Krieg nicht überlebte, wurden ab 1940 die Modelle von Brekers heroischen Werken geschaffen, die seine vom Staat finanzierte Werkstatt in Wriezen in Kolossalgröße ausführte, aber nur vier bis fünf Jahre lang. Dann kamen die Russen, und der Heldengestalter suchte ganz unheldisch sein Heil im Westen, wie auch Albert Speer, sein Gönner, der sich in Alt Ranft angekauft hatte, und von Ribbentrop, Hitlers Außenminister, der bei Bad Freienwalde ein Gut besaß. Zurück ließen sie Nichttransportables, Ribbentrop ein kleines russisches Holzhaus, das ihm Molotow 1939 zum Spielen für seine Kinder geschenkt hatte, Breker neben dem Atelier, das heute wieder von einem Bildhauer benutzt wird, und einem unverwüstlichen Schwimmbecken auch mehrere Standbilder, mit denen sich die Sowjetarmee ihren Kasernensportplatz in Eberswalde schmückte – alle aber hinterließen für die im Oderbruch Ansässigen die Erkenntnis, daß politische Prominenz in Schönwetterperioden kommt und bei Gefahr bald wieder geht.

Da die Erfahrungen aus DDR-Zeiten nichts anderes besagten, hatte das Mißtrauen, mit dem beim Hochwasser von 1997 Helfer und prominente Besucher anfänglich betrachtet wurden, hier seine Wurzeln. Daß es bald schwand, ist

Märkisch-Berlinisches

Neu-Hardenberg, das bis 1814 Quilitz und in DDR-Zeiten Marxwalde hieß, zeigt wie kein anderes märkisches Dorf das Wirken Schinkels. Er schuf die Dorfanlage, entwarf die Kirche und gab dem Schloß seine heutige Gestalt. Das Foto zeigt Schloß und Orangerie von der Parkseite her.

Schloß Hardenberg wurde in den siebziger und achtziger Jahren saniert, und einige aus Museumsbeständen möblierte Räume wurden der Öffentlichkeit zugänglich gemacht. 1997 gingen Schloß und Park in den Besitz des Deutschen Sparkassen- und Giroverbandes über, der hier eine Begegnungs- und Bildungsstätte einrichten will.

genau so erfreulich wie die erstaunliche Hilfsbereitschaft, die es zum Schwinden brachte und die mit dem Vertrauen auch einen Optimismus erzeugte in allem, was die innere Einheit der Deutschen betraf. Größer wohl als die materiellen Schäden war der Gewinn in moralischer Hinsicht. Manch skeptische Meinung über deutschen Zusammenhalt wurde damals widerlegt. Das Gerede von den verschiedenen Sprachen, die West- und Ostdeutschen die Verständigung angeblich erschweren, ist in Krisenstäben oder bei Deicharbeiten sicher gar nicht mehr im Bewußtsein gewesen. Und die Bundeswehr, die schon seit Beginn der staatlichen Einheit, von der Öffentlichkeit nur wenig beachtet, in kluger Weise das deutsche Zusammenwachsen gefördert hatte, zeigte in Taten wieder, was sie in dieser Hinsicht vermag.

Daß die Erkenntnisse der Wissenschaftler über die Ursachen dieser und anderer Hochwassergefahren zu klugen Entscheidungen über den richtigen Umgang mit Flüssen führen werden, ist, trotz schlechter Erfahrung, zu hoffen. Die bisherige Sorglosigkeit, nicht nur in Deutschland, sollte ein Ende finden. Doch sollte man auch nicht in das andere Extrem verfallen und die Natur über die Sorgen der Menschen stellen. Gegen die gefürchtete Klimaveränderung muß alles unternommen werden, marode Wälder müssen wieder aufgeforstet, Flußauen erhalten, Deiche zurückgesetzt werden, aber Menschen aus ihrer Heimat vertreiben zu wollen, paßt nicht in dieses Programm. Dafür zu plädieren, das Werk Friedrichs des Großen zurückzunehmen, das Oderbruch also wieder dem Wasser zu überlassen, würde bedeuten, neben dem rechten und linken auch einen grünen Extremismus ins Leben zu rufen, vor dem gewarnt werden muß.

LITERARISCHES

ZUM LOBE DES LESENS

Erzählende Werke werden geschrieben, um freiwillig gelesen zu werden. Zu Lehrzwecken dürfen sie auch verwendet werden, doch ist das nicht ihr eigentlicher Zweck.

Ihr Zweck ist, den Leser zu unterhalten, ihm Freude zu bereiten, ihn in Trauer oder Verzweiflung zu stürzen, ihn in Spannung zu versetzen, ihn nachdenklich zu machen. Belehren wollen sie nicht, aber man lernt von ihnen, weil die Freude, die sie vermitteln, auch Freude an neuer Erkenntnis ist.

Man lernt vom Leben, indem man lebt. Man lernt vom Lesen, indem man liest. Und da das Lesen von Literatur immer Einblicke in das Leben anderer gibt, erfährt man dabei vom Leben mehr, als man selbst erleben kann. Lesend lebt man andere Leben mit, erweitert dabei seinen Erfahrungsschatz, also man lernt.

Lernen kann eine Freude sein, kann aber auch Anstrengung und Unlust erfordern. Aber wenn es Spaß macht zu lernen, wird es ein leichteres und besseres Lernen, das beste in jenen Fällen, in denen man gar nicht weiß, daß man lernt. Das Kind spielt, um zu spielen, nicht um zu lernen, und trotzdem, nein, deswegen lernt es am besten dabei.

Ebenso geht es einem beim Lesen von guten und zur eignen Person passenden Büchern. Man hat Freude an ihnen, lebt mit ihnen, es fällt schwer, das Buch wegzulegen, und am Ende hat man, oft unbemerkt, an ihnen auch einen Gewinn. Man weiß mehr als vorher, hat mehr erfahren über das Leben, über die Liebe, über die Welt, in der wir leben, über gute und böse Mitmenschen – und oft auch über das eigne Ich. Letzteres ist bei guten Büchern gar nicht so selten. Leser finden sich in Gestalten von Büchern wieder. Es gehört zu den Freuden eines Schriftstellers, wenn fremde Leute, die ein Buch von ihm gelesen haben, ihm schreiben: Woher kennen Sie mich so genau?

Schwierig ist es natürlich, die für den einzelnen passenden Bücher zu finden. Es gibt zu viele unterschiedliche Bücher und zu viele unterschiedliche Leser, als daß man da Richtlinien geben könnte. Lehrer und Eltern und Freunde und Literaturwissenschaftler und Rezensenten können da nur beschränkt helfen. Eigentlich kann nur jeder sich selbst helfen. Es gibt nur ein Mittel, um zur richtigen Zeit an das richtige Buch zu gelangen, und das heißt: Lesen. Nur lesend ist festzustellen, was sich zu lesen lohnt.

Das heißt aber leider auch, Unpassendes oder gar Schlechtes zu lesen. Viele Leser klagen darüber, daß sie zu viel kostbare Zeit mit dem Lesen unnützer Bücher verschwendet haben, aber sie irren sich: Es war keine verschwendete Zeit. Denn um an die Rosinen, nach denen man sucht, zu geraten, muß man sich auch durch den weniger schmackhaften Brei fressen. Gut und Schlecht kann man nur unterscheiden lernen, wenn man auch vom Schlechten ein wenig kennt.

Allzuviel wird man von schlechten Büchern sowieso nicht vertragen; denn zu ihren Merkmalen gehört, daß sie einem bald über werden. Bücher, die nur süßlich sind oder nur spannend oder nur schockierend, gleichen einander

Zum Lobe des Lesens

Am Rande des Berliner Monbijou-Parks steht seit 1888 die Marmorbüste Chamissos von Julius Moser. Damals kannte jedes Schulkind einige seiner Gedichte, die heute so gut wie vergessen sind. Unvergessen allerdings ist sein »Peter Schlemihl«.

und erregen bald Langeweile. Von guten aber kann man nicht genug bekommen. Sie kann man mehrmals lesen, und man entdeckt immer wieder Neues in ihnen. Ein Buch, das sich nur einmal lohnt, gelesen zu werden, lohnt überhaupt nicht, gelesen zu werden. Aber das weiß man leider erst immer danach.

Bei Urteilen über Bücher sollte man Vorsicht walten lassen. Es gibt welche, die man mit sechzehn Jahren abscheulich, mit dreißig oder mit fünfzig aber hervorragend findet, oder auch umgekehrt. Man sollte also immer die Vorläufigkeit von Urteilen bedenken, und wenn man siebzig ist, sollte man zugeben, daß es absolute, für jede Zeit und für jedermann gültige Urteile über Bücher überhaupt nicht gibt. Das ist für Leute, die alles genau festlegen wollen, betrüblich, hält aber das literarische Leben immer lebendig, so daß man bis ins hohe Alter nicht auslernt und nie genug kriegt davon.

Die Literatur ist eben etwas ganz anderes als die Naturwissenschaft mit ihren Gesetzen. Darin ähnelt sie dem einzelnen Menschen, der ja auch so viel Unwägbares, Unzählbares, Unbestimmbares, Überraschendes hat. Auch Menschen, die einem nahestehen, studiert man, wie Bücher, die einem lieb sind, nie aus.

Um Literatur genießen zu können, muß man sie lieben. Liebe zur Literatur aber kann man so wenig wie andere Liebe verordnen. Die in dieser Hinsicht Lieblosen aber sollte man weder geringachten noch verspotten. Man sollte sie bedauern. Denn ihnen entgeht viel.

DANKSAGUNG
AN BAYERN

Mein Dank an die Bayern muß mit einem ihrer Könige beginnen, mit Maximilian II. nämlich, der als Kronprinz in Berlin studiert hatte, sich als König mit Literaten und Gelehrten zu umgeben pflegte und im zweiten Jahr seiner Thronbesteigung mit seiner Frau, einer preußischen Prinzessin, zusammen eine Huldigungsfahrt durch sein Land machte und dabei auch den Flecken Regen berührte, einen Amtssitz im Bayerischen Wald. Die Honoratioren ließen hier, wie es sich gehörte, das königliche Paar hochleben und zur Erinnerung an den denkwürdigen Tag (es war der 11. Juli 1849) eine kolorierte Darstellung der Regener Huldigungsszene in Auftrag geben, die vom Oberförster in Viechtach, einem Sohn des Stadtkommandanten von Passau, erworben wurde, der sie durch einen aufwendigen Goldrahmen ansehnlich machte, weshalb sie später auf Kinder und Kindeskinder vererbt wurde und heute, weitab vom Ort ihrer Entstehung, im Zimmer eines Urenkels, nämlich in meinem, hängt.

Aber nicht nur der König, in der Bildunterschrift zutraulich als Max bezeichnet, war es, der den Blick des geborenen Berliners frühzeitig nach der Heimat des Vaters lenkte; auch ein sorgsam gehütetes Dokument des Freistaates Bayern, das sowohl der preußischen Mutter als auch den nach jeder Geburt nachgetragenen Kindern das Recht auf Heimat im Bayerischen Wald garantierte, trug zur Gefühlsorientierung nach Süden bei. Wenn es zum Schlimmsten kommt im protestantischen Preußen, so hieß es, bleibt als letzte Rettung immer noch Viechtach, wo zwar keine Verwandten mehr wohnen, wo aber der Oberförster seine Gedenktafel an der Kirchenwand hat. Doch als es, 1945, wirklich schlimm wurde und ich, von Osten zu Fuß kommend, zum erstenmal bayerischen Boden betreten konnte, landete ich nicht im Bayerischen Wald, sondern in einem Gefangenenlager in Franken, wodurch mir freilich eine Enttäuschung erspart wurde. Denn wenn ich die Wirksamkeit des Heimatscheins ausprobiert hätte, wäre das Trügerische der Hoffnung auf ihn offenbar geworden: Man hatte bei mir, dem Jüngsten, die Eintragung versäumt.

Damals als Achtzehnjähriger entschied ich mich für mein Mutterland Preußen, was den Vorteil hatte, daß mir in den Jahren der deutschen Teilung, als ich bayerische Realität nicht erleben konnte, die ferne katholische Heimat des Vaters, in der die Kirchen schöner und die Berge höher waren, als Traumland erhalten blieb. Nie aber verstummte in jenen Jahren die Frage nach der Richtigkeit der Nachkriegsentscheidung. Lange blieb sie für eine Revision offen. Immer wieder gab es Spekulationen darüber, was wohl gewesen wäre, wenn ich Bayern zuliebe Brandenburg untreu geworden wäre, und Rat wurde auch manchmal bei großen Vorbildern, wie Jean Paul, Thomas Mann oder Fontane gesucht, die aus anderen Regionen nach Bayern gekommen waren.

Jean Paul allerdings war als Beispiel wenig geignet. Denn er hatte ja nicht den Wohnort, sondern der

Danksagung an Bayern

Wohnort hatte den Staat gewechselt. Bayreuth war von Bayern vereinnahmt worden, Jean Paul also ohne sein Zutun bayerischer Staatsbürger geworden, dessen einzige Reise nach München enttäuschend war. Sie endete mit einem Lob Preußens, zu dem er früher einmal gehört hatte. Der Hof in München hatte den auf Ehrungen und Tafelfreuden erpichten Autor zwar empfangen, aber nicht zu Tische geladen. In Sanssouci aber hatte er mit der Königin Luise gespeist.

Lehrreicher war es dagegen, sich an Fontane zu halten und damit auch wieder auf Max II. zurückzukommen, der sich zwar wenig von deutscher Einheit, viel aber von Wissenschaft und Dichtung erhoffte, und der sich um die deutsche Literatur dadurch verdient machte, daß er die Stelle eines königlichen Privat-Bibliothekars und Vorlesers, um die sich der arbeitslose Dichter der »Preußen-Lieder« beworben hatte, an einen anderen vergab.

Auch dafür ist Bayern zu danken. Denn ein Fontane als Hofmann in München und vielleicht auch als Wittelsbach-Lieder-Dichter hätte das, was wir heute an ihm verehren, wahrscheinlich gar nicht entwickeln können; zu sehr waren Herkunft, Kindheitsprägung und geistige Ausrichtung an Preußen, die Mark und Berlin geknüpft. Paul Heyse traf wohl das Richtige, als er nach dem Scheitern der von ihm angeregten Bewerbung meinte, daß Fontane sich wohl in München auf die Dauer nicht behaglich gefühlt hätte. Jedenfalls hat sich der märkische Dichter auf diese Weise, und darin besteht wohl auch das für mich Beispielhafte, seine gute Meinung von den Bayern und ihrem Land immer bewahrt.

Ferne Liebe ist bekanntlich leichter zu bewahren als nahe. Besser als an Lech und Isar kann man Bayern an der Spree zum Garten Eden machen. Und das konnte ich, in der Kindheit vor allem, gut.

Aber meine Dankgefühle haben noch andere Gründe, die mit einem Versäumnis der Bayern zusammenhängen, das auch Dummheit genannt werden kann. Dokumentiert wird dieses Versäumnis durch

Literarisches

einen Brief von 1886, der an die Direktion der Königlichen Bibliothek in Berlin gerichtet ist. Absender ist ein Major in bayerischen Diensten namens Brix Förster, der den Nachlaß seines sechzig Jahre zuvor verstorbenen Großvaters zum Kauf anbietet, und zwar sehr preiswert, da sich in Bayern kein Mensch und keine Institution dafür interessiert. Vergeblich, so schreibt er, hatten schon in den fünfziger Jahren seine Eltern die Hinterlassenschaft angeboten, doch hatte sich das Germanische Museum in Nürnberg lediglich zur Aufbewahrung bereitgefunden, solange im Depot Platz dafür war. Dieser aber war ihm in den achtziger Jahren ausgegangen, man hatte die Papiermassen an die Familie zurückgegeben, und da man auch in München abgewehrt hatte, war dem Major als letzte Rettung die preußische Hauptstadt erschienen, die ja seit fünfzehn Jahren auch Reichshauptstadt war.

Da er als Anpreiser einer schwerverkäuflichen Ware auftritt, ist seine Lobpreisung Berlins wohl nicht ernstzunehmen, und auch den Schmähungen, mit denen er seine Heimat bedenkt, merkt man die Absicht, dem möglichen Käufer zum Munde zu reden, an. Berlin, wo, wie er vermutet, »mit warmem Herzen alle Reichthümer des deutschen Geistes gesammelt und aufgehäuft und gesichtet« werden, nennt er den »Kern des modernen Deutschthums« und die kulturelle »Centralsonne Deutschlands«, während für ihn in den bayerischen Institutionen, wo man »über jeden Hosenknopf eines Professors in zwei gleiche Partheien sich spaltet«, die »trockensten und trivialsten« Köpfe der Welt versammelt sind. Er appelliert aus »patriotischer Hingebung« an die Pflicht des »nationalen Anstandes«, glaubt diese eher in Berlin als in München zu finden, erinnert daran, daß sein Großvater zuerst in der preußischen Hauptstadt verlegt und verstanden wurde und daß die Königin Luise ihn mit Anerkennung »gekrönt« habe – sagt aber kein Wort über den literarischen Rang seines Vorfahren, von dem er wahrscheinlich so wenig hält wie die Mehrzahl der Zeit-

Danksagung an Bayern

genossen, die vor allem Friedrich Schiller verehren, dessen Zitate sie ständig im Munde führen, nicht aber den Großvater Försters, der sich als Autor Jean Paul nannte, Schiller übrigens nie leiden konnte, und der weder in Weimar, wo er Triumphe feierte, noch in Berlin, woher er sich seine Frau holte, endgültig zu bleiben gedachte, sich vielmehr nach einigen Wanderjahren in Etappen auf den Heimweg nach Franken machte, um schließlich in Bayreuth seßhaft zu werden, angeblich des Bieres wegen, das aber vielleicht nur der Deckmantel für Heimweh war.

Daß man auch in Berlin nicht viel von ihm wissen wollte, läßt das Zögern der preußischen Bibliothekare vermuten, die dem Geist der Zeit wohl auch unterworfen waren; und der war in den Jahrzehnten der Reichsgründung dem Autor des *Hesperus*, der *Flegeljahre* und des *Freiheitsbüchleins* nicht hold. Für eine Entscheidung über das günstige Angebot brauchte man mehr als zwei Jahre. Doch siegte die Pflicht nationalen Anstandes, und man

holte den unübersehbaren Schatz für den heute lächerlich anmutenden Preis von 3 000 Reichstalern in die Preußische Hauptstadt, wo er später von dem verdienten Jean-Paul-Forscher Eduard Berend, auf dessen Arbeiten bis heute alle, die über den Dichter schreiben, fußen, geordnet und katalogisiert wurde, den Bombenkrieg und die Auslagerung, allerdings mit Verlust, überlebte, so daß er mir, als ich mich um 1970 Jean Paul schreibend zu nähern versuchte, in dem neobarocken Gebäude Unter den Linden verfügbar war.

Jean Pauls Papiere waren nicht Anlaß für mich, über ihn zu schreiben, aber sie machten mir eine Annäherung leichter. Seine fränkische Umwelt, die in seinem Werk immer präsent ist, konnte ich nicht besuchen, aber an seiner geistigen Welt konnte ich durch die von ihm beschriebenen Papiere auch sinnlich ein wenig teilnehmen. Und da er einer der schreibseligsten und schreibfleißigsten Menschen war, von denen wir wissen, und dazu auch noch einer, der Geschriebenes

Literarisches

nicht wegwerfen konnte, war die Welt, die sich mir da in alten Papieren auftat, vielfältig und reichhaltig, gedankenvoll und gefühlsgesättigt, witzig, aber auch nicht selten skurril.

Da gab es seine Arbeitshilfsmittel, die immer griffbereit neben dem Schreibtisch gestanden hatten und bei Bränden, laut schriftlicher Anweisung an die Familie, zuerst in Sicherheit gebracht werden sollten. Sie bestanden aus Notizen des Gymnasiasten, des Studenten, des Winkelschullehrers und des Schriftstellers über Gelesenes, Gesehenes und Erlebtes, aus Exzerpten und Studien, Aphorismen und Einfällen, Personen- und Ortsnamenlisten, selbstangelegten Synonym-Wörterbüchern. Da gab es die Werkmanuskripte in verschiedenen Fassungen, die Vorstudien, Pläne und Ideenskizzen, und daneben, mich besonders berührend, ein kurioses Gemisch aus Tagebüchern und Merkzetteln, Wetterprophezeiungen, Rezepten, Einkaufsnotizen – und auch die Beschreibung seiner Krankheitssymptome des Jahres 1817, nach denen die berühmten Berliner Ärzte Heim und Hufeland ihm die Diagnose stellen sollten, ohne daß er Bayreuth und seine Arbeit verlassen mußte. Sein Schreibfleiß endete erst mit dem Tod.

Zieht man den umfangreichen Briefwechsel, der ursprünglich dazugehörte, 1945 aber nach Krakau geriet und noch nicht wieder zurückgegeben wurde, von dem Gesamtvolumen des Nachlasses ab, so sind es achtzehn- bis neunzehntausend Blatt, die die Bayern sich damals haben entgehen lassen – eine Dummheit, die in den Jahren der Teilung nicht nur mir, sondern auch der deutschen Verbundenheit zum Nutzen geriet. So wie Weimar für die Goethe- und Schiller-Forschung war die Staatsbibliothek Unter den Linden für die westdeutsche Jean-Paul-Forschung unverzichtbar, so daß sich in einer Zeit, in der man begann, die kulturelle Einheit der Deutschen in Frage zu stellen, sich hier notwendigerweise eine gesamtdeutsche Zusammenarbeit ergab.

Danksagung an Bayern

Auch in Bayern war die lange Zeit der Mißachtung Jean Pauls vorübergegangen. Der zweiten Hälfte des vorigen Jahrhunderts hatte er als Dichter des überwundenen Biedermeier gegolten, und nur die wenigen, die sein Werk besser als die einseitig Urteilenden kannten und ihm die Treue hielten, wußten, daß der Kosmos seines riesigen Werkes so viele Facetten hatte, daß spätere Zeiten mit veränderten Einsichten und Absichten ein neues Verständnis für ihn entwickeln und neu an ihn anknüpfen würden, wie es dann auch, nicht von der Masse, aber doch von wichtigen einzelnen immer wieder geschah.

Schon mit seinem Tode war die Zeit seiner großen Beliebtheit vorüber gewesen. Zwar war er in Bayreuth mit hohen Ehren zu Grabe getragen worden, doch hatte sich sein Vergessenwerden oder doch seine Herabstufung zu einer lokalen Berühmtheit angekündigt. Ludwig Börne aber hatte es schon besser gewußt. In seiner in Frankfurt am Main gehaltenen Gedenkrede auf den Verstorbenen hatte er so große Bilder benutzt wie: ein Stern ist untergegangen, eine Krone gefallen, ein Schwert zerbrochen, was die Sonne dem Süden, der Witz dem Franzosen, die Freiheit dem Briten, das sei für Deutschland Jean Paul gewesen. Und er trauerte nicht nur um ihn, sondern auch um die vielen, denen er kein Stern, keine Sonne, kein Schwert gewesen, um dann Zeiten vorauszusagen, in denen Jean Paul allen gehören würde. »Er aber«, so lautete seine Prophezeiung, »steht geduldig an der Pforte des zwanzigsten Jahrhunderts und wartet lächelnd bis sein Volk ihm nachkomme.« Mit der gebührenden Vorsicht könnte man sagen, Börne habe sich nur um ein halbes Jahrhundert geirrt.

Denn seit Beginn unseres Jahrhunderts wurde Jean Paul zwar von mehreren Literaturenthusiasten aus unterschiedlichen Gründen wieder in das Bewußtsein der literarischen Öffentlichkeit gehoben, und in der ersten Jahrhunderthälfte entstand die nahezu vollständige historisch-kritische Gesamtausgabe seiner Werke, aber erst in den letzten

Literarisches

Jahrzehnten drang sein Werk, wie Verkaufserfolge vermuten lassen, auch in breitere Leserschichten – wenn von breit bei Erzählwerken, die sich nicht als »Buch zum Film« eignen, und deren Lektüre mehr Mühe erfordert als Fernsehen und Kuchenessen, überhaupt die Rede sein kann. Der bei ihm häufige Wechsel zwischen dem Dampfbad der Gefühle und dem kalten Guß der Satire ist nicht jedermanns Sache; Witz und Humor, besonders metaphernreichen, versteht nicht jeder; und manchem, der sich modern dünkt, weil er Moral und Schönheit in den Künsten nicht duldet, wird der Dichter der Liebe, wie Börne ihn nannte, altmodisch erscheinen, weil es ihm in der Kunst auch um Wahrheit, Gerechtigkeit, Freiheit und Christentum ging.

    Trotzdem aber gehört Jean Paul im öffentlichen Bewußtsein heute zu den Großen; und das ist, unter vielen anderen, auch dem bayerischen Staat zu verdanken, weil der seinen Literaturpreis nach ihm benannte, ihn so auch Leuten, die nie ein Buch aufschlagen, vertraut machte – und mir meinen Kinderglauben an das bessere Land bestätigt, für dessen Erhaltung freilich auch künftig das Fernbleiben von ihm nötig ist.

ES GING EIN MANN
IM SYRERLAND

Seitdem die meisten modernen Poeten, vielleicht aus guten, aber nicht jedermann einleuchtenden Gründen, auf Reim und Metrum verzichten und ihren Ehrgeiz auch nicht auf die Verständlichkeit ihrer Gedichte richten, müssen Leser, die an schönen, leicht im Gedächtnis haftenden Versen Gefallen finden und sich lieber vom Licht der Aufklärung etwas blenden lassen als im zeitgenössischen Dunkel zu tappen, ihre Zuflucht zum Alten nehmen – was zwar einen schwerabschätzbaren Verzicht bedeutet, bestimmt aber, von »Nemt frowe disen kranz« bis zu »Wer jetzt kein Haus hat, baut sich keines mehr«, ein Schwelgen in der Fülle des Wohllauts, des Sinns und der Klarheit bringt.

Es ist ein Doppelgenuß, der sich hier bietet: ein mit Laut und Rhythmus zusammenhängender musikalischer, den Wiederholungen nur steigern können, und ein geistiger in Verstand und Gemüt. Spielend leicht läßt vieles sich auswendig lernen und so zum Langzeitgenuß machen, zur eisernen Ration für buchlose Notzeiten in Gefängnissen oder Krankenhäusern, bei stupiden Arbeiten oder tristen Feierlichkeiten oder wo sonst man das gespeicherte Schöne unbemerkt einsetzen kann. Nicht als Ganzes braucht man es ständig parat zu haben, es genügen auch Bruchstücke, Reimpaare, einzelne Verse, um der eignen Sprachlosigkeit aufzuhelfen oder, wegen des Alles-schon-Dagewesenen, tröstend zu sein.

Diese Neigung zum Alten ist für den Alten, der dieses schreibt, aber keine Alterserscheinung. Nur das Bekenntnis dazu könnte man als solche bezeichnen. Nach einem Leben mit Gedichten, in dem die zeitgenössischen immer den Pflichtteil bildeten und bald wieder vergessen wurden, die der vergangenen Jahrzehnte und Jahrhunderte aber die reinsten Freuden brachten und haften blieben, scheint es nun an der Zeit, das auch zuzugeben. Denn die lange gehegte Hoffnung, daß sich das Verhältnis von Kür und Pflicht umkehren könnte, ist inzwischen dahin.

Als Gegenwartsflucht wurde das nie empfunden. Wer das so nennt, hat anscheinend eine Dichtung von gestern, die wirkt, als wäre sie heute geschrieben, noch niemals erleben können, oder er glaubt, daß Kunst, wie die Technik, in einem Prozeß des Fortschreitens, und damit auch des Veraltens, entsteht. In den Gedichten von Arno Holz, Eichendorff, Rilke, Mörike oder Goethe kann sich auch ein Ich aus ganz anderer Zeit wiederfinden. Große Dichtung, unabhängig von ihrem Alter, ist dazu fähig, im jeweiligen Heute wieder gegenwärtig zu werden; sie muß nur danach sein.

Sicher hängt die Vorliebe für das Bewährte auch mit dem Ausleseprozeß zusammen, dem es seit Generationen schon unterworfen war. Zeitgenossen sind kaum zur Unterscheidung von Bleibendem und Vergänglichem fähig; ob ein Gedicht seine Zeit überdauert, stellt sich erst nach dem Wechsel mehrerer Generationen heraus. Dieses Aussieben läßt sich an einem Dauer-Bestseller des vorigen Jahrhunderts leicht ablesen, an einer

Es ging ein Mann im Syrerland

Gedichtsammlung, die einmal so etwas wie ein Regelwerk poetischer Bildung war. Sie brachte es auf eine Gesamtauflage von 800 Tausend, jeder Band etwa 800 bis 900 Seiten stark.

Gemeint ist der »alte Echtermeyer«, also die »Auswahl deutscher Gedichte für gelehrte (später: für höhere) Schulen«, die Theodor Echtermeyer, Lehrer am Pädagogium der Halleschen Stiftungen und Herausgeber der »Hallischen Jahrbücher« 1836 edierte, und die dann fast 150 Jahre lang, erst in rascherer Folge, dann in größeren Abständen, neue und neubearbeitete Auflagen erfuhr. Nach der vorletzten, einer völkisch entstellten von 1936, erarbeitete 1981 Benno von Wiese die 50. Auflage, und er ging dabei im Prinzip nicht anders als die früheren Bearbeiter vor: Der Kanon des Alten blieb im wesentlichen erhalten. Aus dem Zeitgenössischen von gestern und vorgestern wurde viel ausgeschieden, und Gegenwärtiges, das zu großen Teilen eine etwaige nächste Auflage nicht überdauern würde, kam neu hinzu.

Mit Genugtuung kann man also an den verschiedenen Auflagen das Unvergängliche ablesen; man kann den Wandel von Kriterien erkennen und sich über das amüsieren, was uns heute Irrtum oder Entgleisung dünkt. In der 28. Auflage von 1880 zum Beispiel sind Fontane und Storm, die wir als damalige Zeitgenossen erwarten, zwar auch vertreten, werden aber von den Unmengen historischer und patriotischer Gedichte an den Rand gedrängt. Allgemein läßt sich sagen, daß die Durchsetzung weltanschaulicher und politischer Absichten in den meisten Fällen eine Trübung des Blicks für literarische Qualitäten zur Folge hatte. Die Frage ist aber, ob wir, die wir diese Feststellung treffen, nur die Trübung bei anderen, nicht aber die eigne sehen.

Um schlaflosen Stunden Sinn geben zu können, sei deshalb empfohlen, sich einen alten Echtermeyer auf den Nachttisch zu legen. Da kann man sich dann, statt an der Welt, die nachts grauer scheint als am Tag, zu verzweifeln, von Schillers Balladen, die man seit der

Literarisches

Schulzeit nicht mehr gelesen hat, fesseln lassen, aller Verunglimpfung und Lächerlichmachung zum Trotz. Man kann sich über die Lehrhaftigkeit der Klassiker wundern, Logaus Sinngedichte frisch und scharfsinnig finden, Hebels Alemannische Gedichte, für die Echtermeyer Lesehilfen bietet, für sich entdecken, oder es kann einem passieren, daß man unter den später ausgeschiedenen, weil nicht mehr zeitgemäßen, Gedichten auch eine Perle, wie die von dem Mann im Syrerland, findet, von der man meint, daß sie zu Unrecht vergessen ist. Sie ist überschrieben »Parabel«, gedichtet von Friedrich Rückert, und sie gehört zu jener seltenen Art von Gedichten, die didaktisch sind, aber auch lachen machen, weil ihre gewollte Unbeholfenheit wie unfreiwillige Komik wirkt.

Der Mann im Syrerland, mit dem Kamel am Halfterband, muß vor dem tollwütigen Tier Zuflucht in einem Brunnen suchen, auf dessen Grund ein Drachen mit aufgerissenem Rachen lauert, während Mäuse an den Wurzeln des Brombeerstrauchs nagen, an den der Mann sich geklammert hat. In diesem Zustand »jammerhaften Schwebens« sieht er am Strauch die reifen Beeren, sieht nicht mehr »des Kameles Wut, / Und nicht den Drachen in der Flut / Und nicht der Mäuse Tückespiel«, ißt munter alle Beeren, kann »durch die Süßigkeit im Essen« alle Gefahren »schnell vergessen« – und damit zur Parabel für uns alle werden, die wir, am grünen, von der Zeit zernagten Strauch des Lebens hängend, den Drachen Tod, der auch Ozonloch heißen könnte, über der Beeren Sinnenlust und Wohlstand ganz vergessen – weshalb der Dichter uns zum Schluß mit Recht Kamele nennt.

Im Gegensatz zu den von Echtermeyer ausgewählten Gedichten ist seine definitorische Einleitung weder erhebend noch heiter oder nachdenklich machend. Lehrer und Schüler muß sie mit Entsetzen erfüllt haben. Sie beginnt mit den Worten: »Die Lyrik tritt ein, wo der Dichter ...«, und sie ist höchstens als Schlafmittel empfehlenswert.

Es ging ein Mann im Syrerland

ZU FONTANES »WANDERUNGEN«

Die *Wanderungen durch die Mark Brandenburg* füllen annähernd 2500 Seiten, die hintereinander zu lesen jedermann schwerfallen dürfte, da es in ihnen neben meisterhaft erzählten Kapiteln, amüsanten Plaudereien und interessanten Gedankengängen auch trockene Aufzählungen und Wiederholungen gibt. Erstaunlich ist deshalb der Erfolg, den sie von Anfang an hatten und in den letzten Jahrzehnten noch steigern konnten. Heute sind, neben Auswahleditionen, drei vollständige und zuverlässige Ausgaben auf dem Markt.

Für Fontane sind die *Wanderungen*, die 1862 bis 1882 in vier Bänden erschienen und 1889 durch den Ergänzungsband *Fünf Schlösser* vervollständigt wurden, die einzigen wirklichen Verkaufserfolge gewesen. Sechs Auflagen zu seinen Lebzeiten, wie einzelne dieser Bände, erlebte er mit seinen Romanen nicht. Manche Würdigungen nach seinem Tode priesen deshalb vor allem den Märkischen Wanderer und dann den populären Balladendichter, der auch Romane geschrieben hatte, deren Wert aber umstritten war. Die allgemeine Hochschätzung des Romanciers begann erst später, und mit ihr, in den dreißiger Jahren, eine ernsthafte Fontane-Forschung, die auch die *Wanderungen* beachtete, obwohl es zeitweilig üblich wurde, sie vorwiegend als Schreibübung und Materialsammlung für die Romane zu sehen.

Daß sie das auch waren ist sicher richtig und besonders am ersten Roman, *Vor dem Sturm*, abzulesen, doch berührte das ihren Eigenwert nicht. Ihre Leser sind nicht unbedingt auch Leser der Romane, und für Fontane hatten sie nicht den Charakter von Vorarbeiten; denn die Arbeit an ihnen lief auch in der Romanschreibephase teilweise weiter, und auch noch im hohen Alter gab es auf Märkisches gerichtete Pläne, von denen einer bei seinem Tode schon recht weit gediehen war. Wäre Fontane einige Jahre älter geworden, hätte vermutlich sein letztes Buch nicht *Der Stechlin*, sondern *Das Ländchen Friesack und die Bredows* geheißen. Denn er war ganz am Ende, wie er es selbst gesagt und in seinem letzten Roman auch schon getan hatte, zu seinen »alten Göttern«, dem märkischen Landadel, zurückgekehrt.

Dieser, der Jahrhunderte hindurch in der Mark geherrscht hatte, dominierte auch die *Wanderungs*-Bände. Ziel des Wanderers, der freilich selten zu Fuß war, vielmehr Eisenbahnen, Postlinien, Dampfschiffe, Segelboote, am liebsten aber Kutschen benutzte, waren vorwiegend Adelssitze, deren Geschichte und Geschichten grob geschätzt etwa zwei Drittel der Bände füllen. Das letzte Drittel teilen sich Landschaften, Städte, Schlachtfelder, Klöster, Königsschlösser, die Wenden, Künstler und Dichter, wie Schadow, Schinkel, Schmidt von Werneuchen, Volkssagen und mehr oder weniger fiktive Geschichten wie die patriotische Robinsonade des Fischers von Kahniswall. Auch wenn die Mitglieder des Hofes zu Rheinsberg beschrieben werden oder die Kommandeure und Kriegseinsätze des Ruppiner Grenadierregiments aufgezählt werden, ist

Zu Fontanes »Wanderungen«

das zum großen Teil Adelsgeschichte; und wenn sich tatsächlich, wie manche behaupten, die Proportionen zuungunsten des Adels im dritten und vierten Band leicht verändern, besagt das wenig, weil der folgende Band, die *Fünf Schlösser*, dann wieder völlig den Eulenburgs, Hertefelds und Quitzows gehört.

Bezeichnend für Fontanes Absichten ist es nun aber, daß ihm nicht der gegenwärtige Adel zum Thema wurde, sondern der der Vergangenheit. Die Gutsherren, die ihn bei seinen Besuchen auf Schlössern und Herrensitzen empfingen, oder aber durch Bedienstete abfertigen ließen, erscheinen meist gar nicht oder nur als Namen, um so mehr ihre Vorfahren und das, was sie an Zeugnissen hinterlassen haben: die Schlösser, Kirchen, Porträts, Grabplatten, Degen oder auch manche Sage von Geistererscheinung und Brudermord. Die Fahrten gelten also weniger den Orten als solchen, vielmehr der Bedeutung, die sie in der Vergangenheit hatten. Die Gegenwart ist oft nur durch den Schreiber und seine Urteile vertreten, manchmal aber auch durch Kutscher, Gastwirte, Lehrer, Pastoren, die als Wegweiser oder Auskunftspersonen dienen und in den besten, oft amüsanten Passagen so lebendig gestaltet werden, wie die Nebenfiguren in den Romanen, die oft so nebensächlich nicht sind. Schönstes Beispiel dafür ist der Kutscher Moll, der Fontane von Fürstenwalde an den Scharmützelsee brachte und dabei zum Partner eines Dialoges wurde, der darüber hinwegtrösten konnte, daß hier nichts Historisches, sondern nur reine Natur zu finden war.

Fontanes Absicht bei dieser aufwendigen Arbeit war, das Ansehen der Mark zu heben, den schlechten Ruf, den sie in Deutschland hatte, durch den Nachweis zu widerlegen, daß sie trotz ihrer Armut kulturlos und landschaftlich öde nicht war. Hauptmittel dazu war ihm die Geschichte, angefangen mit der deutschen Kolonisation im Mittelalter, mit besonderer Betonung des klassischen Preußen, vom Großen Kurfürsten bis zum Ende der friderizianischen Zeit. Indem er

Literarisches

Landschaften und Orte mit der Geschichte zusammenbrachte, konnte er Interesse für die langweiligsten Landstriche und die armseligsten Nester erregen. Obwohl er Schönheiten glänzend schildern konnte, war es nicht das Schöne, sondern das Bedeutungsvolle, das er auf seinen Touren suchte. Wustrau, so schön es auch liegt, wäre ihm wohl eine Beschreibung nicht wert gewesen, wenn nicht Zieten dort zu Hause gewesen wäre; und ein Dörfchen wie Gusow wurde nur durch Derfflinger interessant.

Im Vorwort zur zweiten Auflage von 1864 hat Fontane, eingekleidet in Vorschläge für Mark-Reisende, diese Methode an Beispielen trefflich erläutert: Wer unwissend nach Küstrin komme, heißt es da, und den häßlichen, einem Armenhaus ähnlichen Schloßbau sehe, werde nichts als »ästhetisches Mißbehagen« empfinden; wer aber wisse, daß hier Katte enthauptet wurde und der Kronprinz an diesem Fenster stehen und zuschauen mußte, der sähe diesen unschönen Bau mit anderen Augen an. »So überall. Wer unvertraut mit den Großtaten unserer Geschichte zwischen Linum und Hakenberg hinfährt, rechts das Luch, links ein paar Sandhügel, der wird sich die Schirmmütze übers Gesicht ziehn und in der Wagenecke zu nicken suchen; wer aber weiß, hier fiel Froben, hier wurde das Regiment Dalwigk in Stücke gehauen, dies ist das Schlachtfeld von Fehrbellin, der wird sich aufrichten im Wagen und Luch und Heide plötzlich wie in wunderbarer Beleuchtung sehn.«

Was Fontane, auf Romane bezogen, als Verklärung bezeichnet, charakterisiert auch die *Wanderungen*, eine Wirklichkeitsverklärung, die nicht Verschönerung, sondern Sinngebung bedeutet, eine Heiligung des Profanen durch Anbindung von Geschichte an Örtlichkeiten, Identitätsstiftung durch Tradition. Geschichte, ihrer zeitlichen und kausalen Folge entkleidet, wird hier sozusagen räumlich. Wichtig genommen wird nicht das Wichtige, sondern das zum Ort Passende und Eingängige. Die Anekdote wird dem durch Akten Beglaubigten vorge-

Zu Fontanes »Wanderungen«

zogen. Was auf diese Weise entsteht, ist eine Art brandenburgisch-preußischer Mythologie.

Wer jemals, von Fontanes Plauderkunst bezaubert, die *Wanderungen* nachzuwandern versuchte, lernte die Verklärungsmethode dadurch begreifen, daß jede Heimkehr von einer Melancholie begleitet wurde, die nicht nur auf der Enttäuschung darüber beruhte, daß die Zeit an der Sehenswürdigkeit genagt, der Krieg sie zerstört, die DDR sie verschandelt hatte, sondern auch auf der Erkenntnis, daß Sakrales sich nur dem Frommen völlig erschließt. Nicht umsonst fordert Fontane von dem Reisenden in der Mark nicht nur die Kenntnis ihrer Geschichte, sondern auch die Liebe zu ihr.

Die *Wanderungen* sind ein Werk konservativer, aufs klassische Preußen bezogener Gesinnung, was aber nicht bedeutet, daß sie nur verherrlichend wären. Sie enthalten auch kritische Töne, vermeiden die damaligen politischen Phrasen und stellen manch gängige Meinung der Konservativen zur Diskussion.

Fontanes Vorliebe für skurrile oder amüsante Geschichten macht es verständlich, daß Adelsfamilien, die ihre Vorfahren in Heldenpose erstarrt sahen, des fehlenden Pathos wegen von den *Wanderungen* wenig erbaut waren und Fontane für einen unsicheren Kantonisten hielten, was er als Autor, der gute Geschichten und interessante Gedanken keiner Parteimeinung opfern wollte, tatsächlich auch war. Doch war seine Grundhaltung gut »fritzisch«. Keine Kritik stellte Preußen und preußisches Selbstverständnis in Frage. Nie zielte er auf Entlarvung von Legenden oder Aufdeckung von Skandalen. Häßliches war ihm, wie auch in den Romanen, nicht darstellungswürdig, und Bösewichte kommen in seiner Beschreibung der Mark nicht vor.

Arno Schmidts böse Behauptung, Fontane sei ein »Leisetreter in Adelssachen« gewesen, ist nicht unberechtigt, verkennt aber seine Absichten, die die Aufwertung der Mark, und damit auch ihres Adels, bezweckten, nicht Wahrheit um jeden Preis. Die Vermutung des

Literarisches

liberalen Kritikers Adolf Stahr, die *Wanderungen* seien im Auftrag der Kreuzzeitungspartei geschrieben, war zwar falsch, aber doch naheliegend, da ihr Autor zehn Jahre lang als Redakteur der *Neuen Preußischen Zeitung*, genannt Kreuzzeitung, sein Brot verdiente, viele Kapitel der *Wanderungen* vorab in dieser Zeitung und dem ähnlich gerichteten *Wochenblatt des Johanniter-Ordens der Ballei Brandenburg* veröffentlichte, bei den Wahlen 1862 für die Konservativen kandidierte und seinen Mark-Beschreibungen einen durchaus konservativen Grundton gab.

Dieser wird auch indirekt dadurch deutlich, daß Fontane bei seinen Touren über die Dörfer die dort zu seinen Lebzeiten geschehenen sozialen Veränderungen, von wenigen Ausnahmen abgesehen, nicht berühren. Die Befreiung der Bauern von ihren Abhängigkeiten im Zuge der Stein-Hardenbergschen Reformen, deren Nachwirkungen auch in der Jahrhundertmitte noch andauerten, kommen in den *Wanderungen* so wenig vor wie die Bauern selbst. Während in manchen Landkreisen schon fast die Hälfte der Rittergüter in bürgerlichen Besitz übergegangen waren, erwecken die *Wanderungen* den Eindruck, daß die alte Ständeordnung, die der berühmte Adelsoppositionelle Marwitz aus Friedersdorf hatte erhalten wollen, noch unangetastet war. Im Marwitz-Kapitel des »Oderland«-Bandes, in dem Fontane gezwungenermaßen bei der Charakterisierung dieses Reformgegners auch die Reformen selbst beurteilen mußte, läßt er ihnen zwar als dem Notwendigen und Erfolgreichen alle Gerechtigkeit widerfahren, doch spürt man deutlich, daß seine Sympathien dem idealisierten Alt-Preußen gehören, deren Verkörperung Marwitz war.

Sonst geht Fontane der Reformproblematik gern aus dem Wege. Bei allem Interesse für militärische Fragen werden die Militärreformer bei ihm kaum gewürdigt. In dem Kapitel über Scharnhorsts Grabmal auf dem Berliner Invalidenfriedhof erwähnt er zwar auch den konservativen Widerstand gegen diese

Zu Fontanes »Wanderungen«

160 Scharnhorsts wiedererstandenes Grabmal auf dem Berliner Invalidenfriedhof. Fontane schreibt darüber: »Am 2. Mai 1834 wurde das Grabmonument, an dessen Herstellung unsere besten künstlerischen Kräfte mitgewirkt haben, beendigt. Von Schinkel war der Entwurf, insonderheit auch der architektonische Aufbau des Ganzen; Rauch hatte den berühmten schlafenden Löwen und Friedrich Tieck die den Sarkophag umziehenden Reliefbilder ausgeführt. Um dies berühmte Denkmal her ruhen die Kinder und Enkel des Generals.«

Ehrung, hütet sich aber vor einer Stellungnahme. Ähnliches zeigt sich auch in seinen Balladen, die Zieten, Seydlitz und den Alten Dessauer, nicht aber Scharnhorst und Gneisenau zu ihren Helden machen. (Schill war eine die Regel bestätigende Ausnahme, dafür aber auch eine besonders mißglückte.) Auch in seinem ersten Roman, *Vor dem Sturm*, dessen Handlung er im Winter 1812/13 ansiedelt, kommt seine Unlust, sich der sozialen Veränderung dieser Zeit zu widmen, zum Ausdruck. Wie in den *Wanderungen* werden auch hier die Rittergüter nur von der Herrschaft und den Dienstboten bevölkert, ohne daß man von Ackerbau und Viehzucht und den dazu benötigten Arbeitskräften etwas erfährt. Da stoßen zwar Marwitz, der hier Berndt von Vitzewitz heißt, und der Staatskanzler von Hardenberg wie in der Realität aufeinander, aber der Streitpunkt ist hier nur die Volksbewaffnung mit oder ohne die Zustimmung des Königs, nicht aber, wie es tatsächlich war, die Finanzgesetzgebung und die Entmachtung

Zu Fontanes »Wanderungen«

der Stände. Dies und die Bauernbefreiung klammert Fontane aus dem Roman völlig aus.

Ähnlich geht er vor in den *Wanderungen*, doch hat er hier außer dem politischen noch einen anderen Grund, das eigne Jahrhundert zu vernachlässigen, nämlich den der mangelnden Distanz. Der Streit um die sich über Jahrzehnte hinziehenden Reformen auf dem Lande bewegte zu seiner Zeit noch die Gemüter; die Repräsentanten von Reform und Restauration waren nicht lange genug von der politischen Bühne abgetreten; dem Für und Wider dieser historisch so bedeutsamen Vorgänge fehlte die zu Verklärungszwecken nötige Patina noch.

In der vermutlich nie endenden Diskussion um Fontanes politische Haltung, in der Interpreten verschiedener Richtungen in dem Bestreben, den Dichter zu einem der Ihren zu machen, mit passenden Zitaten aufwarten können, spielen die *Wanderungen* natürlich auch eine bedeutende Rolle, weil sie für die einen die bleibende preußische Grundtendenz seines Denkens zeigen, für die anderen aber, die einen »linken« Fontane wollen, eine vorübergehende Phase darstellen, die nach vorausdeutenden Anzeichen des späteren Gesinnungswandels, der angeblich erst den »eigentlichen« Fontane hervorbrachte, abgesucht wird. Beides ist mit Zitaten, besonders mit denen aus Briefen, belegbar; beides krankt aber daran, daß man alles, was den eignen Thesen widerspricht, umdeutet oder großzügig übersieht. Der gründliche und durchaus verdienstvolle Hans-Heinrich Reuter war, seinem Meister Georg Lukács folgend, in solcher Art Interpretation Meister. Er sah in Fontanes Werk und Leben eine fortlaufende Entwicklung zum Höheren, nämlich weg von Preußen und vom Adel und hin zum vierten Stand, zur Arbeiterklasse, zur Sozialdemokratie. Bei diesem mit viel Akribie konstruierten, zu guter Letzt progressiven Fontane, der in der DDR die Lehrmeinung beherrschte, konnten die *Wanderungen* natürlich nur etwas Vorübergehendes und mit den Romanen zu Überwindendes sein.

Literarisches

Das aber war, wie gesagt, anders. Sieht man ab von dem Schulaufsatz über »Das Schlachtfeld von Groß-Beeren«, den der alte Fontane scherzhaft als den Beginn seiner märkischen Wanderungen bezeichnet, so entstanden die ersten Gedanken und Pläne 1856; die erste gezielte Fahrt zu diesem Zweck wurde 1859 unternommen, also noch vor dem Eintritt in die Kreuzzeitungs-Redaktion. In den sechziger Jahren, seiner Kreuzzeitungszeit, erschienen die beiden ersten Bände, der dritte in den siebziger Jahren, in die auch die Arbeiten an den ersten Erzählungen und Romanen fielen; und als in den achtziger Jahren der vierte Band und die *Fünf Schlösser* herauskamen, waren von den Romanen schon *Vor dem Sturm*, *L'Adultera*, *Schach von Wuthenow*, *Graf Petöfy*, *Unterm Birnbaum*, *Cécile* und *Irrungen, Wirrungen* auf dem Markt. Kaum war *Fünf Schlösser* erschienen, begann 1889 die Arbeit an dem Fragment gebliebenen Buch über die havelländische Adelsfamilie von Bredow, so daß es sich also verbietet, die *Wanderungen* und die Adelsvorliebe mit dem Romanschreiben enden zu lassen, auch wenn eine beliebte Beweiskette aus Briefzitaten das nahelegt. Da zitiert man einen Brief an die Mutter von 1860, in dem »zehn Generationen von 500 Schultzes und Lehmanns« gegen »drei Generationen eines einzigen Marwitzzweiges« aufgewogen und zu leicht befunden werden, um dann einen Brief an Friedländer von 1894 dagegen zu setzen, nach dem die Adligen, die antiquiert seien, »alle geschmort werden« müßten, und glaubt damit eine Entwicklung bewiesen zu haben, mit der man aber weder viele andere Briefzitate, wie das von 1884, nach dem er doch der »conservativen Partei« zugehöre und »märkische Junker und Landpastoren ... trotz ihrer enormen Fehler« sein »Ideal, seine stille Liebe« wären, noch die späten Adelsromane und die Beschäftigung mit den Bredows in den letzten Lebenstagen erklären kann.

Statt weiterhin auf gewaltsame Weise die einander widersprechen-

Zu Fontanes »Wanderungen«

den Äußerungen Fontanes in ein Entwicklungssystem pressen zu wollen und damit große Teile seines Lebenswerkes zu Vorstufen oder Abwegen zu machen, sollte man sich dazu entschließen, ihn als den, der er war, zu nehmen, als unsicheren Kantonisten nämlich, der einen Widerwillen gegen unumstößliche Wahrheiten hatte, stets skeptisch war und sich selbst widersprechen konnte, weil seine unterschiedlichen Meinungen und Überzeugungen, die die Entwicklungsfanatiker zeitlich aufreihen und zu einem glorreichen Endpunkt führen wollen, in Wirklichkeit nebeneinander bestanden, also jederzeit zu ihm gehörten und nur durch Anpassungszwänge, denen er manchmal allzu willig gehorchte, zeitweilig nicht sichtbar wurden. Der Radikalismus der Altersbriefe war schon beim Jungen im Vormärz hervorgetreten und hatte sich hier wie dort mit der Liebe zum klassischen Preußen vertragen, dessen Schattenseiten ihm weniger deutlich waren als die seiner jeweiligen Gegenwart. Einen kritischen Blick hatte er nicht nur im Alter, und auch die *Wanderungen* werden oft durch scharfes Urteilen besonders lebendig. Sein Abscheu vor Neureichen nährte sich teilweise von seinen Vorurteilen gegen die Juden, von denen manche zu seinen Freunden zählten und deren Verdienste um die deutsche Kultur er, wenn auch widerwillig, zugeben mußte. Der greise Förderer der jungen Protestbewegung der Naturalisten wußte auch den Vater der Konservativen, seinen »Liebling« von der Marwitz zu schätzen, und der vom Adel des Kaiserreiches Enttäuschte vertiefte sich liebevoll in die Geschichte der Bredows, von denen er andererseits sagen konnte (in einem Brief an seine Frau von 1882), daß er den märkischen Adel »eingebildet (man weiß nicht recht worauf), beschränkt und im ganzen genommen ruppig« fände, und daß (wie es 1884 heißt) »so ein regierender Bredow oder Rochow, der einen nach Spandau schickte, wenn man ihm andeutete, er sei ein Schafskopf«, doch auch nicht gerade ein Glück »für Staat und Menschheit« gewesen sei.

Literarisches

Sogar sein Urteil über die Mark Brandenburg blieb in Buch und Brief zwiespältig. Nachdem er sie Band für Band in wunderbarer Beleuchtung gezeigt hatte, erfuhr seine Frau 1882 brieflich, daß er nie »eine Schwärmerei für Mark und Märker« gehabt hätte. »So dumm war ich nicht.« 1885 bescheinigte er der Mark (im Brief, versteht sich) einen »Popelinski-Charakter« und behauptete, daß sie nur nach »Kiefer und Kaserne« schmecke. Während in den Vorworten zu den *Wanderungen* von »eigentümlichen Freuden und Genüssen«, die sie bieten könne, von Glück, Trost, Schönheit und Liebe die Rede ist.

Prinzipientreu und gesinnungstüchtig war das weder in dieser noch jener Richtung, es war aber farbig, reich, vielfältig und möglicherweise Voraussetzung für das Fehlen von weltanschaulicher Angestrengtheit und Pathos, für sein Distanzhaltenkönnen, für Ironie und Humor. Denkt man an seine besten Romane, deren Vorzüge auch damit zusammenhängen, daß alle Figuren und die von ihnen vertretenen Prinzipien mit gleicher Achtung und gleichem Verständnis behandelt werden, scheint dieser Gradlinigkeitsmangel in künstlerischer Hinsicht doch ein Vorzug gewesen zu sein.

ZU FONTANES TAGEBÜCHERN

Daß die Tagebücher Fontanes, soweit noch vorhanden, erst 96 Jahre nach seinem Tode veröffentlicht werden konnten, hatte sowohl mit der wechselnden Wertschätzung des Dichters als auch, in weitaus größerem Maße, mit den deutschen Zuständen dieses Jahrhunderts zu tun. Die Weltwirtschaftskrise um 1930, die Judenverfolgung des Hitler-Reiches und die Bombenangriffe des Zweiten Weltkrieges haben das Schicksal der acht in Fontanes Nachlaß vorhandenen Tagebuchbände genau so beeinflußt wie der Kalte Krieg, die deutsche Teilung und schließlich der Glücksfall der Wiedervereinigung, doch kann man den Ausgang der Sache als gutes Ende wohl nicht bezeichnen, da nur drei Bände für die Veröffentlichung zur Verfügung standen und die Geschichte der anderen möglicherweise noch nicht zu Ende ist.

Der Nachlaß aus diesem langen und produktiven Schriftstellerleben befand sich, solange die Witwe, Frau Emilie, noch lebte, bis auf die Manuskripte, die sie verschenkt, und die Briefe, die sie verbrannt hatte, noch wohlbehalten in der Wohnung Fontanes in der Berliner Potsdamer Straße, und er wurde auch nach ihrem Tode von den Kindern, insbesondere von dem Sohn Friedrich, dem Verleger, nicht nur zusammengehalten, sondern auch ergänzt und betreut. Da die Erben Literaturwissenschaftlern Zugang gewährten, entstanden in diesen Jahren mehrere wertvolle, wenn auch nicht immer korrekte, Editionen, wie 1919 Ernst Heilborns Fontane-Buch, mit den Tagebüchern der letzten Jahre, oder 1910 jene Briefbände, die Thomas Mann so entzückten, daß er seinen Essay über den alten Fontane mit der Frage »Sind noch mehr [Briefe] da? Man soll sie herausgeben!« beginnen ließ.

In den zwanziger Jahren wurde das Interesse an Fontane geringer. Von den unterschiedlichsten Autoren konnte man Verdammungsurteile über ihn lesen. Döblin fand, daß er die Großstadtproblematik »verplaudert« habe; Gottfried Benn glaubte zu wissen, daß man ihn bald nur noch aus »historischen und städtekundlichen Gründen« aufschlagen würde, und Tucholsky verbreitete die irrige Prophezeiung: »Der Romanschreiber Fontane schwindet mit seiner Zeit.« Wie weit die Mißachtung Fontanes reichte, machte das weitere Schicksal des Nachlasses deutlich. Die Erben, die schon in der Inflation Verluste erlitten hatten und ab 1928, mit dem Auslaufen der Urheberschutzfrist, die damals nur dreißig Jahre betrug, keine Gewinne aus den Büchern mehr zu erwarten hatten, waren, nachdem die staatlichen Stellen eine Stützung, wie sie zum Beispiel dem Nietzsche-Archiv gewährt wurde, abgelehnt hatten, zur Aufgabe bereit. Sie boten das gesamte Archiv, das sie im Laufe der Jahre durch Zukäufe, Abschriften und Sekundärliteratur ergänzt hatten, für 100 000 Reichsmark der Preußischen Staatsbibliothek an. Dieser aber fehlten angeblich oder tatsächlich die nötigen Mittel, und als Friedrich Fontane, der als einziger von den Kindern noch lebte, vier Jahre später seine Forderung

Zu Fontanes Tagebüchern

auf 20 000 Mark senkte, zeigte die Staatsbibliothek dadurch ihr Desinteresse, daß sie ihm für die 1800 Originalbriefe Fontanes, die 7500 Seiten umfaßten, die 20 000 Manuskript-Seiten und den ganzen Archiv-Apparat lediglich 8000 Reichsmark bot, die in zehn Jahresraten gezahlt werden sollten.

Dem damaligen Tiefstand der Fontane-Wertschätzung schien dieser Preis fast zu entsprechen. Denn als wenig später, am 9. Oktober 1933, von der Autographenhandlung Hellmuth Meyer & Ernst in Berlin, Lützowstraße, die Handschriften versteigert wurden, fand nur etwa ein Viertel von ihnen, für insgesamt 8 300 Mark, Käufer, der Rest ging zurück an den Erben, von dem 1935 die Brandenburgische Provinzialverwaltung die noch vorhandenen Handschriften mit den übrigen Teilen des Nachlasses erwarb. Im gleichen Jahr wurde in Potsdam das Fontane-Archiv gegründet, das 1945 durch Plünderung seiner aufs Land verlagerten Bestände große Verluste erlitt.

Die Tagebücher befanden sich nicht unter ihnen. Sie waren 1933 für 2500 Reichsmark ersteigert worden, von Paul Wallich, einem jüdischen Bankier und sachkundigen Bibliophilen, der sich speziell für preußische Geschichte interessierte, mit Hans von Müller zusammen eine bibliographische Arbeit über »Deutsche Voltaire-Literatur des 18. Jahrhunderts« herausgab, ein dreibändiges Werk über »Berliner Großkaufleute und Kapitalisten« verfaßte und eine mit feiner Selbstironie geschriebene Autobiographie über seine »Lehr- und Wanderjahre« hinterließ. Er bewohnte die 1844 von Persius erbaute Villa Schöningen auf der Potsdamer Seite der Glienicker Brücke, die er, seiner Büchersammlung wegen, hatte erweitern lassen, und die heute noch steht. Von Hitler wollte er, der im Ersten Weltkrieg Rittmeister gewesen war, sich nicht aus Deutschland vertreiben lassen. Nach dem Pogrom am 9. November 1938 entzog er sich der drohenden Verhaftung, indem er nach Köln reiste und am 11. November im Rhein seinem Leben ein Ende

Literarisches

setzte. Im Abschiedsbrief an seinen Sohn schrieb er: »Du brauchst Dich Deines Vaters und seines Endes nicht zu schämen. Niemand kann mir vorwerfen, daß ich mich nicht bis zum Letzten gewehrt habe.«

Seine Frau und die zwei Söhne emigrierten. Die Fontane-Tagebücher aber blieben in der Reichshauptstadt, in einem Tresor der Deutschen Bank in der Mauerstraße, nach dessen Öffnung 1945 sich ihre Spur zeitweilig verlor. Zwei der Bände gerieten, unsicheren Überlieferungen zufolge durch Bauarbeiter, in die Staatsbibliothek Unter den Linden, ein dritter wurde 1959 bei einer Auktion der Firma Stargardt in Marburg vom Potsdamer Fontane-Archiv für 1955 DM ersteigert. Die restlichen fünf Bände blieben bisher verschollen, doch wird die Sage, daß sie bei Kriegsende verbrannt seien, wohl mit Recht angezweifelt.

Gotthard Erler, der Herausgeber des zweiten Bandes, beläßt es im Vorwort bei der Feststellung ihres Verschwindens, gibt aber im Kommentar einen Hinweis auf »die merkwürdige, bislang nicht erklärbare Tatsache, daß der Kommentar der Nymphenburger Fontane-Ausgabe mehrfach« aus den verschollenen Bänden zitiere oder sich auf sie berufe – was ein Indiz für ihre Existenz sein könnte, aber nicht sein muß. Denn ebenso wie die Herausgeberin des ersten Bandes, die ehrwürdige Charlotte Jolles aus London, die vor ihrer Emigration, im Berlin der dreißiger Jahre, von den bei Paul Wallich liegenden Tagebüchern Auszüge gemacht hatte (die sie, als Ersatz für das Fehlende, in der jetzt vorliegenden Ausgabe auch mitteilt), könnten auch Mitarbeiter der Nymphenburger Ausgabe noch im Besitz alter Exzerpte gewesen sein.

Daß die drei seit den fünfziger Jahren in Potsdam vorhandenen Bände erst 1994 an die Öffentlichkeit kommen konnten, hängt damit zusammen, daß den Wallich-Erben, deren Eigentumsrechte von der DDR offiziell anerkannt wurden, unter den damaligen Umständen, die Erler vorsichtig umschreibend als die »Bedingungen der geteilten

Zu Fontanes Tagebüchern

170 Die ehemalige Villa Schöningen mit Turm und Loggia in der Potsdamer Berliner Straße, nahe der Glienicker Brücke, wurde um 1840 von Persius auf einem Vorgängerbau errichtet. Paul Wallich fügte später einen Bibliotheksanbau hinzu.

Welt« bezeichnet, an einer Publizierung nichts lag. Sie wollten wohl eine DDR-Edition mit den damals nötigen, oder doch zu befürchtenden, tendenziösen Einseitigkeiten vermeiden. Falls sie das Standardwerk der DDR-Fontane-Forschung, die große, im Detail reichhaltige und zuverlässige, aber in der Interpretation auf groteske Weise einäugige Monographie von Hans-Heinrich Reuter gelesen haben sollten, kann man ihnen ihr Zögern verzeihen. Nach der Wiedervereinigung stimmten sie dem Verkauf an das Archiv und damit der Publizierung in der Großen Brandenburger Fontane-Ausgabe des Berliner Aufbau-Verlages zu.

Zu den nach späterer Öffentlichkeit schielenden Tagebuchschreibern gehörte Fontane so wenig wie zu jenen, denen das Tagebuch Mittel zur Selbstbespiegelung oder zur Selbstanalyse ist. Es diente ihm nicht als Klagemauer, nicht als Depot geheimer Gedanken und auch nicht als Schreibwerkstätte, in der Neues erträumt, entworfen oder ausprobiert wird. Es war ihm viel-

Zu Fontanes Tagebüchern

mehr Erinnerungsstütze, ein Reservoir an Daten, Namen und Fakten, nur zum eignen Gebrauch bestimmt. Abgesehen von den ersten Tagebüchern aus England, die sich in Teilen dem Typus des beschreibenden Reisetagebuchs nähern, genügten ihm also oft Stichworte wie »Gearbeitet«, »Gelesen«, »Mittags-Spaziergang«, »Briefe geschrieben« oder auch »Unwohl« oder »Im Bett«. Das aber gilt nur für jene Jahre, in denen er täglich oder doch häufig Eintragungen machte, nicht aber für Zeiten, in denen er monatlich oder jährlich in fortlaufendem Text die Geschehnisse resümierte, als sammle er für eine Autobiographie Material. Immer sind die vorherrschenden Themen Arbeit, Lektüre, Gesundheit, Kinder, Reisen, Besuche und, in späteren Jahren, Theater, nicht aber Intimitäten oder Skandale. Verzweiflung über häufige Krankheit oder Ärger über Erfolge schlechter Autoren werden auch in der Knappheit deutlich, und oft fällt der Tagebuchschreiber, zum Glück für den Leser, aus seiner Rolle als Stichwortnotierer, indem er anschaulich beschreibt oder mit Zorn oder Witz kommentiert. So wird das Begräbnis der Mutter in Neuruppin und das des Vaters in Schiffmühle mit Worten geschildert, die an das Gedicht »Meine Gräber« denken lassen. Einige der von Fontane so geliebten Anekdoten bekommt man zu lesen, wie die von den letzten Worten eines an Magenkrebs Sterbenden, dem man seine Krankheit verheimlicht hatte und der seinem Arzt, einem berühmten Professor, mitleidig sagte: So gar nichts zu wissen, müsse für ihn doch traurig sein. Eine Begegnung beim Spaziergang im Tiergarten verführt zu der Feststellung, daß »Dichter dritten Ranges schon lächerlich sind, wenn sie jung sind«, daß sie im Alter aber, wenn sie sich »immer noch lyrisch und schwabblich« geben und schwärmerisch die Augen aufschlagen, zu denen gehören, »die die Dichter-Reputation immer tiefer in den Dreck hineinbesorgen« – weshalb er an anderer Stelle, wo er sich über Felix Dahn ärgert, die Feststellung trifft, daß entweder

Literarisches

Deutschland oder er verdreht sein müßte. Er fügt aber hinzu: »Ich weiß übrigens genau, wer von uns beiden dieses Vorzugs genießt.«

Manchmal also können die Tagebücher ein Lesevergnügen wie die Briefe gewähren, die Fontane bekanntlich mit solcher Kunstanstrengung verfaßte, als habe er ihre Aufnahme in seine gesammelten Werke vorausgesehen. Meist aber, vor allem in späteren Jahren, zeigt das Tagebuch nur das Skelett seines Lebens, das der Leser durch biographisches Wissen und durch Kenntnis der Werke und Briefe zu einer runden Gestalt sich erst machen muß. Höchster Lesegenuß müßte sich einstellen, wenn man Tagesnotizen und Briefe nebeneinander läse. Der Kommentar unterstützt dieses Simultan-Lesen, indem er, allerdings auf dem Umweg über das Gesamt-Brief-Verzeichnis, das wohl nur wenige Fachleute besitzen werden, auf die entsprechenden Briefe verweist. Um zu sehen, ob es sich lohnt, könnte man mit einigen Wendepunkten des Dichterlebens beginnen, vielleicht mit Ostern 1870, als der Redakteur Fontane bei der Kreuzzeitung kündigte, oder sechs Jahre später, als er den Sekretärsposten bei der Akademie der Künste antrat und wenige Wochen später wieder verließ. In beiden Fällen stehen im Tagebuch nur wenige Sätze, in den Briefen aber, besonders in denen an die erschreckte und empörte Emilie, wird das Geschehen in ihm und um ihn erst richtig lebendig, so daß man Fontane mit allen seinen Widersprüchen, die sich in Anpassung und gleichzeitigem kritischen Distanzhalten zeigten, vor Augen hat.

Für die Fontane-Forschung ist die Tagebuch-Edition selbstverständlich sehr wichtig, doch nicht so sensationell wie man denken könnte; denn einige Teile wurden, wenn auch an versteckter Stelle, in der ersten Jahrhunderthälfte bereits veröffentlicht; und die drei geretteten Bände, die in den letzten Jahrzehnten im Fontane-Archiv lagen, wurden zwar der Öffentlichkeit vorenthalten, nicht aber in- und ausländischen Wissenschaftlern, die

Zu Fontanes Tagebüchern

sie in der Regel einsehen konnten; nur mit Quellenangabe zitieren durften sie sie nicht.

Diese Geheimniskrämerei ist glücklicherweise zu Ende. Nun kann man auch am heimischen Schreibtisch lesen, wie ein Journalist und Schriftsteller im 19. Jahrhundert zwischen Redaktion und Theater, zwischen Sommerfrischen und geselligen Abenden lebte. Man lernt, auch mit Hilfe der Kommentare, ein »Bohnenfest« kennen, erfährt von wechselnden Dienstmädchen, wie der »wundervollen alten Zierliese«, die von sich immer als Fräulein Wenzel redet; man freut sich über das Heranwachsen der Kinder, aber auch über die praktischen Eltern, die den Sohn George, als er sitzenbleibt, zu den Soldaten schicken; man erschrickt, nicht zum erstenmal, bei gehässigen Bemerkungen über die Juden, und man liest mit Vergnügen, daß Wilhelm Raabe ein glänzender, aber geschmackloser Schreiber und Max Kretzer ein »talentierter Saupeter« ist. Man kann die Entstehung der Werke, ihre Herausgabe und ihre geringe Beachtung verfolgen; und wenn man liest, wie viele Briefe täglich geschrieben werden, kann man auch viele Verluste ahnen. Erler vermutet, daß etwa nur die Hälfte der Fontane-Briefe erhalten ist.

Man könnte die Tagebücher, die mit Fontanes zweiter England-Reise von 1852 beginnen, als Fortsetzung seiner Teil-Autobiographie *Von Zwanzig bis Dreißig* lesen, denn an deren Abschluß, der Hochzeit, knüpfen sie etwa an. Fortsetzung sind sie aber natürlich nur zeitlich und sachlich, nicht aber in Gestaltung und Haltung, denn die Autobiographie hat die ironische Weisheit des Alters, im ersten Tagebuch-Band aber schreibt der Mann zwischen dreißig und vierzig, der Journalist und Balladendichter, der neugierige Reisende, der überall lernen will, und der an die Romane, die ihn später berühmt machen sollen, noch gar nicht denkt. Klaffte nicht die empfindliche Lücke zwischen 1859 und 1865, konnte man der Entwicklung bis hin zum *Stechlin* Jahr für Jahr folgen. So

Literarisches

aber bleibt die nur wenig erforschte Periode, in der die *Wanderungen* begonnen wurden und der Kreuzzeitungsmann für die konservative Partei kandidierte, leider auch hier ausgespart.

»Alles ist nicht Schwindel, aber doch das Meiste«, schreibt der Zweiundsiebzigjährige anläßlich der Verleihung des Schiller-Preises, weil er zu spüren meint, daß ihm niemand, am wenigsten ein Kollege, die Ehrung gönnt. Überhaupt macht ihm die Mißachtung, die er überall wittert, mit wachsendem Alter stärker zu schaffen. Das heitere Darüberstehen der Altersgedichte scheint dem Mißmut nur mühsam abgerungen zu sein. Obwohl die neue Generation ihn höher schätzt als die eigne, ist es durch den Tod der alten Freunde einsamer um ihn geworden; »alles ist tot oder krank oder – verkracht«. Wenn er das Weihnachtsfest erwähnt, das sein letztes sein sollte, wird man an das erste, das er im Londoner Tagebuch schildert, erinnert; da geht man nach Gänsebraten, Plumpudding, Punsch und vielen Toasts erst um drei Uhr in der Nacht auseinander. 1897 aber lautet die Eintragung: »Weihnachten verlief ruhig, auch Silvester; punschlos; einen einzigen Pfannkuchen in der Hand, traten wir ins neue Jahr.«

Musenhöfe
Oder Anmerkungen zu einem von Fontane nicht ausgeführten Kapitel der *Wanderungen durch die Mark Brandenburg*

Das vielberufene Erhaltenswerte aus der Hinterlassenschaft der DDR erweist sich beim näheren Hinsehen in der Regel als die Kehrseite des Verdammenswerten und schwindet also, wie die billigen Mieten mit der Bauinstandsetzung oder das häufigere Bücherlesen mit der Zulassung einer freien Presse, notwendigerweise mit diesem dahin. Doch wo es die Regel gibt, gibt es die Ausnahmen. Zu ihnen gehört auf dem Gebiet der Literatur auch die Fontane-Forschung, die sich vor der westdeutschen und der der übrigen Welt nicht zu verstecken brauchte und es auch nicht tat.

Die Voraussetzungen für Forschung und Edition waren günstig. Das 1935 entstandene Fontane-Archiv in Potsdam und die Berliner Handschriftenbestände waren, wenn auch mit Verlusten, über den Krieg gerettet worden, und die von Julius Petersen an der Berliner Universität begründete Fontane-Forschung wurde, allerdings mit Verspätung, an der Humboldt-Universität fortgeführt. Das alles aber hätte auch zum Brachliegen verdammt sein können, wenn ideologische Schranken die Arbeit behindert hätten, wie bei Nietzsche zum Beispiel, bei dem die editorische Voraussetzung ähnlich günstig gewesen war.

In beiden Fällen war es Georg Lukács gewesen, der in den Anfängen der DDR fördernd, beziehungsweise hemmend, die Richtung gewiesen hatte. Zwar hatte er in der SED immer auch Gegner, so daß er parteiamtlich nie kanonisiert wurde, doch war sein Einfluß auf die literaturpolitische Praxis enorm. Auf den von ihm gelegten Gleisen lief die Beurteilung der deutschen Literaturgeschichte auch nach seiner Verdammung in den Grundzügen weiter, so daß seine Lobpreisung des alten Fontane auch weiterhin galt. Fortgeführt wurde dabei auch die Einäugigkeit seiner Betrachtungsweise, wodurch sich die *Wanderungen durch die Mark Brandenburg* in der ersten Fontane-Ausgabe der fünfziger Jahre einer politischen Kastration unterziehen mußten, doch behinderte das die philologische Forschung kaum.

Höhepunkt dieser auf den Nachweis von »Fortschritt« und »Reaktion« orientierten Fontane-Deutung war 1968 die zweibändige Monographie von Hans-Heinrich Reuter, die gewünschte »Parteilichkeit« und verläßliche Genauigkeit in erstaunlicher Weise miteinander verbinden konnte, so daß trotz ideologischer Kapriolen, mit denen der politisch und ästhetisch nie ganz festzulegende Fontane eindeutig und sozialismusnah gemacht werden sollte, ein Standard-Werk der Forschung entstand.

Nachdem im Westen Deutschlands die großen Fontane-Ausgaben von Nymphenburger und Hanser zu erscheinen begonnen hatten, zog ab 1969 der Aufbau-Verlag mit einer qualitätsvollen Ausgabe in einzelnen Abteilungen nach. Erst erschienen die Erzählungen und Romane, dann folgten 1982 und 1989 die autobiographischen Schriften und die Gedichte, während die editorisch schwierigeren *Wanderungen* 1976 in Einzelbänden zu erscheinen begannen und erst 1996, schon als Teil der neukonzipierten Großen

Musenhöfe

Brandenburger Ausgabe, mit einem Registerband ihren Abschluß fanden. Mit ihren stattlichen acht Bänden stellt sie die umfangreichste Ausgabe der *Wanderungen* dar, die es je gab.

Ihre Herausgeber haben den Standortvorteil Berlins zu nutzen verstanden, wobei nicht nur an die in Berlin und Potsdam liegenden Handschriften gedacht ist, sondern auch an die Nähe und Erreichbarkeit der in den *Wanderungen* beschriebenen Örtlichkeiten der Mark. Über den heutigen Stand der *Wanderungs*-Orte können die Bände dieser Ausgabe also die genauesten Auskünfte geben, zumindest konnten sie es zum Zeitpunkt ihres Erscheinens; denn der heute zwischen Oder und Elbe stattfindende Wandel trägt notwendigerweise zum schnellen Veralten mancher Auskünfte bei.

Die *Wanderungen* hatten in der Gestalt, in der sie Fontane herausgab, bekanntlich nur vier Bände; doch haben die Herausgeber der neueren Ausgaben sich angewöhnt, die *Fünf Schlösser* hinzuzuschlagen, thematisch gesehen mit Recht. Darüber hinaus aber gibt es noch viele Texte, die inhaltlich in die *Wanderungen* gehören, Unfertiges teilweise, von Fontane Ausgeschiedenes oder aber Verwandtes, das er anderweitig verwertet hat. Schon die Nymphenburger- und die Hanser-Ausgabe hatten, teils sich ergänzend, teils sich überschneidend, diese oft wichtigen Texte den eigentlichen *Wanderungen* angeschlossen, doch geht Erler mit seinen Bänden 6 und 7 weit darüber hinaus. Er räumt Vor- und Nebenarbeiten mehr Platz ein als die anderen Ausgaben, bringt Pläne, Materialsammlungen, Entwürfe, und er kann auch Texte aufnehmen, die erst kürzlich aufgetaucht sind.

Der Gewinn dieser wunderbaren Vermehrung der *Wanderungen* ist bedeutend, und das nicht nur für den Berlin-Brandenburg- und Fontane-Fachmann, sondern auch für den Liebhaber Fontanescher Prosa, der hier Neues entdecken kann. Neben weitgehend unbekannten ganzen Büchern, wie dem

Literarisches

Denkmal Albrecht Thaers zu Berlin (1862) und den *Vaterländischen Reiterbildern aus drei Jahrhunderten* (1880), stehen kritisch-amüsante Berlin-Plaudereien aus den späten Jahren, die bisher nur an entlegener Stelle zu lesen gewesen sind.

Hier kann man sowohl die Behauptung finden, daß der Grundzug des Berliners »ein krasser Egoismus« wäre, als auch die kühne Behauptung: »Vor Gott sind eigentlich alle Menschen Berliner«, über die man lange ergebnislos nachdenken kann. Es gibt eine Fülle von Buchrezensionen, die sich mit märkisch-berlinischen Stoffen befassen, den Erstdruck des Spreewald-Kapitels, das von Fontane für die Buchausgabe erheblich gekürzt wurde, Beiseitegelegtes, das sich in die Ordnung der Bände nicht fügen wollte, und bisher ungedrucktes Unfertiges in den verschiedensten Ausführungsstadien, das Einblicke in die Arbeitsweise Fontanes gestattet und nicht nur für die *Wanderungen* und verwandte Projekte, sondern auch für die Romane aufschlußreich ist.

Die Kenntnis über den märkischen Wanderer wächst durch diese zwei Zusatzbände beträchtlich. Neue Akzente vermögen sie nicht zu setzen, sie bestätigen aber aufs neue, daß die *Wanderungen* mit ihrer Verklärung Altpreußens Fontane bis ins hohe Alter begleiteten, wovon besonders das 150-Seiten-Fragment über das Ländchen Friesack und die »märkischste aller märkischen« Adelsfamilien, die Bredows, zeugt.

Nun gibt es, um endlich zu meinem Thema zu kommen, im 6. Band dieser rühmenswerten *Wanderungs*-Ausgabe Vorarbeiten zu einem unausgeführten Kapitel, das wahrscheinlich, wäre es fertig geworden, »Nennhausen« geheißen hätte, in dem aber auch von der Stadt Brandenburg an der Havel und ihrer Dominsel, von Sacrow, Lentzke, den Hugenotten, Friedrich dem Großen und den Befreiungskriegen die Rede gewesen wäre, weil im Mittelpunkt die de la Motte Fouqués gestanden hätten, nämlich der Großvater, General der Infanterie, mit dem König befreundet, und

Musenhöfe

der Enkel, der romantische Dichter, dessen berühmte Meerjungfrauenerzählung nicht einen der bei Fontane vorkommenden einschlägigen Namen, Oceane und Melusine, trägt, sondern *Undine* heißt.

Zu einigen Zeilen dieser Vorarbeiten will ich in Folgendem einige Anmerkungen geben, vorher aber erklären, wie ich zu dieser Vorgehensweise kam.

Bekanntlich gibt es Editionen klassisch gewordener Texte, in denen die Editoren sich derartig in den Vordergrund drängen, daß ihre Kommentare den Primärtext an Masse weitaus übertreffen, auch wenn dieses Verhältnis häufig kaschiert wird durch Klein- oder Kleinstdruck, der Bescheidenheit ausdrücken oder vortäuschen soll.

Dabei ist solche Bescheidenheit gar nicht immer am Platze. Denn manche Texte, die schon Jahrzehnte oder Jahrhunderte vor uns geschrieben wurden, wären ohne die Vermittlung durch Kommentare nur noch teilweise verständlich, so daß dem Bienenfleiß der Fußnotenverfasser durchaus die eine oder die andere Neu- oder Wiederentdeckung zu verdanken sein kann. Ich jedenfalls habe jenen unter ihnen, die mir nicht nur den Namen Goethe mit der Anmerkung »Deutscher Dichter 1749–1832« erklären, sondern mir wirklich schwierige Wörter, Begriffe, Sätze oder Gedankengänge verstehen helfen, viel zu verdanken, und zwar nicht nur an Wissen, sondern auch an Lesevergnügen – nicht, weil die Anmerkungen witzig gewesen wären, sondern weil jedes Erkennenkönnen Vergnügen macht.

Durch meine Freude an anmerkungsreichen Büchern habe ich mich nun also dazu verführen lassen, hier auch Anmerkungen zu bieten, allerdings in einer stark übersteigerten Form dieses Verfahrens, weil nämlich der klassische Text, den ich zugrunde lege, erstens nichts Klassisches hat, denn er ist nichts als ein Bündel von Notizen, und weil er, zweitens, nur wenige Zeilen lang ist. Meinen Anmerkungen den hundertfachen Umfang zu geben, ist also nicht schwer.

Literarisches

Die zu kommentierenden Zeilen aus den Nennhausen-Vorarbeiten, die zu einem Konvolut von teils mit Tinte, teils mit Bleistift geschriebenen Blättern gehören, die unter der Signatur M 2 im Fontane-Archiv in Potsdam liegen und im erwähnten 6. *Wanderungs*-Band nachgedruckt wurden, lauten folgendermaßen:

»S. 263. Anknüpfend an den Aufenthalt in Nennhausen hindeuten auf Tieck-Finckenstein in Reitwein, Nedlitz, Ziebingen. Auch auf die Humboldts in Tegel, Achim von Arnim in Wiepersdorf, die Dönhoffs in Tamsel etc. etc. Lauter Dichter-Höfe. Parallelen mit jetzt, wo dergleichen gar nicht existiert. Alles ist ernst, real, politisch, und es ist besser so.«

Es handelt sich hier also um keinen ausgearbeiteten Text, sondern um Notizen, flüchtige, wie man bald merken wird. Es sind Lesefrüchte, die abfielen, als sich Fontane durch Friedrich de la Motte Fouqués Autobiographie quälte, die unter dem Titel *Lebensgeschichte des Baron Fouqué, aufgezeichnet durch ihn selbst* 1840 in Halle erschienen war. Darauf beziehen sich also die Seitenzahlen, die jedem Absatz vorangestellt wurden. Meist sind es biographische Tatsachen, wie der Eintritt in die Armee oder die Heirat mit der als von Briest geborenen Caroline von Rochow, die Fontane des Merkens wert findet und manchmal auch mit roten Anstreichungen oder Randbemerkungen, wie »ganz famos« oder »das auf alle Fälle nehmen« versieht. Meist bezieht sich das direkt auf Fouqués Ausführungen, so daß man, wenn die Notiz »S. 315. Die Lützner Schlacht« lautet, auf dieser Seite der Autobiographie tatsächlich von der Schlacht bei Lützen, 1813, ihrer »blutigen Herrlichkeit«, ihrem »Waffenruhm« und Fouqués freudige Mitwirkung an ihr lesen kann.

Anders verhält es sich mit unseren Zeilen, weil die nämlich mit dem Fouqué-Text kaum etwas zu tun haben. Schlägt man in Fouqués Werk nach auf Seite 263, wird man keinen Zusammenhang mit Fontanes Notiz finden, oder doch nach längerem Nachdenken erst. Auf dieser Seite behandelt Fouqué sein

Musenhöfe

182

Literarisches

Verhältnis zu anderen Mitgliedern der Romantischen Schule, zu Wilhelm von Schütz und Bernhardi, vor allem aber zu August Wilhelm Schlegel, der ihn als Dichter entdeckt und gefördert, dann aber verlassen hatte, weil er der Madame de Staël an den Genfer See gefolgt war. Der Meister hatte den Dichter-Lehrling alleingelassen; zu einem geplanten Sommeraufenthalt Schlegels in Nennhausen im Jahre 1804 war es deshalb nicht mehr gekommen – und diese Mitteilung, verbunden mit dem Gedanken, daß wenige Jahre später sich auch Varnhagen, Chamisso, E.T.A. Hoffmann und andere hier aufhielten, war es wahrscheinlich, die im Leser Fontane den Gedanken, über »Dichterhöfe« im allgemeinen zu schreiben, ausgelöst hat. Die zur Stoffsammlung gedachte Lektüre war zur Veranlassung für eine Idee geworden, die mit dem Gelesenen nur entfernt zu tun hatte. Die Erwähnung von Schütz, Schlegel, Bernhardi im Zusammenhang mit Fouqués Nennhausen hatte den Gedanken hervorgerufen, daß in der

Schloß Nennhausen, in dem Fouqué seine wichtigsten Werke verfaßte, hatte zu seiner Zeit ein anderes Aussehen. Erst 1860 wurde es vom Architekten von Arnim, einem Enkel des Dichters, gotisierend überbaut. Seit einem Brand im Jahre 1983 steht es als Ruine, ist aber kürzlich in Privathand übergegangen und soll wieder aufgebaut werden.

Zeit um 1800 märkische Adelssitze, die mit Kunst und Literatur zu tun hatten, keine Einzelerscheinungen waren und daß es sich lohnte, dieses Phänomen zu beschreiben, nicht zuletzt deshalb, weil es dergleichen zu Fontanes Zeiten gar nicht mehr gab. Leider hat er mit dem Nennhausen-Kapitel auch den Gedanken, über märkische Musenhöfe zu schreiben, beiseite gelegt.

Hinterlassen aber hat er uns die besagten Notizen, die bei genauerem Hinsehen mehr aussagen, als der oberflächliche Blick verrät. Daß sie flüchtig beim Lesen ohne längeres Nachdenken entstanden, ist an den Fehlern zu merken, die ihm bei der Erwähnung Tiecks unterliefen. Da heißt es: »Tieck-Finckenstein in Reitwein, Nedlitz, Ziebingen«, müßte aber statt Nedlitz, das bei Potsdam liegt, Madlitz heißen, das man östlich von Berlin und Fürstenwalde findet; und das im Oderbruch gelegene Reitwein dürfte an dieser Stelle gar nicht erscheinen, weil es zwar zu Fontanes Zeiten, nämlich seit 1842, den Finckensteins gehörte, nicht aber in den Jahren, die er hier meint. (Dies übrigens ist ein Fehler, der ihm auch noch in seinem Roman *Vor dem Sturm* unterlief. Aber was heißt hier Fehler? Was im Roman falsch ist, nennt man nicht falsch, sondern fiktiv.)

Wenig durchdacht erscheinen diese Notizen aber auch noch aus anderen Gründen. Es fehlen Beispiele, und zwar auch solche, wie Blumberg oder Kunersdorf, die Fontane in den *Wanderungen* schon behandelt hatte; diese muß man sich also dazudenken an Stelle des doppelten »etc.«. Auch war sein Begriff »Dichterhöfe« nicht für alle von ihm genannten zutreffend. In Wahrheit handelte es sich um zwei unterschiedliche Typen, nämlich den von Wiepersdorf und Nennhausen, wo der Gutsherr selbst dichtete, und den von Kunersdorf und Ziebingen-Madlitz, wo kunstliebende Adlige als Mäzene auftraten, indem sie Dichtern Unterkunft und Unterhalt boten oder sie durch ein gastliches Haus mit anderen Künstlern, Kunstliebhabern und einflußreichen Leuten zusammenführten. Beide waren, wie Fontane

Literarisches

es von Tamsel sagte, für die Kunst »Pflegestätten«. Beide pflegten auch Geselligkeiten, die sich von denen der anderen Landadligen dadurch unterschieden, daß an ihnen nicht nur Standesgenossen teilnahmen und sie nicht in erster Linie der Repräsentation und der Jagd dienten, sondern dem niveauvollen Gespräch. Die Berliner Salons, die in dieser Zeit aufblühten, hatten in ihnen ihre Entsprechung auf dem Lande. Mancher, der bei Rahel Levin und Henriette Hertz verkehrte, war auch in Nennhausen, Kunersdorf oder Madlitz zu Gast.

Daß Blumberg nicht als Beispiel genannt wurde, hängt vielleicht mit seiner Verfrühtheit zusammen. Es war, schon vor 1700, ein Vorläufer der Dichterhöfe und als solcher ein Einzelfall. Der dortige Gutsherr und Dichter wurde von Fontane im »Spreeland« ausführlich behandelt. Es war der Freiherr Friedrich von Canitz, den man häufig als Hofpoeten des Großen Kurfürsten und dessen Nachfolger bezeichnet findet, der aber ein solcher nicht war. Zwar hatte er Hofämter inne und als Außenpolitiker seine Verdienste, aber mit seiner Dichtung hatte das nichts zu tun. Von dieser wußte zu seinen Lebzeiten niemand. Erst nach seinem Tode, 1699, erschien die erste Sammlung seiner Gedichte, aber auch sie trug seinen Namen noch nicht. Fünfzig Jahre lang etwa galten seine Gedichte als Musterbeispiele des aufklärerischen Klassizismus, doch war, als Ewald von Kleist und Lessing auftraten, ihre Zeit vorbei. Der junge Goethe hielt sie für völlig veraltet, und daß Friedrich der Große, der in seinem Pamphlet gegen die junge deutsche Literatur Shakespeare und Goethe schmähte, sie lobte, trug auch nicht gerade zu ihrer Aufwertung bei.

Neben Paul Gerhardt, dem Kirchenlieddichter, war Canitz der erste, der, wie Fontane im »Spreeland« sagte, den Deutschen beweisen konnte, daß die Mark und die Musen nicht völlige Gegensätze seien. Durch einige seiner Gedichte, die die Vorzüge seines Gutes rühmten, wurde das nahe der nordöstlichen Stadtgrenze Berlins gelegene Blumberg für Literaturkenner zum

Musenhöfe

Begriff. Hundert Jahre vor Schmidt von Werneuchen besang Canitz schon die Freuden des Landlebens – eines ruhigen, idyllischen, gelegentlich durch Gäste erheiterten Daseins, das als Gegensatz zur Gefühlskälte und Hektik des Stadt- und Hoflebens begriffen wird.

»In Blumberg ist mein Sitz, da,
    nach der alten Weise,
Mit dem, was Gott beschert, ich
    mich recht glücklich preise,
Da ich aus meinem Sinn die Sorgen
    weggeräumt,
So daß mir nicht von Geitz, noch
    eitler Ehre träumt …
Hier merck ich, daß die Ruh in
    schlechten Hütten wohnt,
Wenn Unglück und Verdruß nicht
    der Palläste schonet;
Daß es viel besser ist, bei Kohl und
    Rüben stehn,
Als in dem Labyrinth des Hofes irre
    gehen.«

Aber Canitz war, wie gesagt, in der Mark nur ein Vorläufer. Mit seiner von Fouqués Autobiographie angeregten Notiz meinte Fontane wohl mehr die Verbindung von Künstlern und märkischem Adel um 1800, die in dieser Häufung tatsächlich auffallend war. Das hing einerseits sicher mit der verbesserten Bildung, auch im Adel, zusammen, andererseits mit dem Aufschwung, den die deutsche Literatur mit Lessing, Wieland, Herder, Goethe und Schiller genommen und damit auch eine Stärkung des Nationalbewußtseins bewirkt hatte. Und möglicherweise wirkte auch Weimar als Beispiel, wo ein Fürstenhof durch Literaten an Ruhm gewann.

    Fontane hatte schon im *Oderland*, im Kapitel »Kunersdorf«, einen solchen, kulturell bestimmten Adelssitz beschrieben und dabei die Fragen der Bildung des Adels auch berührt. Oft erwähnt er die Gymnasiums- und Universitätsausbildung der Adelssöhne, oder er kommt auf die Hofmeister zu sprechen, die oft ausgezeichnete Lehrer waren und dem Intellekt ihrer Zöglinge die Richtung fürs Leben gaben, manchmal auch zur Kunst, zur Literatur, zur Wissenschaft hin. Adlige konnten, abgesehen von einer land-

Literarisches

wirtschaftlichen Betätigung, nur Offiziere oder Beamte werden. Da der Staat gut ausgebildete Diener brauchte, waren schon im 17. Jahrhundert Ausbildungsstätten für Beamte geschaffen worden, und seit den Zeiten des Soldatenkönigs wurde auch an Ritterakademien und Kadettenanstalten Wert auf den nicht-militärischen Teil der Bildung gelegt. Doch auch der Landwirt brauchte gegen Ende des 18. Jahrhunderts, als die Landwirtschaft in der Mark, besonders unter dem Einfluß Albrecht Daniel Thaers, sich modernisierte, eine bessere wissenschaftliche Bildung, so daß nicht zufällig jene Adligen, die sich kulturell engagierten, auch die größeren Erfolge mit den neuen Landbaumethoden hatten und oft schon vor den Preußischen Reformen erkannten, daß die alte fronbäuerliche Gutsverfassung produktionshemmend war.

Kunersdorf (nicht das östlich der Oder, wo 1759 Friedrich der Große verlustreich besiegt wurde, sondern das am Rande des fruchtbaren Oderbruchs gelegene, nicht weit von Wriezen), wo eine geborene von Lestwitz, die sich nach einer ihrer benachbarten Besitzungen Frau von Friedland nannte, sich nach Thaerschen Erkenntnissen ein Mustergut aufgebaut hatte, an dem die Nachbarn modernes Wirtschaften lernen konnten, war auch einer der kulturell wichtigsten Orte der östlichen Mark. Da die Tochter der Gutsherrin, die einen von Itzenplitz geheiratet hatte, sowohl die Musterwirtschaft als auch das gastfreie Haus fortführte, war Kunersdorf über Jahrzehnte hinweg besonders für Künstler und Wissenschaftler ein Anziehungspunkt. Die kulturellen Glanzzeiten Berlins in den Jahrzehnten nach 1800 waren auch die dieser Itzenplitzschen Besitzung. Hier zählten Talent, Originalität und Können, nicht Rang und Stand. Die Namen der Geistes- und Naturwissenschaftler, der Maler, Bildhauer und Literaten, die hier verkehrten, kann man bei Fontane, im *Oderland* nachlesen. Einen aber hat er vergessen, nämlich den Singakademiedirektor und Duz-Freund Goethes, Karl Friedrich Zelter, der im August

Musenhöfe

1821 brieflich aus Kunersdorf nach Weimar berichtete, daß es sich lohne, die Landwirtschaft hier zu studieren, und daß es Freude mache, hier zu Gast zu sein. Man sei nicht fremd und könne sich so ungezwungen wie zu Hause bewegen, ja, wer es wolle, würde nicht eher bemerkt als bei Tische, wo die Ausflüge auf eines der Vorwerke besprochen würden, beispielsweise nach Pritzhagen in der Märkischen Schweiz.

In Kunersdorf war man immer aufgeschlossen für interessante Menschen, welchem Stand sie auch angehörten. Zelter schätzte das sehr, es gab aber Adlige, die das verwunderte oder empörte. Das läßt auch die Schilderung der Gräfin Elise von Bernstorff vermuten, die im Mai 1827 zu Besuch in Kunersdorf weilte, wie Zelter eine Landpartie zum Vorwerk Pritzhagen machte, sich wie dieser dort wohl fühlte, aber doch immer den Unterschied zum Konventionsverhafteten des städtischen Hofadels sah:

»Das geschäftige Treiben in Cunersdorf gefiel mir indessen nicht übel; es beschränkte sich auch keineswegs auf die Verwaltung der weitläufigen Güter, sondern man stand auch in literarischem Verkehr nach allen Seiten hin, und es herrschte viel ländliche Geselligkeit dort … Die Unterredungen umfaßten einen Kreis von Gegenständen und Verhältnissen, in denen ich nicht nur zum großen Theil fremd war, sondern in dem mir auch schwerlich jemals recht behaglich geworden wäre; denn es gehörte dazu ein an Neugierde grenzendes Eindringen in alle privaten und öffentlichen Angelegenheiten, und es erforderte ein rastloses Fortschreiten in der Literatur, in der Politik, in den Verfassungs- und Regierungsangelegenheiten. Der Lektüre widmet die gute Gräfin einen Theil ihrer Nächte; denn ihre Tagesarbeit, die sich auf die Verwaltung der Güterökonomie im Großen und im Kleinen bezieht, beginnt schon um 5 Uhr … Wir unternahmen noch andere Landpartien, bei denen meine gute Gräfin Itzenplitz so sonderbar angezogen war, daß ich mich nicht nur mit

Literarisches

Ängstlichkeit nach den Kindern umsah, ob sie auch Contenance behalten würden, sondern auch die bekannte Anekdote von dem Schäfer verstand, der nach Cunersdorf gesandt wurde, um Schafe einzuhandeln, und der, zurückgekehrt, den ›alten Herrn‹ sehr rühmte und meinte, man könne recht gut mit ihm fertig werden, nur sei es kurios, daß er über den Hosen noch einen Weiberrock trage. Dieser alte, gestiefelte, gerockte, mit einer Kravatte angethane Herr mit den rundabgeschnittenen Haaren und dem Kastorhut auf dem Kopfe – war die Frau Gräfin Itzenplitz wie sie leibte und lebte, und selbst die Reitgerte in der Hand fehlte nicht, obgleich von Reiten nicht die Rede war.«

Diese Kunersdorfer Begegnungen gehörten natürlich in die wärmeren Jahreszeiten. Im Winter traf man sich in der Hauptstadt, wo die wohlhabenderen Adelsfamilien ein Haus oder zumindest eine Wohnung hatten, die von Itzenplitz zum Beispiel in der Brüderstraße, im Hause des Verlegers Friedrich Nicolai.

Dieses, für die Geistesgeschichte Berlins so bedeutende Gebäude blieb im Kriege erhalten; Schloß Kunersdorf aber mit seinen wertvollen Büchern, dem Archiv und den vielen, von Fontane beschriebenen Erinnerungen an die Geschichte Preußens, wurde in den Kämpfen des Frühjahrs 1945 zerstört und später ganz abgetragen. Wo es einst stand, herrscht heute eine gepflegte Leere, die insofern von Ehrfurcht vor dem Gewesenen kündet, als das Areal bisher nicht überbaut wurde, sondern als Erinnerung und Mahnung erhalten blieb. Vom Park Lennés sind nur noch geringe Teile erhalten, und am Schloßteich trauern Weiden der vergangenen Blütezeit nach.

Erhalten blieb aber die von Fontane gerühmte Grabmalsanlage, an der die bedeutendsten Bildhauer der Zeit mitgewirkt haben: Langhans und Schadow, Friedrich Tieck, der einen Entwurf Schinkels ausführte, und Rauch. Einen Gedenkstein hat man in neuerer Zeit für Adelbert von Chamisso errichtet, der hier als Gast der Itzenplitz sei-

Musenhöfe

nen wunderbaren *Peter Schlemihl* verfaßte. Der Brief an seinen Verleger Hitzig, der der Erzählung vorangestellt wurde, ist datiert mit: »Kunersdorf, den 27. Sept. 1813«. Darin ist auch vom Freund Fouqué die Rede, was uns daran erinnern sollte, daß auch eine andere bedeutende Erzählung der Berliner Romantik, die *Undine*, auf einem märkischen Adelssitz geschrieben wurde – womit wir endlich wieder bei Fontanes Notiz über Fouqué und seinen Aufenthalt in Nennhausen angelangt sind.

Dort, in Nennhausen, das man auf der Landkarte im Havelland, östlich von Rathenow findet, konnten die aus Berlin kommenden Gäste bei der Überquerung der weiten Flächen des Havelländischen Luchs zwar eine dem Oderbruch ähnliche Landschaft erleben, aber der Geist, der die Nennhausener Gespräche beherrschte, ähnelte dem von Kunersdorf wenig. Hier waren nicht Wissenschaft, Modernität und Aufklärung vorherrschend, sondern erträumte Geschichte und Poesie. Der innerlich zweigeteilte Chamisso, Gast beider Höfe, den man in Kunersdorf als Botaniker, später wohl auch als weltumsegelnden Forscher schätzte, galt in Nennhausen, wo die Idee zu Peter Schlemihls verlorenem Schatten angeblich geboren wurde, vor allem als Dichter. Statt die Vorteile der Schafzucht und die aktuelle Politik zu bereden, las man sich hier romantische Verse vor. Denn Fouqué konnte sich ganz seinen literarischen Neigungen widmen, weil sein Schwiegervater, der alte Briest (dessen Name mit ihm dann ausstarb, so daß Fontane ihn später für seinen berühmten Roman über Effi Briest nutzen konnte) leitete bis an sein Lebensende die Wirtschaft und belästigte den in höheren Regionen schwebenden Dichter mit praktischen Alltagsanforderungen nicht. Allerdings wurden dafür auch seine Ansprüche beschnitten. Erbrechtlich gesehen war der dichtende Gastgeber selbst nur ein Gast im Haus seiner Frau.

Die Besucher des Dichters und seiner dichtenden Gattin Caroline (geb. von Briest, verw. von Rochow)

Literarisches

waren fast ausschließlich Dichter, die sicher nicht alle des Ehepaars Dichtungen, wohl aber deren Freundschaft, Hilfsbereitschaft und Gastlichkeit schätzen konnten, auch wenn ihr Blick auf die Welt ein ganz anderer als der des frommen, versponnenen und redlichen Vergangenheitsträumers war. Der in seiner Mittelalterschwärmerei unbeirrbar edle Ritter, für den Fontane, wie die Notizen zur Fouquéschen Autobiographie vermuten lassen, doch mehr übrig hatte, als man vermuten sollte, ließ sich seine Freundschaften nie durch andre politische oder religiöse Ansichten trüben. Zerwürfnisse, die nach 1815 oft eintraten, kamen nicht von ihm. Die Glanzzeit Nennhausens, in der Varnhagen, Wilhelm von Humboldt, Bernhardi, die Brüder Tieck und E.T.A. Hoffmann zu Gast bei ihm waren, viele Stunden mit Vorlesen verbrachten oder Spaziergänge durch den Park und den anschließenden Wald bis hin zum Gräninger See unternahmen, begann 1804, als der durch Scheidung arm gewordene Baron die Briest-Erbin Caroline geheiratet hatte, und sie endete 1832 mit dem Tod derselben, deren Söhne aus erster Ehe die Erben waren, nicht er. Was Fontanes Notiz »Aufenthalt in Nennhausen« nennt, dauerte also achtundzwanzig Jahre lang.

Heute ist das Herrenhaus von Nennhausen, das man 1860 gotisierend überbaut hatte und 1985 ausbrennen ließ, eine traurige Hülse, der hoffentlich bald der neue Besitzer wieder Gestalt geben wird. Der Park ist verwildert, und der »Pappelbaum«, den Chamisso 1824 im Gedicht verewigte (»Hegst die Zeichen, trauter Baum/In der hartgewordenen Rinde«), nicht mehr an seinem Platz.

Während es in Nennhausen schwerfällt, sich die Gestalten aus romantischer Zeit in die Überreste hineinzudenken, bietet sich das beim Anblick des restaurierten, gepflegten und von Künstlern belebten Wiepersdorf geradezu an. Nur hier und in Humboldts Schlößchen Tegel sieht es heute noch so aus, wie man sich Musen- oder Dichterhöfe vorstellt. In Wiepersdorf liegen der

Musenhöfe

Park, der Teich, die Orangerie, die barocken Sandsteinfiguren, das Schloß, die Kirche, und die Gräber des Dichterehepaares Bettina und Achim von Arnim so harmonisch beieinander, daß man die beiden im Kreise ihrer Freunde, die so glanzvolle Namen wie Clemens Brentano, Savigny und die Brüder Grimm führten, zu sehen meint. Hier scheint Tradition sich in Schönheit erhalten zu haben, doch täuscht diese Pracht etwas vor, was es nie gab.

Denn erstens stammen Schloß, Kirche und Park in ihren heutigen Formen von einem Enkel des Paares aus der zweiten Hälfte des 19. Jahrhunderts, und zweitens haben die gedachten Geselligkeiten nie stattgefunden; dazu boten die Sorgen und Nöte des Alltags mit sieben Geburten und die seltsame Lebensweise des treuen, aber meist getrennt lebenden Paares nie Zeit und Gelegenheit. Während Bettina, die nach einem mißglückten Versuch, in dem damals noch kleineren und primitiveren Hause als Landfrau zu leben, ihren Wohnsitz bald nach Berlin verlegte und dort die bessere Gesellschaft mit ihrer unkonventionellen Art belebte und schockierte, versuchte ihr Mann, der das praktische Tätigsein und, bei aller Liebe zu Frau und Kindern, auch das Alleinsein liebte, mit harter Arbeit das stark verschuldete Gut für sich und seine Kinder zu retten, was auch gelang. Bis 1945 blieb Wiepersdorf Arnimscher Besitz.

Wenn sich auch einzelne Freunde manchmal, sehr selten, nach dem südlich von Berlin, zwischen Jüterbog und Dahme gelegenen Wiepersdorf verirrten, wie Wilhelm Grimm zum Beispiel, der 1816 in einem Brief an den Bruder das dortige anstrengende Landleben schilderte, so war doch von geistigem Austausch nicht die Rede und von Musen nur insofern, als Achim von Arnim trotz der vielen praktischen Gutsherrensorgen in seiner Einsamkeit auch als Dichter tätig war.

Diese nicht alltägliche, aber erstaunlich haltbare, vielleicht durch das Getrenntsein begünstigte Ehe dauerte neunzehn Jahre, von 1811

Literarisches

bis 1830; dann wurde sie durch den frühen Tod Achims beendet – worauf Bettinas Laufbahn als Autorin begann. Jetzt lernte auch sie mit wachsendem Alter die Vorteile des abseitigen Lebens zu schätzen und zog sich vor der Gesellschaft, die sie sonst immer gesucht hatte, zeitweilig nach Wiepersdorf oder in das benachbarte Bärwalde zurück. Ihren ständigen Wohnsitz in Berlin aber behielt sie, starb schließlich auch dort, 1859, und wurde nach Wiepersdorf überführt. Ihr Grab und das ihres Mannes sind wohlerhalten. Seit den Umbauten ihres Enkels, auch eines Achim von Arnim, liegen sie in einer Umgebung von Pracht und Reichtum, die dem, was sie im Leben hatten, in keiner Weise entspricht.

Was in Fontanes Notiz mit den Ortsnamen Reitwein, Nedlitz und Ziebungen bezeichnet wurde, eigentlich aber Ziebingen und Madlitz hätte heißen sollen, war über zwei Jahrzehnte hin eine Pflegestätte der Künste im eigentlichen Sinne, und der Mäzen hieß Graf Finck von Finckenstein. Obwohl er in den *Wanderungen* nicht oder doch nur ganz nebenbei als Erwähnung vorkommt, kennen Fontane-Leser ihn aus dem Roman *Vor dem Sturm*, wo er, schwach nur getarnt, als Graf Drosselstein auftaucht, während der von ihm geförderte romantische Dichter an anderer Stelle unter seinem wahren Namen, Ludwig Tieck nämlich, erscheint.

Die Reichsgrafen von Finckenstein, die aus Ostpreußen stammten, am preußischen Königshof in hohen Staatsämtern saßen und seit 1751 auch in der östlichen Mark begütert waren, haben sich, obwohl ihre Verdienste vor allem politische und militärische waren, durch einen von ihnen, den Grafen Friedrich Ludwig Karl, der von 1745 bis 1818 lebte, einen würdigen Platz auch in der Kunst- und Literaturgeschichte der Mark verdient. Dieser Finckenstein nämlich, den Friedrich der Große im Verlauf des sogenannten Müller-Arnold-Prozesses 1779 ungerechtfertigt als Regierungspräsident der Neumark abgesetzt hatte und der trotz Rehabilitierung unter Friedrichs Nach-

Musenhöfe

folgern nicht nach Ämtern strebte, sondern sich seinen Gütern und seinen künstlerischen Interessen widmete, betätigte sich nicht nur als Parkgestalter und Übersetzer altgriechischer Lyrik, sondern auch als Mäzen.

Er brachte Ludwig Tieck, der von der Schriftstellerei nicht hätte leben können, mit seiner Familie achtzehn Jahre lang in Ziebingen unter und ließ sich von ihm für Shakespeare und die mittelhochdeutsche Dichtung begeistern. Er erarbeitete und edierte eine kritische Ausgabe von Ewald von Kleists großem Gedicht »Frühling« und ließ für diesen Dichter in seinem herrlichen Landschaftspark eine Ehrenpforte errichten. Er holte den genialen Architekten und Formgestalter Hans Christian Genelli, der Schloß Ziebingen für ihn im klassizistischen Stil umgebaut hatte, nach Madlitz, wo er sorgenfrei bis zu seinem Tode lebte. Der Schütz-Lacrimas genannte Dichter Wilhelm von Schütz lebte jahrelang in Madlitz und heiratete eine der Töchter. Der Graf komponierte und musizierte mit seinen zehn Kindern, sang mit ihnen Gluck und Palestrina, und da so viel Kultur und so viele Berühmtheiten andere Berühmtheiten, wie die Humboldts, Schleiermacher, den Philosophen Solger, den Maler Runge, Clemens Brentano und den jungen Eichendorff, anzogen, wurden die Finckensteinschen Besitzungen zeitweilig zu einer Art Zentrum der Berliner Romantik – und natürlich auch zum Gegenstand des Klatsches, bis nach Jena und Weimar hin.

Denn die gebildeten und kunstliebenden Töchter und Söhne des für alles Kulturelle aufgeschlossenen, politisch aber konservativen Grafen, die mit den Ideen der bürgerlichen Intelligenz aufwuchsen, gerieten bei Liebschaften oft in Konflikt mit den Standespflichten, besonders die älteren unter ihnen, wie der Sohn und Erbe, Graf Karl, der Rahel Levin liebte und sie enttäuschen mußte, wie Caroline, die ohne Heirat mit Genelli lebte, und Henriette, die ihren geliebten, aber leider schon verheirateten Ludwig Tieck nie verließ.

Literarisches

Das wiederhergestellte Herrenhaus der Grafen von Finckenstein in Alt-Madlitz, von der Einfahrt her gesehen. Wie auf den meisten alten Bildern verschwindet auch auf diesem Foto der Anbau rechts hinter Bäumen und Büschen. Das Haus wird heute privat genutzt, der große Landschaftspark aber ist öffentlich zugänglich.

Etwas von dem Zauber dieser Jahre ist in einigen von Tiecks Erzählungen und in den Gesprächen seines damals entstandenen *Phantasus* aufbewahrt worden. In Ziebingen, das östlich der Oder liegt, heute also zu Polen gehört und Cybinka heißt, sind Erinnerungen daran nicht mehr zu finden; denn der Schloßbau Genellis, in dessen rundgeformtem Musik- und Theatersaal Tieck seine Zuhörer mit Vorlesungen entzückte, ist nach einem Brand in den siebziger Jahren nicht mehr vorhanden. In Madlitz dagegen, heute Alt Madlitz, wo der Krieg wenig zerstört hatte, man in den Jahren danach aber vieles hatte verkommen lassen, ist mit dem Rückkauf des Besitzes durch den 1945 vertriebenen Grafen, die Restaurierung des schlichten, aber harmonisch wirkenden Schlosses und die Wiederherstellung des großen Landschaftsparks ein Ort wiedererstanden, der insgesamt ein Denkmal für diese wichtige Epoche der Kulturgeschichte Brandenburgs ist.

Um aber noch einmal auf den Klatsch zurückzukommen: der lebte in Berlin auch noch zu Fontanes Zeiten, wovon eine weitere, nie ausgeführte *Wanderungs*-Vorarbeit zeugt. Diese entstand schon drei Jahre vor den Fouqué-Notizen, also 1861, als Fontane für den zweiten Band der *Wanderungen*, also das *Oderland*, arbeitete und auf seinen Erkundungsfahrten Ziebingen auch berührte; doch existiert ein Bericht darüber in seinen Reisenotizbüchern nicht. Die Vorarbeiten galten dem geplanten und dann aufgegebenen Ziebingen-Madlitz-Kapitel, aber sie geben nur wieder, was Fontane von Tiecks Neffen Wilhelm Bernhardi, der zu den Mitgliedern des Literaten-Vereins »Tunnel über der Spree« gehörte, erfahren hatte, und das waren nur private Interna der Tieck-Geschwister, die, vom »Sittlichkeitsstandpunkt« gesehen, nicht gut wegkommen dabei. Die Geschichte von dem vermißten Schmuckstück der Grafentochter Henriette, das schließlich in Tiecks Bett gefunden wurde, oder die Scheidungsaffäre von Tiecks Schwester Sophie

Literarisches

Bernhardi, in die fast die gesamte literarische und philosophische Prominenz Berlins verwickelt wurde, würde sich hier zwar sehr lustig erzählen lassen, aber die Anmerkung doch zu sehr ausweiten, vom Literarischen weg.

Näher am Thema sind wir jedoch wieder, wenn wir eine Briefstelle Fontanes zitieren, aus der man ersieht, daß man im Mai 1862 mit dem Begriff Tieck-Finckenstein noch etwas verbinden konnte, wenigstens dann, wenn man so alt war wie die Adressatin, das Fräulein von Rohr. Fontane schreibt da nämlich, dabei auf Tiecks Beschäftigung mit der alt-spanischen Literatur und mit Shakespeare anspielend, er sei in Madlitz gewesen, »wo, ebenso wie in Ziebingen, der Sommernachtstraum, die phantastische spanische Komödie Tieck-Finckenstein in vielen Akten aufgeführt worden ist. Das Rauschen im Park erzählt noch davon.«

In seinem ersten Roman, *Vor dem Sturm*, findet am Weihnachtstag 1812 im Pfarrhaus des Oderbruch-Dorfes Hohen-Vietz ein Gespräch über zeitgenössische Lyrik statt, das sich ganz im lokalen Rahmen des östlichen Brandenburg hält. Es bilden sich zwei Parteien, die »lebusische« und die »niederbarnimsche«, wobei die erste für Madlitz und Ziebingen und die »aristokratisch-romantische« Richtung, und die andere für das »Derb-Realistische« des Pastors Schmidt von Werneuchen steht. Da es Fontane mehr darauf ankommt, das Werk des vergessenen oder doch unterschätzten Pastors im Für und Wider zu charakterisieren, bleibt der Streit ohne Ergebnis. Doch glaubt man zu spüren, daß die Sympathien Fontanes mehr bei dem niederbarnimschen Realismus liegen und nicht bei dem beiläufig zitierten »weißen königlichen Zelter« und den »Kreuzzugsjahrhunderten, die drüben bei den Ziebinger Freunden fast nur noch Geltung haben«, sondern bei dem an Haus und Hof gebundenen Pastor, der, »so unromantisch wie möglich«, »ganz Gegenwart, ganz Genre, ganz Mark« gewesen sei.

Wie es scheint, hatte Tieck für

Musenhöfe

198 Die schattigen Alleen gehören zu Brandenburgs wertvollsten Schätzen. Solche Spaliere alter Bäume findet man nicht nur an festen Straßen, sondern manchmal auch an Feldwegen, vor allem an solchen, die auf alte Rittergüter zuliefen. Mit dem Auto freilich macht man solche Entdeckungen nicht.

Fontane nur eine geringe Bedeutung, und zwar sowohl der Romantiker, dem er, wie deutlich aus *Vor dem Sturm* hervorgeht, Novalis bei weitem vorzog, als auch der alte Tieck, dessen ausgedehntes, eher realistisch zu nennendes Prosawerk Fontane wohl kaum zur Kenntnis genommen hat. Wenn Tieck, selten genug, in Essays und Briefen erwähnt oder in der frühen Erzählung *Zwei Post-Stationen* mit der bekannten »Mondbeglänzten Zaubernacht« zitiert wird, dann entweder der romantische junge Dichter, oder aber, nicht als Autor, sondern als Anekdotenfigur, der berühmte Alte, der, dem Ruf Friedrich Wilhelms IV. folgend, für sein letztes Lebensjahrzehnt wieder in seine Geburtsstadt zurückgekehrt war. Zum Beispiel legt Fontane seine mehrmals geäußerte Weisheit, daß die Leistung, einen dreibändigen Roman geschrieben zu haben, Anerkennung verdiene, auch wenn er nichts tauge, dem alten Tieck in den Mund.

Tieck starb erst 1853. Fontane hätte ihn also persönlich kennen können, doch hatte er offensichtlich

Musenhöfe

kein Interesse daran. Als er sich, noch als Apotheker, 1842 in Dresden aufhielt, wo Tieck damals hochgeehrt residierte, hatte er in seinen Briefen nur die Bemerkung übrig, daß er sich damit begnügt hätte, statt des Dichters ein ehemaliges Dienstmädchen von ihm kennenzulernen. Für den jungen Lyriker Fontane waren Tiecks Zeiten schon lange vorüber, und auch der alte Fontane hatte für Tiecks Romantik nichts übrig. In seiner Autobiographie *Von Zwanzig bis Dreißig* spricht er von »jener schrecklichen Ironie, die zur Tieck-Schlegel-Zeit den ganzen Ton bestimmt hatte«, und die er für ungerechtfertigt hochfahrend hielt. In seinem Scherenberg-Buch, in dem so viele unbedeutende Literaten Berlins vorkommen, ist von Tieck gar nicht die Rede. Besonders deutlich aber wird seine Ablehnung in den *Wanderungs*-Jahren, wenn er in seinen Notizen für das nie zustande gekommene Kapitel über Madlitz und Ziebingen sich an die Erzählungen des Tieck-Neffen Bernhardi über des Dichters und seiner Schwester Fähigkeiten erinnert, auf Kosten anderer auf großem Fuße zu leben. Zwar hütet er sich davor, den von ihm verachteten »höheren Sittlichkeitsgaul zu reiten«, doch drückt sich in Worten wie »Bummelcorps« und »Rasselbande« nicht gerade Hochachtung aus.

Daß sich Fontane für einen in Berlin geborenen preußischen Dichter, der sich noch an den zur Parade reitenden großen König erinnern konnte und fast zwei Jahrzehnte auf einem märkischen Adelssitz lebte, so gar nicht begeistern konnte, ist wohl nur damit zu erklären, daß Tieck weder der Landschaft noch der Geschichte der Mark besondere Beachtung schenkte, sich vielmehr in altdeutsche Sagenwelten und schroffe Felsenregionen träumte und daß er in Charakter, Stoffwahl und Machart so ganz und gar unpreußisch war. In *Vor dem Sturm* wird im Kapitel »Kirch-Göritz« vor dem Besuch bei einem Vertreter der romantischen Schule ausführlich über »Art und Unart« des Tieck-Schlegel-Kreises geredet, ihm vorgeworfen, daß er nur sich

Literarisches

selbst kenne und vom kategorischen Imperativ und von Pflichten für andere nichts wissen wolle. Dort wird auch zur Charakterisierung der ganzen Frühromantik die schöne Formulierung gefunden: sie habe das Verbindliche »aller Leute, die ihren ethischen Bedarf aus dem ästhetischen Fonds bestreiten« – was aus preußischem Munde doch wohl ein verdammendes Urteil ist.

Unwahrscheinlich ist aber, daß diese Reserviertheit Tieck gegenüber dazu geführt haben sollte, das Madlitz-Kapitel nicht auszuführen; denn mit Finckenstein hätte Fontane doch einen gehabt, der seinem Geschmack ganz entsprach. Der Vater und Großvater des Grafen hatten hohe und wichtige Posten im klassischen Preußen bekleidet, er selbst war unter Friedrich dem Großen in den bekannten Müller-Arnold-Prozeß verwickelt gewesen und hatte später im Streit mit Hardenberg um die Reformen an der Seite des von Fontane geliebten Marwitz gestanden, so daß es keinen Mangel an erzählbaren Geschichten gegeben hätte, nach denen Fontane stets auf der Suche war. Finckenstein hätte, wie Marwitz oder Knesebeck, ein Glanzstück der *Wanderungen* werden können. Sein Interesse muß dieser musisch gebildete und kulturhistorisch bedeutsame Mann schon erregt haben, sonst hätte er ihn nicht, unter dem Namen Drosselstein, in seinen Roman *Vor dem Sturm* eingefügt.

Von Aversionen Fontanes gegen Fouqué, dessen *Undine* er Anregungen für seine Melusinen-Gestalt verdankte, ist in den Aufzeichnungen so wenig wie anderswo etwas zu spüren, und doch fehlt sein Kapitel in den *Wanderungen*, wie auch das über Wiepersdorf und Achim von Arnim, so daß, was doch verwundert, die drei wichtigsten, unmittelbar mit der Mark verbundenen Dichter in den *Wanderungen* keine Würdigung finden – ein Schicksal, das sie mit dem sie alle überragenden Heinrich von Kleist aus Frankfurt an der Oder teilen – doch ist die Beziehung Fontanes zu Kleist ein Thema, das eine gesonderte Behandlung verdient.

Musenhöfe

Eine Antwort darauf, warum diesen drei wichtigen romantischen Dichtern in den *Wanderungen* kein Platz eingeräumt wurde, wird sich niemals mit Sicherheit geben lassen; Vermutungen sind aber erlaubt. Wir wollen sie auf dem Umweg über die noch fehlenden Anmerkungen versuchen; denn die Kommentierung des zweiten Teils der Notizen über die Dichterhöfe steht ja noch aus.

Dieser zweite Teil, wie ich wiederholen will, lautet: »Lauter Dichterhöfe. Parallelen mit jetzt, wo dergleichen gar nicht existiert. Alles ist ernst, real, politisch, und es ist besser so.«

Jetzt – das war das Jahr 1864, ein halbes Jahrhundert nach den Stein-Hardenbergschen Reformen, die die Bauern befreit, die Gutsherren zu Unternehmern und Bürgerliche zu Gutsherren gemacht hatten, trotz hinhaltenden adligen Widerstands. Jetzt – das hieß aber auch auf den fünfundvierzig Jahre alten Fontane bezogen, sechzehn Jahre nach seiner Revolutionsbegeisterung, im vierten Jahr seiner Tätigkeit an der Kreuzzeitung, dem Blatt der adligen Konservativen, für deren Partei er bei den Wahlen zwei Jahre zuvor sogar, freilich erfolglos, kandidiert hatte, und im fünften Jahr der Arbeit an den *Wanderungen*, denen man seinen Konservatismus ansehen kann. Sie waren nicht, wie ein liberaler Kritiker meinte, ein Auftragswerk der Kreuzzeitungspartei gewesen; aber wenn sie es gewesen wären, hätten sie viel anders nicht ausgesehen. Sie waren zu großen Teilen rückwärtsgewandte Reportagen, Erzählungen, Beschreibungen und Plaudereien, die durch Vergangenheitsverklärung zur preußischen Traditionsbildung beitrugen, indem sie Landschaften und Orte mit historischen Ereignissen und Personen zusammenbrachten. Durch Bewußtmachung ihrer Geschichte werteten sie die Mark Brandenburg auf.

Selbstverständlich stand diese konservative Grundhaltung dem Preußen des 18. Jahrhunderts mit seinen stabilen Feudalstrukturen näher als den Jahren der Krise und

Literarisches

Neuordnung um 1800, als unter dem Einfluß der Französischen Revolution und Napoleons das alte System zerfiel oder reformiert werden mußte, was den konservativen Interessen natürlich zuwiderlief. In diese Krisenzeit aber gehören die Dichter- und Musenhöfe, die, wie es scheint, eine Folge derselben waren, weil es Umbruchszeiten waren, und zwar sowohl für den Adel, der mit dem sich anbahnenden Verlust seiner führenden Positionen und dem Fragwürdigwerden vertrauter Pflichten nach neuen Orientierungen suchen mußte, als auch für den bürgerlichen Intellektuellen, der zwar das geistige Leben schon weitgehend bestimmte, aber noch keinen gesicherten Platz in der Gesellschaft hatte, also noch des Schutzes bedürftig war. Es war ein gegenseitiges Nehmen und Geben, das die für das Deutschland des 19. Jahrhunderts typische konfliktreiche Vermischung von bürgerlich-liberaler Entwicklung und allmählich sich abschwächender Machterhaltung des Adels vorbereiten half.

Die Notiz: »Parallelen zu jetzt, wo dergleichen gar nicht existiert« zeigt, daß Fontane um die zeitliche Begrenzung des Phänomens der Dichterhöfe wußte, und wenn er fortfährt, »und es ist besser so«, beweist das sein auf den Adel bezogenes Denken, das sich diesen »ernst, real, politisch«, nicht aber schöngeistig wünscht.

Beim Nachdenken über diese kleine Notiz und andere nicht realisierte Pläne kann man entdecken, daß, verglichen mit anderen Perioden der brandenburgisch-preußischen Geschichte, die Zeit der Reformen und der Befreiungskriege in den *Wanderungen* relativ wenig Beachtung findet, was sicher auch mit der Reformfeindlichkeit der konservativen Kreise, in denen sich Fontane in diesen Jahren vorwiegend bewegte, zusammenhängt.

Deutlicher noch als in den *Wanderungen* kommt die Unlust Fontanes, sich der Reformproblematik zu widmen, in dem Roman *Vor dem Sturm* zum Ausdruck, der im Winter 1812–13, also in der Reformzeit, spielt. Auch an den Bestrebungen, die Königin Luise zu einer Art

Musenhöfe

Gottesmutter der Preußen zu machen, hat Fontane sich nicht beteiligt, sich vielmehr (im Gransee-Kapitel) mit der Bemerkung: das Ansehen der Königin habe mehr als unter den Angriffen ihrer Verleumder unter der Phrasenhaftigkeit ihrer Verherrlicher zu leiden, dagegen gewehrt. Obwohl zwei seiner Romane in dieser Zeit spielen, war es nicht die, die er mochte. Seine Liebe gehörte von Anfang bis Ende, aller politischen Meinungsänderungen ungeachtet und diese überdauernd, dem Preußen des Soldatenkönigs und des Alten Fritzen. »Die Fridericus-Rex-Leute, die haben alle Herz und Verstand auf dem rechten Fleck«, so heißt es noch im *Stechlin*.

Um aber auf die in den *Wanderungen* von mir vermißten Dichter zurückzukommen, so glaube ich, daß ihr Fehlen zwar mit Fontanes zeitweiligem Konservatismus zu tun hatte, nicht aber etwa in der Weise, daß die drei ihm politisch zu fortschrittlich gewesen wären, denn das waren sie nicht. Tieck war unpolitisch, Arnim auf adlige Weise vernünftig und Fouqué so konservativ, wie kaum ein anderer Dichter je war. Nein, es waren nicht die politischen Ansichten, eher schon die Dichtungen, vor allem aber die Zeitereignisse, die ihm nicht behagten, vielleicht weil sie noch so nah waren, in seine Lebenszeit noch hineinragten und weil das politische Für und Wider von damals in seiner Gegenwart noch rumorte so wie in unserer die Hitlerjahre oder die ostdeutsche Bodenreform. Vielleicht spielte bei seiner Abstinenz der Reformzeit gegenüber auch eine Rolle, daß er zum Erhalt seiner Familie die Vorabdrucke in den dem konservativen Adel nahestehenden Blättern wie der Kreuzzeitung und dem *Wochenblatt der Johanniter-Ordens-Ballei Brandenburg* brauchte und deshalb Themen, die dort nicht genehm waren, scheute. Stärker als dieser Anpassungszwang wirkte aber wohl seine literarische Motivation.

Er wollte mit seinen *Wanderungen* die in Deutschland noch weitgehend wegen ihrer Armut und Reizlosigkeit gering geachtete Mark

Literarisches

Brandenburg aufwerten, und dazu diente ihm vor allem die preußische Geschichte. Die angebliche Öde der Landschaft machte er interessant durch historische Helden. Die *Wanderungen* sind ein Werk der Verklärung, und dazu eigneten sich nur jene Vergangenheitsteile, die im Parteienstreit seiner Gegenwart keine Rolle mehr spielten, die also schon zu Historie geronnen waren. Die Stein-Hardenbergschen Reformen aber erregten noch die Gemüter zu diesen Zeiten, und die Tieck und Fouqué, die beide ihre letzten Lebensjahre in Berlin verbrachten, hatte man noch persönlich erlebt.

Als Fontane im Vorwort zu den *Wanderungen*, wo er den durch die Mark Reisenden Ratschläge erteilte, auch seine Verklärungsmethode erläuterte, wählte er bezeichnenderweise Beispiele, die schon 150 bis 200 Jahre zurücklagen. Da spricht er von einer »wunderbaren Beleuchtung«, mit der Geschichte auch die langweiligsten Sandhügel erhellen könnte, und man fragt sich, ob es nicht vielleicht eine ähnliche Beleuchtung ist, die auch seine realistischen Romane verzaubert, so daß wir durch sie in eine andere Stimmung geraten, als sie zum Beispiel die etwa gleichzeitig geschriebenen realistischen Romane Zolas in uns erzeugen, und ob nicht vielleicht auch die »Idealität«, die der Theaterkritiker Fontane von guten Stücken fordert, mit dieser Wunderlampe der Kunst etwas zu tun haben könnte. Das alles sind gesonderte, doch irgendwie auch zusammenhängende und für heutiges Kunstverständnis nicht unwesentliche Fragen, zu deren Erörterung in ausschweifenden Anmerkungen vielleicht später einmal Gelegenheit ist.

ALTERSBETRACHTUNGEN ÜBER DEN ALTEN FONTANE

Fontane-Lektüre hat mich in meinem langen Leseleben, über das resümierend und kritisch nachzudenken ich mir früh angewöhnt hatte, von Kindesbeinen an bis ins Alter begleitet, und zwar in einem ruhigen Gleichmaß, in dem sich die Wertung einzelner Werke zwar ändern, aber nie zu Abwehr oder Überdruß führen konnte, dem aber auch jene Momente überströmender Begeisterung fehlten, in denen man meint, daß mit diesem oder jenem Werk eine neue Epoche eignen Fühlens und Denkens beginnt. Die Wirkung dieser Lektüre glich also etwa jener, die, nach Fontanes Ansicht, die Mark Brandenburg auf den Betrachter ausübt, weil sie statt Gletscher und Meeresstürme nur sandige Hügel und Feldsteinkirchen, die sich in Dorfteichen spiegeln, als Sehenswürdigkeit bietet, und weil sie weder Heilige noch Ketzerverbrenner hervorgebracht hat.

Andere Autoren, die für mich wichtig waren, gehörten vorwiegend oder auch ausschließlich in bestimmte Lebensabschnitte, wie

Karl May in ein paar Kinderjahre, Hölderlin zum Siebzehnjährigen oder Thomas Wolfe in die schriftstellerischen Anfänge. Fontane aber war stets gegenwärtig – was man zwar auch von Thomas Mann und Jean Paul sagen könnte, doch begann deren Lektüre noch nicht so früh. Auch gehörten sie in die Reihe derer, die von mir in jüngeren Jahren mit dem Verlangen nach Selbstbestätigung und Selbstspiegelung gelesen wurden, also als Lebenshilfe bei der Suche nach einem eigenständigen Ich. Fontane zu lesen aber war anders. Er bot keinen Blick nach innen, sondern einen nach außen, auf die Welt und die anderen, und zwar einen skeptischen und kritischen, aber dabei auch freundlichen Blick.

Da ich noch zu den beneidenswerten Jahrgängen gehöre, die in der Schule zum Auswendiglernen von langen Gedichten gezwungen wurden, waren es die Balladen, durch die ich zuerst mit Fontane bekannt wurde, und zwar gleich mit dem alten, den man nach Thomas Manns Rezension der Briefe von 1910 den »eigentlichen« Fontane zu nennen liebt. Denn meine ersten Fontane-Zeilen mit acht oder neun Jahren hießen:

»Der Herr von Ribbeck auf Ribbeck
  im Havelland,
Ein Birnbaum in seinem Garten
  stand«,

und sie wurden 1889, neun Jahre vor seinem Tode, zur Zeit der Meisterromane und der kritischen Briefe geschrieben, von einem alten Fontane also, den manche Interpreten auf Briefzitate wie: »Alles Interesse ruht beim vierten Stand«, oder »Über unsern Adel muß hinweggegangen werden« zu reduzieren versuchen, und der doch sein Ribbeck-Gedicht mit den Zeilen hat enden lassen:

»So spendet Segen noch immer die
  Hand
des Herrn von Ribbeck auf Ribbeck
  im Havelland«.

Auch die anderen auswendig gelernten Balladen, die meine wenig angenehme Schulzeit verschönten, später schlaflose Nächte kürzten

Über den alten Fontane

und bücherlose Lebensabschnitte ertragen halfen, stammten meist vom alten Fontane; denn die Preußenlieder seiner frühen Jahre über Seydlitz, den Alten Dessauer und Zieten gehörten nicht zu ihnen und folglich auch nicht zu dem Reservoir von Zeilen, Reimen und Rhythmen, die sich oft ungerufen ins Bewußtsein oder auch in Formulierungsbemühungen drängen und, wie Melodien, die sich mit Erinnerungen verbinden, beglücken können oder auch schaudern machen:

»John Maynard war unser Steuermann,
Aus hielt er, bis er das Ufer gewann«

»Wann treffen wir drei wieder zusamm'?
Um die siebente Stund', am Brückendamm.«

»Schwedische Heide, Novembertag,
Der Nebel grau am Boden lag«

»Der Weg war steil, und die Sonne stach,
Und sein Panzerhemd war schwer«

»Und wieder Monde. Grau-Herbstestag
Liegt über Sund und Meer«

»Jan Bart verneigt sich: ›Majestät, Was klug und recht ist, kommt nie zu spät‹«

»Und das Schiffsvolk jubelt: Halt aus! Hallo!
Und noch zehn Minuten bis Buffalo« – –

Als Kind um John Maynard zu bangen und mit Gorm Grimme um den Toten von Brömsebromoor zu trauern, hieß nicht nur den inneren Erlebnisbereich zu erweitern, sondern auch einen Vorrat an sprachlich Geformtem sich anzueignen, wie Fontane ihn vor allem an Schiller besessen hatte; und die Freude daran verlangte nach mehr. Dabei stieß ich auf die Romane, die mich vorläufig noch enttäuschten, während die Alterslyrik mich kaum erwachsen Gewordenen bereits entzückte; nicht, weil sie meinem Lebensgefühl entsprochen hätte, das vielmehr nach Versen wie: »Ist nicht heilig mein Herz, schöneren

Literarisches

Lebens voll, seit ich liebe?« verlangte, sondern weil sie in ihrer resignativen, ironischen und auch heiteren Weise eine ganz andere Gefühlswelt als die vertraute hölderlinsche oder rilkesche sehen lehrte, eine Welt, in der nicht ein Gott den sensiblen Knaben vor »dem Geschrei und der Rute der Menschen« rettet, sondern die Einsicht, daß es auch die Möglichkeit gibt, das ewige Lirum-Larum des eitlen Jagens nach Glück und Reichtum einfach nicht mitzumachen – eine Möglichkeit, zu der ein weiser Chinese, auf einem Hofball gefragt, wie man dergleichen in China nenne, die richtigen Worte findet:

»Wir nennen es tanzen, sprach er
  mit Lachen,
Aber wir lassen es andere
  machen.«

In dieser Zeit, es war kurz nach dem Kriege, und ich Zwanzigjähriger wirkte gewissenhaft, aber mit wenig Wissen, im Havelland als Dorfschullehrer, fiel mir eine schmale Auswahlausgabe der *Wanderungen durch die Mark Brandenburg* in die Hände, die ich eigentlich nur las, um im Heimatkundeunterricht vor meinen Schülern bestehen zu können; doch wurde daraus eine Beschäftigung, die bis heute kein Ende gefunden hat.

Anfänglich waren es wohl vor allem die Schilderungen mir bekannter Orte, Landschaften und Bauten, die mich an den *Wanderungen* fesselten und nach und nach auch den Zugang zu den Romanen erleichterten. Es glich einer Entdeckung, die Dahme bei Hankels Ablage oder Schloß Wusterhausen, die man aus der Anschauung kannte, als sprachliches Gebilde, und damit ganz anders, wiederzufinden. Es war vergnüglich, sich klarzumachen, warum dieses Detail erwähnt und jenes mißachtet wurde, warum eine Passage, die nach reiner Beschreibung aussah, doch Stimmung erzeugte, weshalb historisches Wissen die Blicke auch für Gegenwärtiges schärft.

Es war also das Vertraute, das zur Lektüre verlockte, und insofern ähnelte es doch der Leseverführung durch andere in jungen Jahren

Über den alten Fontane

Eine Schafherde auf Stoppelfeldern, ein mit Bäumen bestandener Weg, in der Ferne ein wenig Wald – so zeigen sich im Herbst die landwirtschaftlich genutzten Hochebenen mit ihren mageren Böden. Nur in den Niederungen von Flüssen und Seenketten gibt es üppigeren Pflanzenwuchs.

gelesene Autoren, die die Probleme beschrieben, die ich zu haben meinte. Fand ich bei ihnen meine Seelenschmerzen, meine Gedanken und Gefühle wieder, so bei Fontane die mir vertraute Umgebung, Stralau und das Eierhäuschen oder die Behrenstraße, wo zu Zeiten des Regiments Gensdarmes die Damen Carayon wohnten, später aber die Arbeitsstelle meines Vaters war. Und in jedem Fall änderte sich das Beschriebene durch die Lektüre, so daß ebenso wie durch andere Autoren meine wirren Gefühle, durch Fontane das Ländchen Friesack, die Georgenstraße oder die »stillen Tiergartenpfade« (»bei Königin Luise trifft man sich grade«) nach dem Lesen anders waren. Sie hatten hinzugewonnen, manchmal an Ordnung, manchmal an Schönheit, auf jeden Fall aber an Bedeutung und Geschichtsträchtigkeit.

Fontanes Vorliebe für alles Historische, besonders für das zur Anekdote Gewordene, kam zwar meinen Interessen entgegen, dämpfte aber auch vorerst meine Lesefreude, da bei meinem Mangel an einschlägigem historischen Wissen das Lesen der *Wanderungen*, die ja vorwiegend in die Vergangenheit führen, und auch der erzählenden Werke, die teilweise historische Stoffe haben und auch in den Zeitromanen gesprächsweise Historisches anklingen lassen, mehr eine Art Lernen war. Es war, wie ich heute finde, eine Vorstufe des Fontane-Lesens, Vorstufe im Sinne eines kunstverständigen, also genußreichen Lesens, das auch die Feinheiten des Erzählens erkennt. So wie der Reisende, nach Fontane, nur sieht, was er weiß, so kann zwar jeder Fontane-Leser den relativ einfachen Geschehnissen der Romane leicht folgen und sich, so es solche gibt, in Spannung versetzen lassen, aber den Reiz der Erzählkunst kann er nur voll genießen, wenn ihm neben dem Fundus an Lebenserfahrung auch der an historischem und literarischem Wissen verfügbar ist. Nur wer Klassikerzitate im Kopf hat, kann ihre geistreiche Verwendung oder auch Abwandlung erkennen. Wer nichts weiß von des Soldatenkönigs oder

Über den alten Fontane

Bismarcks Bedeutung, der wird die Anspielungen auf sie, besonders wenn sie ironisch sind, nicht begreifen können; und Erklärungen töten bekanntlich den Witz. Der Leser muß also etwas mitbringen, um etwas finden zu können. Wer *Effi Briest* oder den *Stechlin* in Schule oder Studium hat lesen müssen, sollte es nach zehn Berufs- und Ehejahren noch einmal versuchen, und wenn er sich nach seiner Pensionierung ein drittes Mal die Freude bereitet, werden es, obwohl er die Handlungen noch im Gedächtnis hatte, ganz neue und schönere Bücher für ihn sein.

Im Sinne eines Lesens, das die Erzählkunst auch in ihren Nuancen würdigt, wollen mir jene Interpretationen, die die Romane mehr als Geschichtslektionen betrachten, an denen sich für die einen der Klassencharakter des Kaiserreichs, für die anderen der wahre Geist Preußens erkennen lasse, heute nur als Vorstufen erscheinen, und zwar nicht nur, weil diese Betrachtungsweise immer verkürzt und vereinfacht, sondern auch weil sie in ihrer reinen Inhaltsbezogenheit das Literarische an der Literatur übersieht.

Im Literarischen jedoch liegt die Größe Fontanes, nicht aber, wie manche Interpreten es wollen, in seiner politischen Haltung, an der ihre unleugbare Ambivalenz, die mancher bedauert, vielleicht das bedeutendste ist. Auf ihr nämlich, so will es mir scheinen, beruht die Fähigkeit des Erzählers, die moralische und gesellschaftspolitische Aussage der Werke in der Schwebe zu halten und allen seinen Figuren gerecht zu werden. Die so entstehende Mehrdeutigkeit entspricht dem Wesen des »unsicheren Kantonisten«, der das Revolutionäre und das Konservative, das er gelebt hatte, in einem Altersrationalismus vereinen konnte, von Gleichgültigkeit und Parteifanatismus gleich weit entfernt. Sein politisch wetterwendisches Leben bietet ideologisch Einäugigen, moralischen Rigoristen und Heldenverehrern keinen erhebenden Anblick, war aber, mit all seinen Wendungen und Brüchen, wohl Voraussetzung für das Werk.

Literarisches

Wie so manchem meines Alters im Osten Deutschlands ist mir in jungen Jahren ein Fontane-Bild aufgedrängt worden, das dem Genuß, den wahres Verständnis bereitet, nicht günstig war. Der Gewinn, den mir zum Beispiel die Pflichtlektüre Georg Lukács' brachte, war, neben dem Einblick in ein mir fremdes, kunstfernes Denkgebäude, die Freude über die gedanklichen Tricks, mit denen er die Kluft zwischen der von ihm wohl geliebten Literatur und dem starren Schema, in das diese eigentlich nicht paßte, zu überbrücken verstand. In den etwa zehn Jahren, in denen seine Schriften die literarische Wertung in der DDR beeinflußten, ja, fast bestimmten, machten sie die Anerkennung Fontanes kanonisch; und das war in einer Zeit, in der Fontane leicht mit dem ganzen Preußen zusammen in den Orkus hätte verdammt werden können, schon viel. Er bescheinigte Fontane seine, später nie mehr angezweifelte, Größe, wobei er ihn freilich, im Interesse des Dogmas, teilweise auch klein machte. Neben den *Wanderungen* fanden auch *Vor dem Sturm* und *Der Stechlin*, die mir später immer lieber werden sollten, keine Gnade vor seiner einäugigen Betrachtungsweise, die sich am besten mit der trivialsten Passage seines Fontane-Essays charakterisiert: »Fontanes Probleme«, so heißt es da wörtlich, »haben aber in seiner Zeit bereits klare Lösungen gefunden. Er hätte, vereinfacht ausgedrückt, nur in eine Buchhandlung gehen müssen, und er hätte in den Werken von Marx und Engels Antworten auf alle seine Fragen schwarz auf weiß finden können.«

Lukács' Einfluß wirkte auch nach seiner Verdammung (und in seinen Verdammern) noch weiter. Unter Beibehaltung (vielleicht auch im Schutze) seiner Betrachtungsweise konnte sich eine detaillierte Forschung, die seine Fehlurteile revidierte, entwickeln, an der jeder Fontane-Liebhaber dazulernen, also auch Freude haben konnte, auch wenn er den *Stechlin* nicht der banalen Erkenntnis wegen, daß alles mit allem zusammenhängt und das Alte vom Neuen abgelöst wird,

Über den alten Fontane

großartig fand. Auch diejenigen, die die Romane wie Aufklärungsschriften oder Geschichtslektionen beschrieben, waren ja bezaubert von ihnen. Und das schuf eine Gemeinsamkeit über ideologische Grenzen hinweg.

So wie die DDR-Literaturwissenschaft sich im Laufe der Jahre aus Lukács', Klassik-Zentrismus löste und zum Beispiel die Romantik wiederentdeckte, so kam auch die Fontane-Forschung von der Ansicht, daß nur der alte Fontane der »eigentliche« sei, langsam los. Lukács' Essay hatte, wie auch der Thomas Manns, »Der alte Fontane« geheißen, weil er den frühen und mittleren eingehender Betrachtung für unwert gehalten hatte; und er hatte sich dabei auch auf Thomas Mann berufen und sogar dessen fragwürdigen Bildnis-Vergleich zwischen dem »kränklich-schwärmerischen und ein bißchen faden« Gesicht des jungen und dem »prachtvollen, festen, gütigen und fröhlich dreinschauenden« Antlitz des alten Fontane zustimmend zitiert. Statt sich zu fragen, wie dieser Altersreichtum hatte entstehen können, vermitteln beide Essays den Eindruck, als habe der Journalist, der Balladendichter, der Reiseschriftsteller, Kriegsberichtsschreiber und der märkische Wanderer mit dem Schöpfer der Meisterromane und dem Schreiber der Altersbriefe wenig zu tun. Das war eine Einäugigkeit besonderer Sorte, die zeitweilig auch Schule machte, in mir aber, als Bewunderer der *Wanderungen*, nie einen Anhänger fand. Erst durch die Forschungen der letzten Jahrzehnte im Westen und Osten konnte für uns interessierte Leser ein Fontane-Bild geschaffen werden, das diese Hochleistung im Alter als Summe lebenslangen Erfahrens und Erleidens halbwegs erklärt.

Meine Fontane-Lektüre war also relativ früh auch schon eine der Literatur über Fontane gewesen, und da sich diese im Laufe der Jahre heftig vermehrte, auch seine Werke und Briefe durch Neuentdeckung an Umfang gewinnen und das erneute Wiederlesen mit wachsendem Alter nicht nur bewährte

Literarisches

Lesefreuden bestätigt, sondern manchmal auch andere Wertungen zeitigt, wird das Fontane-Interesse wohl erst mit dem Lebensende vergehen.

Vor einer Neubewertung im Alter sind bei mir vor allem die Altersbriefe nicht sicher. Seit Thomas Manns Lobeserhebung sind sie, auch von mir, viel zitiert und gepriesen worden, und ihr Witz, ihr forsches Urteilen und ihre wohl nie veraltende Frische können mir heute noch großes Vergnügen bereiten, und doch wollen sie mir nicht mehr wie früher durchweg erfreulich erscheinen – was für die von Fontane veröffentlichten Werke überhaupt nicht gilt. *Der Stechlin* und die *Poggenpuhls* oder auch der Romanerstling *Vor dem Sturm*, an dem ich früher vor allem Anfängerschwächen gesehen hatte, werden mit jedem erneuten Lesen schöner; die meisterhaft dahingeplauderten Briefe aber, in denen Ausdeuter aller Fraktionen bei ihrer Suche nach Passendem auch deshalb fündig werden, weil der Schreiber sich sehr auf die Adressaten einstellte, sind mir zwar immer noch eine amüsante Lektüre, doch beschleicht mich manchmal auch Unbehagen und ihr Aussagewert scheint mir vor allem in der Erkenntnis zu liegen, daß mit Fontane zu leben, mit Widersprüchen zu leben heißt.

Die Freude an den mit Recht berühmten, an kritischen Urteilen so reichen Briefen an Georg Friedländer erfährt eine Trübung, wenn Fontane anderen gegenüber abfällig von dem »Kleinstiezigen« und ganz und gar Jüdischen des Brieffreundes redet. Und in den Briefen an die geliebte Tochter Mete ist schwer zu ertragen, wie oft der Tochter zuliebe die Mutter sozusagen verraten wird.

Mit gedämpfterer Freude als früher reagiere ich heute auch auf die politischen Frechheiten, die es ja bezeichnenderweise in Fontanes Romanen in solch krasser Weise nicht gibt. Der Kritiker an Staat und Gesellschaft, an der Bourgeoisie und am Adel, an Gardeleutnants und Juden, am Lesepublikum, an den Berlinern, Mecklenburgern und Briten und, nicht zu vergessen, an

Über den alten Fontane

Kollegen und alten Freunden, will mir streckenweise doch als ein Kritiker aus enttäuschtem Anerkennungshunger erscheinen, seinem Anekdoten-Napoleon ähnlich, der, für hundert Tage von Elba zurückkehrend und den Jubel des Volkes vermissend, dem Einwand seines Begleiters: Aber das Volk jubelt doch, Majestät! mit den Worten begegnet: Das schon, aber nicht genug!

Die Kritik am Adel ist mir zu sehr durchsetzt von der Enttäuschung, daß seine Liebe zu ihm keine Erwiderung findet. Seine Verspottung des Titels-, Ordens- und Examenswesens ist wohl auch enttäuschter Hoffnung auf dergleichen geschuldet, so wie andererseits seine Aversion gegen die Juden (die sich zum Beispiel darin äußert, daß er vor einer Bahnreise hofft, ein judenloses Coupé zu finden) durch die Anerkennung, die sie ihm zollen, gemindert wird. Sein Streben war immer darauf gerichtet gewesen, sich in der besseren Gesellschaft Berlins etablieren und halten zu können; seine Anpassungsleistung war groß gewesen – man denke nur an seine drei dickleibigen Kriegsbücher, für die er sich eine Anerkennung vom Kaiser erhofft hatte –, doch mußte er am Lebensende dann feststellen, daß er, trotz später Ehrungen, in gewisser Weise doch außerhalb stand. Darin aber war er den Juden ähnlich, die statt der erwarteten Bredows und Rochows zu seinem Fünfundsiebzigsten kamen. Mit diesen mußte er sich schließlich begnügen. Das: »Kommen Sie, Cohn«, mit dem das Enttäuschungsgedicht endet, läßt sich wohl kaum als Judenfreundlichkeit deuten, wenn man die Briefe, vor allem die an die Tochter kennt.

Auch manche andere der wehmütig-heiteren und resignativen Altersgedichte zeugen von diesem Vermissen gesellschaftlicher und staatlicher Anerkennung (so wie das »Hoffest« von 1889 mit den bekannten Versen: »Sie kennen ja unsren berühmten Sänger / Alle Gesichter werden länger«); und in dem anonym erschienenen Aufsatz »Die gesellschaftliche Stellung des Schriftstellers« von 1891 wird die

Literarisches

Enttäuschung in ungewohnter Bitterkeit ausgesprochen, und es wird als Mittel zur Abhilfe, zwar mit Skepsis, aber doch allen Ernstes, die staatliche Approbation vorgeschlagen, damit der Autor neben den vielen mit Titeln und Orden bedachten Bankiers und Beamten in der Gesellschaft auch etwas gilt.

Neunzehn Jahre später, also auch noch unter wilhelminischen Verhältnissen, schrieb Thomas Mann einen Aufsatz zum gleichen Thema, in dem er nicht nur an die langen Gesichter der Hoffestgäste bei der Vorstellung eines Schriftstellers erinnert, sondern auch zu dem gleichen Ergebnis wie Fontane kommt. »Was helfen könnte«, so heißt es beim Autor der *Königlichen Hoheit*, »sind offizielle Ehrenzeichen, die der Bürger sehen will, bevor er achtet, sind Ordenssterne, Professorentitel, Palmenfräcke, Akademie-Fauteuils …«

Beiden Autoren war nicht recht wohl, als sie das schrieben, weil, wie Thomas Mann es sagte, »diese guten Dinge dem Genie, der Freiheit, dem Dämon« vielleicht nicht zuträglich sein könnten, aber ihre Forderungen waren ihnen offensichtlich wichtiger als ihre Bedenken, und sie zeigten damit ein Gemeinsames, das, miteinander zusammenhängend, auch in der Ambivalenz ihrer politischen Haltung bestand. Ein »unsicherer Kantonist« in politischer Hinsicht ist zeitweilig auch der Jüngere gewesen, und daß Fontane in ihm wie kein anderer »Sympathie … Dankbarkeit … Entzücken … Erheiterung … Erwärmung … Befriedigung« erweckte, hat sicher auch mit dieser Wesensverwandtschaft zu tun. Ihn erfreuen an Fontane auch die Widersprüche, weil sie ihm zu diesem »auf nichts eingeschworenen« und »künstlerisch komplizierten« Geiste zu gehören scheinen, und er konstatiert, daß, der Vereinfachungen und der Kurzlebigkeit der Tagesdebatten wegen, »jeder außerordentliche Geist in seiner politischen Teilnahme … unzuverlässig erscheinen« muß. Da der Rang eines Autors, so Thomas Mann weiter, auf einer »verantwortungsvollen Ungebundenheit«

Über den alten Fontane

und einem artikulierten Problembewußtsein beruhe, müsse er den Herrschenden »gesinnungsuntüchtig« vorkommen. Vom amtlichen Preußen sei nicht zu verlangen gewesen, daß es einen patriotischen Sänger, der eines Tages den Borussismus »für die niedrigste aller je dagewesenen Kulturformen erklärte«, für seinesgleichen hielt.

Soweit ist Thomas Mann zuzustimmen, widersprochen aber muß ihm wohl werden, wenn er meint, Fontane habe sich »im Grunde kaum gewundert«, daß zu seinem Jubeltage nicht der Landadel, sondern die intellektuelle Judenschaft kam. Ich glaube vielmehr, aus seinen Klagen über die amtliche Geringschätzung seiner Arbeit und aus seinem Bemühen, diesen Beifall doch noch zu erringen, schließen zu können, daß er dem Irrtum, Hochschätzung durch Gesellschaft, Staat und Kaiser ließe sich mit geistiger Unabhängigkeit vereinen, tatsächlich erlegen war. Wäre die Illusion nicht so groß und der Schmerz darüber, daß sie sich als solche erwies, nicht so stark gewesen, hätten solch zauberhaft-leichte Verse wie die über die Begegnung mit Exzellenzen auf stillen Tiergartenpfaden oder die langen Gesichter der Gäste bei Hofe, gar nicht entstehen können. Hätte man ihn geadelt, wie Adolph Menzel, wäre der deutschen Lyrik vielleicht Wertvolles verlorengegangen, und den Briefen hätte es möglicherweise an kritischen Tönen und damit an Interessantheit und Witz gefehlt.

Der alte Fontane geadelt bei Hofe – diese Vorstellung will uns unsinnig erscheinen, weil sie unser Bild vom unabhängigen Autor beschädigen würde – so, wie das Preußische, das Fontane verkörpert, die Vorstellung verbietet, er wäre, wie er es vorhatte, 1856 am Bayerischen Hofe hängengeblieben und hätte seine Berühmtheit durch Wanderungen in Oberbayern erlangt.

Anders verhielt es sich mit der Ehrenpromotion, die ihn zwei Jahre vor seinem Tode erfreute. Die Zeitschrift *Ulk* hat sie wohl als ein besseres, nämlich geistiges Geadeltwerden verstanden, als sie den spaßigen Vierzeiler veröffentlichte:

Literarisches

1907, neun Jahre nach Fontanes Tod, wurde ihm in seiner Geburtsstadt Neuruppin dieses Denkmal von Max Wiese errichtet, das den Dichter als Wanderer durch die Mark Brandenburg zeigt. Die allgemeine Hochschätzung seiner Romane begann erst Jahrzehnte später.

»Fontane ist nun wohl fein raus,
Er ist jetzt ein gelehrtes Haus,
Und will er bürgerlich nicht bleiben,
Kann er sich auch von Tane schreiben«

Über den Neuadel übrigens hat sich Fontane meines Wissens nie erbost, um so mehr aber über seinen geliebten märkischen Landadel, der den Weihrauch, den er ihm dargebracht hatte, nicht als solchen hatte erkennen wollen, und zu dem er doch ganz am Schluß noch zurückkehrte, mit dem Fragment gebliebenen *Ländchen Friesack*, das, wäre es fertig geworden, manche seiner brieflichen Frechheiten über den Adel relativiert hätte – was ich hier nur erwähne, um noch einmal vor Zitaten aus den Altersbriefen, die etwas beweisen sollen, zu warnen, weil sich nämlich zu fast allem, was sie behaupten, auch das Gegensätzliche finden läßt. Ärgerliche Äußerungen über das Preußen-Deutschland seiner Tage sollten ehrlicherweise ergänzt werden um solche über die Vortrefflichkeit des Kriegsministeriums, über seine begeisterte Zustimmung zu Treitschkes Sedan-Gedenk-Rede, über seine Hoffnung auf den jungen Kaiser, oder man sollte auf einen Brief von 1894 hinweisen, in dem er, auf seine England- und Frankreicherfahrung anspielend, meinte, daß man in Deutschland doch am besten lebe, weil »wirkliche Humanität« hier vorhanden sei. Oft erwähnt er (meist im Ärger über die Märker), daß er die Mark verherrlicht habe, dann aber wieder war er nie so dumm, um für sie zu schwärmen. Im selben Monat, in dem er schreibt (im Mai 94): »In Teupitz und Wusterhausen, und nun gar in Prignitz und Havelland bin ich immer glücklich gewesen«, schreibt er, nur eben an einen anderen: »Welch Glück, daß wir noch ein außerpreußisches Deutschland haben. Oberammergau, Bayreuth, München, Weimar – das sind die Plätze, an denen man sich erfreuen kann.«

In dem oft als Beleg für sein Demokratischer-Werden bemühten Brief an Georg Friedländer vom 6. Mai 1895, in dem er davon spricht, daß sein Haß gegen alles, das die

Literarisches

neue Zeit aufhalte, beständig wachse, steht auch der nie bemühte Satz über die Vorbildfunktion des Adels, der mit den Worten beginnt: »Die Welt wird noch lange einen Adel haben, und jedenfalls wünsche ich der Welt einen Adel …«, nur müsse der »danach sein«. Und wenn er im nächsten Brief, vom 8. Juli 1895, diesen Gedanken fortführt, von den Familien Siemens, Thaer, Persius und Gropius als von einem neuen Adel redet und erneut ablehnende Worte gegen den einst geliebten Landadel findet, dessen veraltete Ansichten er diesmal als »Agrariergeist« bezeichnet, so wundert man sich darüber, daß jene Fontane-Deuter, die ihn so progressiv wie möglich haben wollen, diesen Brief nie benutzen, bis man liest, daß hier der entscheidende Satz lautet: »Wie mein Gefühl gegen den Agrariergeist ständig wächst, so auch mein Gefühl gegen den Judengeist …« – was er, nicht gerade sehr taktvoll, dem Juden Friedländer schreibt.

Wir, die wir vom schrecklichen Gang der deutschen Geschichte vier Jahrzehnte nach Fontanes Tod wissen, erschrecken heute, wenn wir die Äußerungen des alten Fontane über die Juden und den Judengeist lesen, und sind nur wenig beruhigt darüber, daß sie im Pro und Kontra so wechseln wie die über Bismarck, den Kolonialismus oder andere ihn bewegende Themen. Zwar können wir uns zum Troste sagen, daß unser empfindliches Reagieren auf dergleichen vielleicht ungerechtfertigt ist in historischem Sinne, daß die Summe dessen, was Fontane für und gegen die Juden sagte, nichts ergibt, was Antisemiten freuen könnte, und daß sein ganzes Denken, Fühlen und Dichten vom Fanatismus der Judenhasser so gar nichts hatte – aber ein Unbehagen bleibt doch.

Und es wird größer mit wiederholtem Lesen der Briefe – und vielleicht auch mit eigenem Älterwerden, das, wie ich zu bemerken glaube, für Nuancen empfindlicher macht. Dieses Unbehagen hängt wohl vor allem damit zusammen, daß die Briefe einen anderen Fontane als den seiner Bücher zeigen,

Über den alten Fontane

womit ich nicht nur die politischen Urteile meine, die, wie oft schon bemerkt wurde, in den Briefen schärfer und radikaler als in den Publikationen ausfallen, was wohl verständlicher Vorsicht geschuldet ist. Ich meine mehr und anderes als das Politische, nämlich sozusagen das Menschliche, seine Sicht auf die Welt und den Menschen, den Grundton seiner vorgetragenen Ansichten, und die ist in den Briefen pessimistisch und misanthropisch gefärbt. Da ist niemand, auch ein Freund nicht, vor einem absprechenden, ja vernichtenden Urteil sicher. Die Deutschen, nein, »der Deutsche, wenn er nicht besoffen ist, ist ein ungeselliges, langweiliges und furchtbar eingebildetes Biest«; der Märker ist »ehrlich aber schrecklich«, der Berliner ein ewiger Kleinstädter, ohne Grazie, unausstehlich und so weiter über Großes und Kleines, Fernes und Nahes, Gott und die Welt – Urteile also, die in ihrer Häufung die von uns ernstgenommenen relativieren, und zwar sowohl die uns unsympathischen über die Juden, als auch die, die wir so gerne hören: über den Borussismus, den Militarismus, die Geldsackgesinnung, die Bourgeoisie.

»Der Mensch«, so lautet eine der Sentenzen, die dem Briefschreiber, nicht aber dem Buchschreiber aus der Feder laufen, »der Mensch ist eine Bestie, und seiner Niedertracht muß mit Mitteln aus demselben Arsenal begegnet werden.« Von dieser Altersbitterkeit zeugen nur die Briefe. Die Alterswerke, die Romane sowohl als auch die autobiographischen Schriften, sind davon frei geblieben – reine Kunstleistungen also, die die Merkmale der »Idealität« und der »Verklärung« aufweisen, die Fontanes Theorie vom literarischen Werk verlangt.

In seinem letzten Roman, vielleicht seinem schönsten, fallen im alten Stechlin die Züge eines Wunschadligen mit denen seines Autors zusammen. Aber weder der eine noch der andere sind nach der Natur gezeichnet. Der Landadlige ist so, wie er nach Fontanes Meinung hätte sein sollen, und auch das Selbstbildnis ist ideal geraten,

Literarisches

ein Teilporträt des Dichters, dessen anderen, bittereren Teil wir in den Briefen finden – die man mit dem Bewußtsein lesen sollte, daß die Romane und die autobiographischen Bücher dazugehören mit ihrem Humor, ihrer Menschlichkeit und skeptischen Duldsamkeit.

Nie aber sollte man sich dazu verführen lassen (so sagt mir meine lebenslange Fontane-Lese-Erfahrung), die witzigen Einfälle und bittern Ausfälle der Briefe in ein System bringen und den Autor für religiöse oder antireligiöse, konservative, revolutionäre, pro- oder antipreußische Ansichten vereinnahmen zu wollen; denn das würde ihn und sein Werk, wie er selbst es in einem Brief an Heilborn vom Jahre 1896 ausdrückt, »zur Parteischuhputzerei herabwürdigen«. Ohne Kurzsichtigkeit oder Vereinfachung ist das auch nicht möglich. Und daß es nicht möglich ist, darin besteht unter anderem seine Größe, die ihn befähigte, neben Effi auch Instetten gerecht zu werden und den wunderbaren alten Stechlin zu gestalten, der alles andere ist als gesinnungstüchtig, der von sich behauptet, daß er mit dem gleichen Recht auch das Gegenteil von dem, was er gesagt hat, hätte gesagt haben können, und der uns mit seiner unanfechtbaren Wahrheit, daß es unanfechtbare Wahrheiten nicht gäbe, zu dem gleichen endlosen Nachdenken verleitet wie die klassische Behauptung: Alle Kreter lügen!, die aus dem Mund eines Kreters kommt.

HINTER DER WELTSTADT. FRIEDRICHSHAGEN

Ohne die rasche Entwicklung des Berliner Vorortverkehrs wäre das märkische Kolonistendorf Friedrichshagen wohl kaum in die Literaturgeschichte geraten; denn die Autoren, die sich um 1890 hier niederließen, wollten die Großstadt zwar fliehen, ihr gleichzeitig aber auch nahe sein. Ihr Traum von Naturnähe war in der Naturferne der Stadt entstanden und ließ sich durch Dampflokomotiven leicht lebendig erhalten, weil man mit deren Hilfe in einer Stunde im Stadtzentrum sein konnte, wo die Sehnsucht nach ländlicher Stille wieder neue Nahrung erhielt. Die Bahn brachte die Freunde, die man nicht missen wollte, hielt die Verbindung zu den Verlegern aufrecht und bot jederzeit Möglichkeiten, sich aus dem ländlichen Abenteuer wieder zurückzuziehen.

Sie setzte dem Abenteuer aber auch zeitliche Grenzen, indem sie das Tempo der Stadterweiterung steigerte und den Idyllen, die sie erreichbar machte, alles Idyllische nahm. Die Autoren, die nur eignen Antrieben zu folgen glaubten, bewegten sich innerhalb einer Zeitströmung, die alle, die es sich leisten konnten, aus der lauter, hektischer und rußiger werdenden Großstadt hinaustrieb an die grüne Peripherie. Den Schienenwegen und Straßen folgend, schob sich die Stadt immer weiter hinaus ins märkische Umland und holte die Flüchtenden ein. Während im Westen Berlins der Kurfürstendamm bis zum Halensee hin verlängert wurde und sich die reichen Leute im Grunewald ihre schloßähnlichen Villen bauten, nahmen die weniger reichen im Norden, Süden und Osten mit den Wäldern und Seeufern von Schildow und Rangsdorf, von Zeuthen und Rahnsdorf vorlieb.

Friedrichshagen war 1753 für eingewanderte Spinnerfamilien gegründet worden. Als es die Literaten für sich entdeckten, hatte es sich schon zum Seebad und Kurort gemausert, war dabei, sich am Seeufer entlang auszudehnen, und hatte sich seinen dörflichen Charakter nur noch teilweise bewahrt. Ein Jahrzehnt später, um die Jahrhundertwende, waren aus den ursprünglich 50 Häusern 750 geworden, und die Einwohnerzahl hatte die Zehntausendgrenze erreicht. Ähnlich erging es den benachbarten Orten, Woltersdorf beispielsweise, wo später der Jugendstil-Künstler Hugo Höppener, genannt Fidus, wohnte oder Erkner am Dämeritzsee, wo die Vorortbahn endete, Industrie neben die Bahngeleise gebaut wurde und Gerhart Hauptmann seine Frühwerke schrieb.

Hauptmann war als erster in diese Gegend gekommen. Schon im Spätsommer 1885 war der dreiundzwanzigjährige Lungenkranke der besseren Luft wegen von Berlin-Moabit nach Erkner gezogen, ganz ans Ende des Dorfes, in Richtung Neu-Zittau, wo der Wald schon begann. In der Villa Lassen, einem zweistöckigen spätklassizistischen Bau in deutlicher Schinkel-Nachfolge (wo sich heute das Hauptmann-Museum befindet), hatte er das untere Geschoß gemietet. Das Grundstück wurde von seinen zwei Hunden bewacht. Hier erlebte er seine ersten schriftstellerischen Erfolge, hier wurden drei seiner

Friedrichshagen

Söhne geboren, seine Gesundheit wurde gefestigt, der Stoffreichtum seiner Werke wurde durch den Umgang mit Förstern und Arbeitern, Eisenbahnern und Amtsvorstehern gefördert, und von der »großen Einfachheit« dieser »phrasenlosen und sachlichen« Landschaft an Spree und Löcknitz hat er, wie er später bekannte, für seine Kunst viel gelernt. Die Kenntnis Erkners, der umliegenden Ortschaften und ihrer Bewohner kam Hauptmanns Werken zugute. Die Novelle *Fasching* ist ziemlich genau nach einem tatsächlichen Unglücksfall am Flakensee gestaltet, und auch vom *Bahnwärter Thiel* ist das anzunehmen, obwohl es sich im einzelnen nicht nachweisen läßt.

Die Nähe Berlins blieb ihm trotzdem wichtig. Der angehende Dichter wollte zu Gleichgesinnten, zu Verlegern, Theatern und Zeitschriften Beziehungen knüpfen. Der Dampfzug, der sich vor Bahnübergängen durch Klingelzeichen und gellendes Pfeifen bemerkbar machte, trug ihn (für nur 45 Pfennige) einmal in der Woche in die Hauptstadt zur Schauspielerausbildung und ab und zu auch zur Sitzung des Literaten-Vereins »Durch«.

In diesem hatten sich die Stürmer und Dränger des Naturalismus zusammengefunden, um die deutsche Literatur, die sie für flach, epigonal und vergreist hielten, umzukrempeln, im Geiste Ibsens, Tolstojs und Zolas. Sie waren alle um 1860 geboren (also so alt wie Wilhelm II., der seit 1888 regierte), in der Mehrzahl aus der Provinz gekommen und vom Glanz und Elend der Großstadt fasziniert und erschreckt. Sie waren auf Gegenwart eingeschworen, wollten brennende Themen der Zeit gestalten, das soziale Problem obenan. »Mein Herz schlägt laut, mein Gewissen schreit, / ein blutiger Frevel ist diese Zeit«, hatte der zweiundzwanzigjährige Arno Holz in seinem *Buch der Zeit* (1885) gedichtet, Anspruch auf das kommende Jahrhundert erhoben und das Modernsein zum »Programm« erklärt: »Kein rückwärts schauender Prophet, / geblendet durch umfaßliche Idole, / modern sei der

Literarisches

Die untere Etage der Villa Lassen in Erkner (um 1875 erbaut) bewohnte Gerhart Hauptmann von 1885–1889. Zu seiner Zeit stand das Haus am Waldrand, heute steht es an einer verkehrsreichen Kreuzung. Seit 1987 befindet sich das Gerhart-Hauptmann-Museum hier.

Gerhart Hauptmanns Arbeitszimmer in Erkner, mit einem bronzenen Goethe auf dem Schreibtisch. Hier entstand sein Drama »Vor Sonnenaufgang«, mit dem sein Ruhm begann.

Poet, / modern vom Scheitel bis zur Sohle.«

Es war die (meist parteilose) Linke, die sich hier zu artikulieren versuchte, Anarchisten und Sozialisten darunter, die sich über die Kriterien des Naturalismus nicht einigen konnten, sich aber unter dem verschwommenen Begriff der Moderne fanden, der bis heute noch Dienste tut. Da das Sozialistengesetz noch bestand und man den herrschenden Lesergeschmack gegen sich hatte, war es schwer für die Jungen, bei den traditionellen Verlagen anzukommen. Man gründete eigne Zeitschriften, die meist kurzlebig waren, und stellte sich mit programmatischen Anthologien dem Publikum vor.

In diesem Debattierklub kam Hauptmann mit den späteren Friedrichshagenern zusammen. Als man im Mai 1887 das einjährige Bestehen des Vereins feierte, wurde, als »Nachfeier«, am folgenden Tage ein Ausflug in die Umgebung von Erkner unternommen, »Abfahrt 7 Uhr 45«, wie es im Vereinsprotokoll hieß. An der Woltersdorfer Schleuse (die der alte Fontane übrigens acht Wochen später besuchte, im »Gasthaus zum Kranichsberg« für 20 Pfennig »einen Gilka und eine Flasche Sodawasser genoß« und im Brief an seine Frau daran das Bekenntnis knüpfte, daß er fürs Kleine sei, da er das Große nicht haben könne) wurde Frühstück mit Bier eingenommen, der Aussichtsturm auf den Kranichbergen bestiegen, in Rüdersdorf zu Mittag gegessen und dann mit dem Dampfschiff zurück nach Erkner gefahren. »Besuch bei Herrn Hauptmann«, heißt es dann weiter, »welcher in seinem Heim ein lukullisches Mahl und eine hochfeine Bowle hergerichtet hatte.« Mit »bacchantischen Freuden« schloß endlich der Tag.

Bei diesem oder einem ähnlichen Ausflug entschlossen sich einige der Vereinsgenossen, sich auch in dem reizvollen Wald- und Seengebiet der oberen Spree einzumieten, doch kam es dazu erst als der »Durch« sich schon aufgelöst und Gerhart Hauptmann Erkner verlassen hatte. Er war in die Schlüterstraße, nahe dem Kurfürstendamm, gezogen,

Friedrichshagen

von Berlin O nach Berlin W also, wie Wilhelm Bölsche, der Friedrichshagener, bemerkte, aus einer von sozialen Bewegungen erschütterten Gegend in eine des Reichtums und der Eleganz. Seine Erlebnisse und Erfahrungen von der oberen Spree aber nahm er mit sich. Er konnte sie noch vielfach verwenden, im *Biberpelz* und im *Roten Hahn*, wie zuvor schon im *Friedensfest* und in den *Einsamen Menschen*. Auch die Faszination, die die Eisenbahn ausübte, spielte dabei eine Rolle. Als weiße Schlange »schießt« sie im Gedicht »Abendstimmung« durch märkische Wälder, donnert im *Bahnwärter Thiel* wie die Verkörperung unaufhaltsamen Schicksals vorüber und wird auch in der in Friedrichshagen spielenden Ehetragödie *Einsame Menschen* als Unheilssignal eingesetzt. In der Villa am Müggelsee sind die Bahnhofsgeräusche zu hören. Als die Geliebte sich nach nervenzerstörenden Wochen im fünften Akt losreißt, um niemals wiederzukommen, wird laut Regieanweisung das Rauschen des durch den Wald rasenden Zuges und das Läuten der Bahnhofsglocke vernehmbar. Noch ein zweites und drittes Mal läutet die Glocke, und wenn der Abfahrtspfiff gellt, bricht der Held des Stückes zusammen – und ertränkt sich wenig später im See.

Nach Max Halbe bezeichnete Friedrichshagen damals keinen Ort, sondern eine Gesinnung, und er meinte damit etwa eine, die man heute links nennen würde, wobei die Ungenauigkeit dieses Begriffs besonders zutreffend ist. Denn die politischen Vorstellungen der Friedrichshagener waren unklar und vielfältig. Einig war man sich in der Kritik am Bestehenden und im Glauben an ein künftiges Besseres, doch waren Ziele und Wege nebelhaft und verwirrt. Der Fortschrittsglaube der Zeit war allen gemeinsam, nicht aber die Alternativen, die sozialistenrot, anarchistenschwarz oder naturgrün gefärbt waren oder aber sich von der politischen Farbenskala völlig entfernten, da mancher das Heil in geistig-mystischen, quasireligiösen

Literarisches

Bereichen sah. Auch befand man sich in beständigem Wandel, da zu den Ideen Lassalles, Stirners, Darwins, Haeckels und Fechners auch neue, wie die Nietzsches, hinzukamen, am Rande auch welche von Marx. Ließen sich Wilhelm Spohr, Gustav Landauer und Erich Mühsam, die erst später nach Friedrichshagen kamen, noch notdürftig unter dem Begriff des Anarchismus vereinen, so fehlt eine pauschale Benennung für Wilhelm Bölsche, Bruno Wille und die Brüder Hart. Weil sie jung waren, im Grünen wohnten und eine grüngewandete Zeitschrift redigierten, wurden sie damals manchmal als grün bezeichnet, doch hatte das, obwohl es ganz falsch nicht gewesen wäre, mit der heutigen politischen Bedeutung dieses Begriffs nichts zu tun.

Die Zeitschrift mit dem grünen Umschlag war die *Freie Bühne*, das Blatt des gleichnamigen Vereins, der mit der Durchsetzung des naturalistischen Dramas Theatergeschichte machte, und eines der ersten Verlagsprodukte des jungen Verlegers Samuel Fischer, der mit den jüngst- oder gründeutschen Dichtern zusammen seinen Aufstieg begann. Sein Star-Autor wurde bald Gerhart Hauptmann. Bücher der Friedrichshagener aber nahm er nur vereinzelt in sein Programm.

Der erste Redakteur der *Freien Bühne*, die später zur *Neuen Rundschau* wurde, war Wilhelm Bölsche. Ihm stand als eifriger Beiträger Bruno Wille zur Seite, der 1892, um ärmere Bevölkerungsschichten an die Theater heranzuführen, die »Freie Volksbühne« ins Leben rief. Er war der politischste Kopf des Kreises, ein »Volkslehrer«, wie Hauptmann ihn nannte, Sozialdemokrat von sehr eigenständiger Prägung, *Einsiedler und Genosse*, wie der Titel eines Gedichtbandes lautet, ein ehemaliger Theologe, der zum Prediger des Monismus, zum »Allseher« wurde und sich mit seiner Partei überwarf.

Bismarcks Sozialistengesetz war bis 1890 in Kraft gewesen. Während ihres Verbots hatte die Sozialdemokratische Partei bei den kritischen Intellektuellen Sympathien gewonnen, die sie aber in den

Friedrichshagen

Folgejahren, als sie Kritik aus den eignen Reihen nicht dulden wollte, bald wieder verlor. Bruno Wille war einer der Wortführer der »Jungen«. Er wurde aus der Leitung der »Freien Volksbühne« verdrängt und aus der Partei ausgeschlossen, worauf er Mitbegründer der »Neuen Freien Volksbühne« und des »Vereins Unabhängiger Sozialisten« wurde, deren Zeitung, *Der Sozialist*, erst von dem Friedrichshagener Paul Kampffmeier, später von Gustav Landauer redigiert wurde, der dem Blatt eine anarchistische Ausrichtung gab. Der Partei Bebels und Liebknechts antwortete Bruno Wille 1894 mit einem Werk von vierhundert Seiten, das den hochtrabenden Untertitel »Beiträge zur Pädagogik des Menschengeschlechts« führte, während der Haupttitel lautete: *Philosophie der Befreiung durch das reine Mittel*, was verständlicher ausgedrückt hätte heißen können: der gute Zweck heiligt verwerfliche Mittel nicht.

Die Rolle der Machtausübung in der Partei und durch die Partei ist hier also, neben anderem, das Thema. Man kann nicht, meint Wille, Freiheit durch Unfreiheit schaffen, nicht Demokratie auf undemokratische Weise herbeiführen. Wenn Parteidogmatismus Knechtsseelen bildet, werden die nach Antritt der Herrschaft weiter knechten. In den Kapiteln, die die Parteihierarchie kritisieren, liest Willes »Philosophie« sich nach einem Jahrhundert wie Prophetie. Andere Teile sind weitschweifig, verschroben, veraltet. Zu selbstherrlich sind die Gesten, zu steil das Pathos. Vom Erhabenen zum Komischen ist der Schritt bei dieser »Literaten- und Studentenrevolte«, wie Friedrich Engels sie nannte, wirklich manchmal nur klein.

Noch komischer aber wirkt Willes Pathos bei seinem Zusammenstoß mit der wilhelminischen Staatsmacht. Weil er Kinder ohne Erlaubnis »freireligiös«, also unchristlich, unterrichtet, wird er zu einer geringen Geldstrafe verurteilt, die er aus Prinzip verweigert, sie also absitzt, und zwar in einem Schuppen des Gasthofs »Zum Preußischen Adler«, weil Friedrichshagen ein Gefängnis

Literarisches

nicht hat. Bei prächtiger Verpflegung, ständigem Besuch von Freunden, fröhlichem Zeitvertreib, z.B. Kahnfahrten mit seinem Wärter, verlebt er dort lustige Tage, die er dann 20 Jahre danach, alt und weise geworden, in seinem Roman *Das Gefängnis zum preußischen Adler* auch humorvoll (was seine Stärke freilich nicht ist) schildert. Doch unmittelbar nach dem Ereignis reagierte er anders. Er schrieb einen »Weckruf aus dem Gefängnis«, dem er, um die »kosakischen« Zustände anzuprangern, den Titel *Sibirien in Preußen* gab.

Daß Arno Holz, ein »Durch«-Vereinsbruder, aber kein Friedrichshagener, aus dieser Affäre eine Komödie machte, haben ihm manche Literaturhistoriker bis zum heutigen Tag nicht verzeihen können. Das Stück heißt *Sozialaristokraten*, nach einem Begriff, den Wille tatsächlich ernsthaft benutzte, spielt in Berlin und in Friedrichshagen und zeigt am Fall Wille die Korrumpierung von Intellektuellen im wilhelminischen Staat.

Von der Thronbesteigung des jungen Kaisers und vom Sturz Bismarcks hatte man, ohne Gründe dafür zu haben, liberale Reformen erwartet. Als diese nicht kamen, wurde mancher Sozialdemokrat zum Sozialaristokraten und schwenkte, was bei der Verquastheit der Theorien leicht möglich war, auf eine völkische, elitäre oder nationalistische Linie ein. Dr. Wille heißt in der Komödie zwar Dr. Gehrke, hat aber die *Philosophie der Befreiung durch das reine Mittel* geschrieben, hat in Friedrichshagen einen Konflikt mit den Behörden, läßt sich als »Kämpfer für Wahrheit, Freiheit und Recht« feiern und bläst die Bagatelle seiner Bestrafung zu einer Ungeheuerlichkeit asiatischer Despotiewillkür auf. Am Schluß kandidiert Dr. Gehrke für die »antisemitische Volkspartei« in Arnswalde. Sein Wahlsieg wird mit nationalistischem Trubel gefeiert, und der neue Bismarck spornt seine »Volksgenossen« zum »Kampf gegen Mammonismus und Überkultur« und »für germanisches Volkstum und die antikratische, sozialitäre Gesellschaftsform« an.

Friedrichshagen

Eine Tendenz der Zeit um die Jahrhundertwende war damit getroffen, nicht aber etwa ein politisches Gesamtbild der Friedrichshagener gegeben worden. Diese entwickelten sich politisch und ästhetisch in unterschiedlicher Weise. Naturalisten, wie Arno Holz und der frühe Hauptmann, waren sie nur in bezug auf die soziale Problematik gewesen, sonst hatten sie von Anfang an mehr zur Neoromantik geneigt. Bölsche hatte zwar unter Zolas Einfluß 1887 Beiträge zu einer realistischen Ästhetik unter dem Titel *Die naturwissenschaftlichen Grundlagen der Poesie* veröffentlicht, doch eigne literarische Texte, die diesen Aufruf zum sozialen und psychologischen Experimentieren entsprochen hätten, waren dem nicht gefolgt. Die Naturwissenschaft wurde ihm bald wichtiger als die Dichtung. Nach der Jahrhundertwende schrieb er fast nur noch populärwissenschaftliche Werke und wurde vor allem durch sein vierbändiges *Liebesleben in der Natur* berühmt. Bruno Wille ergab sich mehr und mehr seinem naturmystischem Pantheismus, durch den später auch völkische Töne klangen, und die Hart-Brüder, Julius und Heinrich, die in den achtziger Jahren als Anreger und Kritiker Bedeutung gehabt hatten, verloren bald ihr soziales Engagement. Verglichen mit den Dichtungen ihres Freundes Peter Hille waren die ihren von geringer Bedeutung. Hille, der Prototyp des Bohemiens und Vaganten, wurde aber in Friedrichshagen nie heimisch, er war nur manchmal, wie der deutschschreibende Pole Stanislaw Przybyszewski, wie Halbe, Hartleben und Dehmel, wie Strindberg und andere skandinavische Schriftsteller, für kürzere oder längere Zeit bei Freunden in Friedrichshagen zu Gast.

Wille und die Harts waren eifrige Gründer von Vereinen, die Namen wie »Ethischer Club« oder »Neue Gemeinschaft« führten und alle die Höherentwicklung der Menschheit zum Ziele hatten. Niemand aber war in dieser Zeit der Reformträumereien so glühend, ausdauernd und wechselnd an Reformbünden

Literarisches

beteiligt, wie der begabte und fruchtbare Illustrator und Maler Hoeppener, der bei Diefenbach, einem malenden Apostel der natürlichen Lebensweise, sein Handwerk gelernt hatte und von diesem auch seinen Künstlernamen Fidus erhielt. Im Gefolge eines Theosophen wechselte Fidus von München nach Berlin über, wohnte zwei Jahre in Friedrichshagen und baute sich später (1907) nach eignen Ideen in Woltersdorf-Schönblick sein heute noch stehendes und hervorragend restauriertes Haus. Mit seinem Buchschmuck und seinen Illustrationen, bei denen er nackte Gestalten, vor allem im Freien tanzende Kinder, bevorzugte, machte er den Jugendstil zu einer Gebrauchsware, die man erst heute wieder bewundern kann. Ein Druck seines »Lichtgebets«, auf dem ein nackter Jüngling, auf einem Felsen stehend, jauchzend die Sonne anbetet, hing damals in vielen Wohnzimmern, und die Zeitschriften der Vegetarier und Theosophen, Magier und Spiritisten, Sexualmystiker und Freidenker, Nacktkulturenthusiasten und Germanenreligionerneuerer kamen ohne seine nackten, willensstarken Gestalten nicht aus. Seine Naturvergottung kam der Bruno Willes nahe, dessen »Roman eines Allsehers« (*Offenbarungen des Wacholderbaums*, 1901) er so hervorragend mit Vignetten und Leisten schmückte, daß man die Langeweile des Textes darüber vergaß. Seine nordischen Recken und Lichtgestalten führten den Künstler, der sehr alt, aber nie weise wurde, den Nazis nahe; die aber verschmähten ihn. Als bei Kriegsende, so geht die Sage, Russen sein Atelier betraten, vergaßen sie vor Andacht das Plündern und nahmen die Mützen ab.

Hinter der Weltstadt, so nannte Wilhelm Bölsche eine Essay-Sammlung aus Friedrichshagen, und das war sowohl räumlich als auch zeitlich gemeint. Denn die Friedrichshagener kamen vom Westen, Bölsche aus Köln, Wille aus Magdeburg, Hille und die Brüder Hart aus Westfalen, und bevor sie an den

Friedrichshagen

In Woltersdorf bei Erkner, nahe der östlichen Berliner Stadtgrenze, steht das 1907 nach eigenen Entwürfen gebaute Wohn- und Atelierhaus von Fidus, das er bis zu seinem Tode, 1948, bewohnte. Heute ist es denkmalsgerecht saniert und wartet darauf, eine Forschungsstelle für die Geschichte der Lebensreformbewegung und den Fidus-Nachlaß aufnehmen zu können.

Müggelsee zogen, hatten sie ihre Großstadt-Lektion absolviert. Da Berlin groß und vielgestaltig genug war, um jedem Lebensstil eine Nische zu bieten, waren sie dort schnell heimisch geworden, und als sie es satt hatten und hinter die östliche Stadtgrenze auswichen, war das nicht alternativ gemeint. Sie wollten nicht Landleute werden oder die Mark entdecken, sondern ihr Bohemeleben billiger und naturnäher weiterführen und nahmen also die Stadt mit aufs Land. Sie waren die Vorboten der Eingemeindung, die 1920 aus dem Dorf an der Spree Berlin-Friedrichshagen machte. An Land und Leuten und an deren Geschichte hatten sie wenig Interesse, und auch ihre Naturbegeisterung blieb die der Stadt. Märkische Landschaften, wie sie zur gleichen Zeit der mit ihnen befreundete Walter Leistikow malte, sind ihnen in ihren Dichtungen, trotz aller einschlägigen Bestandteile, selten gelungen, und auch die eindringliche Darstellung von Menschen aus ihrer Umgebung, wie Gerhart Hauptmann in Erkner sie schaffte, blieb ihnen versagt. In Julius Harts Erzählung *Sehnsucht* (1893) agieren im Dorf und am See nur innerlich zerrüttete Städter. Förster und Amtmänner in Willes Roman *Offenbarungen des Wacholderbaumes* haben nur Weisheiten über die All-Einheit der Natur und die Einbettung des Menschen in biologische Entwicklungen zu verbreiten. Der Müggelsee dient vor allem dazu, Selbstmörderinnen in ihm ertrinken zu lassen. Die Müggelberge sind für Bölsche Anlaß zur Darstellung der Naturgeschichte. Und die poetisch Föhren genannten Kiefern in Willes Gedichten stehen nur als Kulissen für die monistische Predigt da.

Das Tendenziöse ließ die Dichtung der Friedrichshagener so schnell veralten. Das meiste davon bereitet heute nur Mißbehagen und Langeweile, manches ist nur durch den Buchschmuck von Fidus noch interessant. Anregender sind oft die autobiographischen Schriften, in denen die älter gewordenen Dichter von ihren Gästen, Festen und ihrem Zusammenleben erzählen – und dabei oft selber schon merken, daß

Friedrichshagen

der Ruhm, den sie genossen, weniger ihren Werken als der Besonderheit ihrer Dichterkolonie galt.

Ein Buch allerdings hat vielleicht Chancen, wiederentdeckt zu werden: *Die Mittagsgöttin* von Wilhelm Bölsche, die spannende Geschichte eines spiritistischen Schwindels, die im Berlin von 1890 und in einem verwunschenen Spreewaldschloß spielt. Dreißig Jahre nach Fontanes Spreewald-Kapitel wird hier die Gegend zwischen Lehde und Straupitz wieder nacherlebbar geschildert, aber nicht mit Fontanes heiterer Klarheit, sondern mit einer Vorliebe für Schwüles und Märchenhaftes, für Wellen, Ranken, pflanzliche Ornamentik. Die Jugendstil-Literatur scheint hier schon vorweggenommen. Bölsche, der vier Jahre zuvor seine naturalistische Programmschrift *Die naturwissenschaftlichen Grundlagen der Poesie* veröffentlicht hatte, schrieb mit der *Mittagsgöttin*, wie er selbst später erklärte, ein »durch und durch romantisches«, im Handlungsverlauf stark an E.T.A. Hoffmann erinnerndes Buch.

Auf der verbreiterten Trasse von damals fahren die Züge noch immer nach Friedrichshagen und Erkner, nur leiser und schneller, weil sie elektrisch betrieben sind. Die Kiefernwälder, die hier noch immer beginnen, wurden durch Straßen und Siedlungen reduziert und zerrissen, und auch an den Ufern der Seen, der Spree und der Löcknitz machten sich Villen, Wochenendhäuser und Gaststätten breit. Das im Krieg fast völlig zerstörte Erkner bewahrt vom Dorf des vorigen Jahrhunderts und vom Ausflugsort der Vorkriegsjahre nur noch wenige Reste. Die Villa Lassen, in der Gerhart Hauptmann wohnte, steht nicht mehr am Wald, sondern an einer verkehrsreichen Straße, und nur ihre Museumsräume zeigen noch etwas von jenen Jahren, in denen der *Bahnwärter Thiel* hier entstand. Erkner hat sich zur Vorstadt gewandelt. Aus dem Ausflugsziel ist eine Durchgangsstation geworden. Erst nach Überquerung der Bahngeleise wird der Wald weiträumiger, die Luft besser, und die Löcknitz wird streckenweise die

Literarisches

Am Barberow-See bei Kagel, wo Moritz Heimann als Kind mit den Bauernjungen zusammen »unter den Weidenwurzeln am Ufer nach Krebsen jagte, bis der allabendliche Ruf der Mutter: Kinder, die Füße waschen! der Freude ein Ende setzte«.

Gärten, Bootsstege und Bungalows los. Der Natursüchtige wird auch Grünheide noch hinter sich lassen, wo in den zwanziger und dreißiger Jahren Ernst Rowohlt und Georg Kaiser Erholung vom Großstadtgetöse suchten, und wird das Flüßchen weiter hinauf begleiten, nach Kagel vielleicht oder ins Rote Luch. Der Kenner wird auch in Kagel literarische Spuren suchen und finden, die alte Schmiede zum Beispiel, die für Hauptmanns *Roten Hahn* wichtig wurde, oder das Haus Moritz Heimanns, des wichtigsten Lektors im Verlag Samuel Fischers, der manchem nur als Schwager Gerhart Hauptmanns bekannt ist, der aber auch ein viel zu wenig beachteter jüdisch-märkischer Schriftsteller war.

Da Gosen, Müggelheim und Neu-Zittau erst in der Gründungszeit Friedrichshagens entstanden, war das Land um den Müggelsee und die Müggelberge bis zur Mitte des 18. Jahrhunderts eine fast menschenleere Gegend, in der es nur Förstereien, Teeröfen und einsame Wirtshäuser gab. Eins davon, genannt Alte Ziegelscheune, wurde Anlaß für ein Betrugsmanöver, das mit der Ortsgründung Friedrichshagens zusammenhing. Betrüger und Ortsgründer war ein Kriegs- und Domänenrat Pfeiffer, der die vom König eingesetzte Etablissementskommission leitete, ein hervorragender Organisator, der angeblich schon 105 neue Siedlungen gegründet hatte, ehe er in Friedrichshagen zu Fall kam und für sechs Jahre hinter Gitter geriet.

Die Alte Ziegelscheune, eine Raststätte an der Straße von Köpenick nach Fürstenwalde, lag an der Stelle, wo die Spree den Müggelsee wieder verläßt. Die Wirtschaft, zu der auch fruchtbares Ackerland gehörte, hatte Pfeiffer durch einen Strohmann für sich erworben, diesem das Schulzenamt des neuen Ortes, das mit Landschenkungen verbunden war, zugeschoben, so daß er, als 1753 die Ortsgründung erfolgte, im Besitz eines ansehnlichen Gutes war. Zu seinen Vergehen gehörte auch, daß er das Dorf nicht, wie der König wollte, auf Ödland, sondern in Wäldern

Literarisches

gegründet hatte, so daß wertvolle Holzbestände geopfert wurden, der Ort aber seine landschaftlich reizvolle Lage bekam.

Vor allem wohl dieses Verdienstes wegen haben die Friedrichshagener ihn nicht vergessen und an der Stelle seines betrügerisch erworbenen Besitzes eine Straße, die unbedeutende Pfeiffergasse zwischen der Spree und dem Müggelseedamm, nach ihm benannt. Die Dorfstraße hieß Friedrichstraße, nach dem König natürlich, der aber nach 1945 einem Schriftsteller weichen mußte, was sicher in Ortsgeschichten nur selten passiert. Zum Namensgeber für die heutige Haupt- und Geschäftsstraße, die noch immer die gleiche Breite hat wie die früher mit Maulbeerbäumen bestandene Dorfstraße, machte man Bölsche. Aber auch Wille, Hille und die Harts haben ihre Straße bekommen. Auf dem Friedhof aber liegt keiner von ihnen. Doch ist dort das Grab Johannes Bobrowskis zu finden, der in einer Schnapslaune den aus ihm und Manfred Bieler bestehenden zweiten Friedrichshagener Dichterkreis gründete. Sein Andenken lebt in keinem Straßennamen, aber in seinen Werken fort.

Zum Schluß muß ein manchmal auftauchender Irrtum berichtet werden: Der für Spaziergänger geschaffene Spreetunnel, eine Sehenswürdigkeit Friedrichshagens, hat mit dem Berliner Literatenverein, zu dem auch Theodor Fontane gehörte, nicht das geringste zu tun. Er wurde erst 1926, hundert Jahre nach Gründung des Vereins mit dem witzigen Namen »Tunnel über der Spree«, eröffnet und führt selbstverständlich, ganz unwitzig, unter der Spree hindurch.

ERINNERUNG
AN MORITZ HEIMANN

Das Jüdische und das Märkisch-Preußische in Moritz Heimann lebten miteinander in seltener Harmonie. »Es ist nichts Unnatürliches darin, seine Bahn mit zwei Mittelpunkten zu laufen; einige Kometen tun es und die Planeten alle«, lautet ein Aphorismus von ihm.

Auch sein Schaffen kreiste um zwei Mittelpunkte: die Lektoratsarbeit und das eigne Schreiben, doch ist nicht anzunehmen, daß das ebenso problemlos geschah. Denn die Erfolge, die er in der Arbeit als Lektor erzielen konnte, blieben ihm als Autor versagt. Zwar wurden seine Werke oft von Kennern gepriesen, aber die Öffentlichkeit nahm wenig Anteil daran. Seine Theaterstücke kamen nur selten auf die Bühne, seine Erzählungen wurden rasch vergessen, und mehrfache Versuche, seine Essays durch Neudrucke wieder in Erinnerung zu bringen, schlugen weitgehend fehl.

Als Siegfried Jacobsohn 1918 sechs Seiten der *Weltbühne* mit Glückwünschen zum 50. Geburtstag Moritz Heimanns füllte, waren die Gratulanten natürlich bestrebt, neben dem Lektor auch den Autor zu rühmen, doch fehlte dabei selten der Hinweis auf die mangelnde Resonanz seines Werks. Thomas Mann hielt es für nötig, die Öffentlichkeit auf eine von Heimanns Novellen, die er ein Meisterwerk nannte, aufmerksam zu machen; Hermann Stehr glaubte, sich die Erfolglosigkeit durch Heimanns »höchste Kultur des Intellekts«, seine Vorurteilslosigkeit und Vornehmheit, die es immer schwer hätten sich durchzusetzen, erklären zu können; und Jakob Wassermann hielt die Stille, die um dieses hochrangige Werk herrschte, seinem Wesen für angemessen, für einen Teil seiner Natur.

Pflichtschuldig lobte man also den Autor, fühlte sich aber sicherer in der Preisung des Lektors; denn dessen Arbeit kannte man besser und hatte von ihr profitiert. Für Martin Buber ist er der »sokratische Jude«, dem nie eine vorgefaßte Doktrin den Blick auf den Wert des einzelnen Kunstwerks verstellte. Jakob Wassermann feiert ihn als »Wegweiser, Pfortenöffner, Beruhiger, Befeuerer, Lehrer, Freund von so Vielen«. Andere nennen ihn den obersten »Richter der Dichter« (Julius Elias), den »unaufhörlich von seinem Überfluß verschenkenden Weggenossen« (Arthur Holitscher), und für Peter Altenberg ist er nicht nur der »idealbescheidene Kapellmeister des Elite-Orchesters S. Fischer«, sondern auch der »Feldherr«, der aus seiner »verdeckten Stellung« den Kampf um die Moderne zum Siege führt. Thomas Mann rühmt an ihm (man möchte sagen: bezeichnenderweise) auch sein edles Aussehen (»das graue sinnende Auge unter den dicken Brauen, die mächtige Adlernase, den geräumigen, geistreich beweglichen Mund«), und er kann nicht umhin, noch im höchsten Lob auch sein Vorurteil auszuspielen, indem er ihm bescheinigt, »daß er die Geistigkeit seiner Rasse auf die schönste und männlichste Art vertritt: eine Geistigkeit, die sonst oft auch als eine gewisse weichliche Verschwommenheit und Mystik erscheint, in seinem Falle aber zu jener humanen, gütigen Klugheit wird, die man Weisheit nennen darf

Erinnerung an Moritz Heimann

und die den höchsten und besten jüdischen Typus macht«.

Sie alle aber, die Gratulanten, und später die Nachruf- und Memoirenschreiber, rühmen an ihm auch Tugenden, die man sich angewöhnt hat, preußisch zu nennen: selbstloses Dienen, Treue und Disziplin.

Die Löcknitz, nach Fontane das reizvollste und unbekannteste jener Flüßchen, die grüne parkähnliche Streifen durch die trockenen märkischen Wälder winden, fließt, aus der Gegend um Müncheberg kommend, in vielen Windungen nach Südwesten und mündet nahe der östlichen Stadtgrenze Berlins in den durch Gerhart Hauptmanns Novelle *Fasching* bekannten Flakensee, der sein Wasser bei Erkner in die Spree ergießt. Nicht weit von einem der Quellgebiete der Löcknitz, dem Roten Luch, ist Moritz Heimann 1868 im Dörfchen Werder geboren, doch aufgewachsen weiter unten, am Mittellauf des Flüßchens, im Dorfe Kagel, wo seine Eltern, die einen Gemischtwarenladen betrieben, ein Haus erwarben, das er sich sein Leben lang als sichere Zuflucht erhielt. Hier, wo die Mark, wie er meinte, am märkischsten war, wo er »die Tages- und Jahreszeiten von Dorf und Dorfjugend als ein derber, untersetzter, kräftiger Bursche« mitlebte, mit den Bauernkindern die Schulbank drückte, auf der ungepflasterten, »von Wagenspuren durchschlängelten Dorfstraße« spielte, beim Viehhüten half und unter den Weidenwurzeln am Ufer des Baberowsees nach Krebsen jagte, bis der allabendliche Ruf der Mutter: »Kinder, die Füße waschen!« der Freude ein Ende setzte. Hier fühlte er sich immer hingehörig; hierhin flüchtete er am Ende, als ihn Krankheit zum Ausscheiden aus der Verlagsarbeit zwang.

Kagel meinte er, wenn er den Ausdruck Heimat benutzte. Eine seiner autobiographischen Skizzen hat er, beileibe nicht unbedacht oder unbefangen, mit diesem Begriff überschrieben. Andere hießen *Das Haus*, *Die Kastanie* oder auch *Erdkunde*, und wenn sie auch mit Weltkarte und Globus, China und Indien, den klassizistischen Säulen vor der

Literarisches

Berliner Nationalgalerie oder gar mit dem Satz: »Man sollte seiner Heimat nicht allzu treu sein« beginnen, so führen sie doch alle auf scharfsinnig verschlungenen Gedankenpfaden zielgerichtet nach Kagel und an die nahe Löcknitz, zu dem bescheidenen Haus inmitten des Dorfes, gegenüber der Kirche, zu der großen Kastanie vor der Schmiede (die in Hauptmanns *Rotem Hahn* eine Rolle spielte), zu dem Gasthaus, das manchem Bauern zum Unglück wurde, zu Sandwegen, die über Felder zum Bahnhof führen, zu Pappeln, deren Blätter im Herbstwind zittern, zu den Wäldern und den zwei das Dorf flankierenden Seen. Dorthin floh er sooft er konnte, wenn Berlin ihn sich selbst zu entfremden drohte. Aber nicht als Urlauber kam er, sondern als Eingesessener. Verhaßt war ihm ein »Ferienverhältnis zur Natur«, wie er das nannte und damit wohl ein sentimentales meinte. Ihm war es ernst mit der Landschaft, dem Dorf und den Dorfleuten, deren agrarische Lebensform er als Gegensatz zur industriellen und großstädtischen erkannte und klar zu analysieren vermochte. Mit einem Teil von sich blieb er dem Ort verhaftet, wo er sich und die Welt und das Schöpferische in sich entdeckt hatte, und wo allein Sicherheit war – oder zu sein schien.

Das Bild vom Kreisen der Lebensbahn um gleichzeitig zwei Mittelpunkte ließe sich also auch topographisch benutzen: der Jude und Preuße, Autor und Lektor war mit gleicher Intensität sowohl der Groß- und Hauptstadtbewohner, der im Verlag in der Bülowstraße der literarischen Welt (und zwar nicht nur der deutschen, sondern auch der österreichischen und skandinavischen) als maßstabgebender und wohl auch mächtiger Gutachter und Richter wirkte, als auch der Dorfbewohner, der Heimatverbundene, der Natursüchtige, der zur Weltabkehr und zur Einsamkeit neigte, aber auch deren Gefahren kannte – eine Gestalt also, die dem gängigen Klischee vom wurzellosen jüdischen Großstadtintellektuellen zuwiderläuft.

Zur märkischen Ländlichkeit hatte Heimann kein sentimentales,

Erinnerung an Moritz Heimann

Das Haus der Heimanns in Kagel, in dem der Autor und Lektor seine Kindheit und Jugend verbrachte und in das er sich auch später immer wieder zurückzog. Auf der der Kirche zugewandten Ecke des Hauses befand sich damals der Eingang zum Heimannschen Gemischtwarenladen.

sondern ein existentielles Verhältnis. Er schrieb keine schönfärbenden oder mystisch verdunkelten Bauerngeschichten, mit denen die völkischen Literaten große Teile des Lesepublikums damals für sich gewinnen konnten. Sein Blick für Realitäten wurde durch Heimatliebe in keiner Weise getrübt. Ein aus aktuellem Anlaß geschriebener Essay, der die Überschrift *Dörfliches* trägt, zeigt seine Sicht auf die ländlichen Dinge. Bevor er zu den Reichstagsdebatten über Agrarpolitik kommt, sagt er Grundsätzliches über die Landleute, und er erinnert dabei an ein Kapitel aus den *Wanderungen durch die Mark Brandenburg* von Fontane (über den er an anderer Stelle sagt, er werde mit einer Liebe geliebt, die nicht den Respekt ersetze, sondern sein Ausdruck sei). Stundenlang wird da durch ausgedehnte Kiefernwälder gefahren; plötzlich endet der Wald, und hinter sandigen Feldern zeigt sich ein Dorf in unendlicher Stille, dessen Anblick nur das Gefühl tiefsten Friedens auslösen kann.

»Zufällig kannte ich dieses Dorf«, heißt es bei Heimann. (Es war zwar nicht Kagel, aber der von der Löcknitz durchflossene Nachbarort Kienbaum.) Und nun zählt er alles auf, was dem Eindruck von Dorfidylle widerspricht. Das beginnt bei Wilddiebereien, Brandstiftungen und Meineiden, reicht von Kindesmißhandlung und von zerstrittenen Ehen, die durch Selbstmord des einen Teils enden, über die mörderische Behandlung von Landarbeitern bis zu Betrügereien, Härten, Tücken und Unversöhnlichkeiten verschiedenster Art. Wo der Friede hier sei, fragt er, und antwortet: nirgendwo unter Menschen, am wenigsten aber im Dorf.

Und dennoch: Wer dieses Bild einer Idylle, das niedrige Dächer, Rittersporne und Stockrosen im Garten, die Myrte am Fenster, der Hahn auf dem Kirchturm und das Läuten am Abend erzeugen, völlig verwerfen wollte, weil ein hinkender Teufel die Dächer aufdecken und Neid, Haß und Trug sichtbar werden lassen könnte, »dürfte sich eines unbestocheneren Blickes in

Erinnerung an Moritz Heimann

das Leben ganz und gar nicht rühmen. Denn er wäre – wie ein umgekehrter Gemeinplatz auch nur ein Gemeinplatz ist – selber ein umgekehrter Sentimentaler, indem er den Irrtum beginge, aus dem Idyll Folgerungen und Forderungen auch der moralischen Idyllität herzuleiten.« Wer die Menschen, in denen nun einmal auch das Böse wohne, erkennen und auch ertragen wolle, dürfe sich nicht mit der Sicht auf die Nachtseite allein begnügen. Er müsse auch das andersgeartete Arbeitsleben der Bauern bedenken, das den Hof zur Welt und zum moralischen Maßstab mache, weshalb die Idylle nicht bloßer Augenschein, sondern auch Daseinsform sei und ihre Bewohner, durch alle Bosheit und Stumpfheit hindurch, präge, sie nicht unschuldig oder auch nur besser mache, ihnen aber einen ruhigeren, stetigeren Lebensrhythmus als den der Stadt aufzwinge, der, dem Wechsel der Jahres- und Tageszeit folgend, Natürliches hat.

Ein extremer Naturschwärmer ist Heimann nicht. Er ist überhaupt gegen Extreme. (»Die Wahrheit liegt in der Tat zwischen zwei Extremen, aber nicht in der Mitte«, lautet eine seiner Aphorismen, und der Skeptiker meint damit wohl auch, daß sie sich bewege, also nicht zu fixieren sei.) Von der Naturvergottung, wie sie zu seiner Jugendzeit im nahen Friedrichshagen, besonders von Bruno Wille, betrieben wurde, ist er so weit entfernt wie die Aufklärung von der Romantik. Natur zieht ihn an, hat für ihn aber, wie besonders seine Novellen zeigen, als Gegensatz zur Kultur auch bedrohliche Züge; andererseits aber wird sie von den Menschen bedroht. Er wird erschreckt von der Technik, die sich überall breitmacht und ihm die Heimat entfremdet. Da wird die Löcknitz kanalisiert und verbreitert; die Dorfstraße wird erhöht und gepflastert; die alten Kastanien vor der Schmiede müssen Elektroleitungen weichen; und die klare Horizontlinie über den Feldern wird durch die aufragenden Schlote der Rüdersdorfer Kalkwerke zerstört.

Die Kalk- und Zementindustrie wird dem mit der Dorfgeschichte Aufgewachsenen zum Gleichnis. Im

Mittelalter haben die Zisterziensermönche vom Kloster Kagel in Rüdersdorf mit dem Kalkabbau begonnen. Jetzt ist das Kloster, wie die Sage es will, im Baberow-See versunken, die Industrie aber ist selbständig geworden, riesenhaft angewachsen und bedroht Landschaft und Dorf.

Die Bedrohung durch Antisemitismus fehlt in dieser Heimaterfahrung. Die Heimanns, die streng nach ihren religiösen Gesetzen lebten, waren die einzigen Juden in Kagel, aber sie waren nicht »fremd im gemeinen Sinne«, vielmehr wurde insbesondere der Vater, »von Jungen und Alten« nie »anders als mit ehrender Liebe« gesehen.

Fast beiläufig erzählt Heimann das, als ob er daran nichts Besonderes fände. Sicher wäre das anders gewesen, hätte er noch das Jahr 1933 erlebt.

Obwohl der Krämerssohn sich wohl fühlte unter den Bauernjungen, unterschied er sich doch im innersten Wesen von ihnen und wußte sich isoliert. Er litt an Alpträumen, Schlafwandel- und Starrsuchtsanfällen, wovon die anderen nichts ahnten und auch nicht wissen durften; sein Intellekt war früh ausgebildet, und die jüdisch-orthodoxe Erziehung, die auch zur Folge hatte, daß er andere Feiertage als seine Spielgefährten beachten mußte, hatte auch sein Gefühl für Sprache geschärft. Schon vor seiner Schulzeit konnte er lesen und schreiben. Der Zehnjährige beschloß, ein Dichter zu werden, und als er das Gymnasium, in Schneidemühl, abgeschlossen und ein philosophisch-philologisches Studium, in Berlin, abgebrochen hatte, kehrte er heim nach Kagel, bildete sich autodidaktisch weiter und machte seinen Kindheitsentschluß wahr.
Er schrieb Theaterstücke, und Otto Brahm, an den er sie schickte, entdeckte in ihnen Talent. 1894 lernte der Theatermann Heimann persönlich kennen, nannte ihn (in Briefen an Georg Hirschfeld) einen »interessanten Kerl«, der auf seinem Dorfe sitze, Berlin nicht ausstehen könne, »mit brennenden Augen« die gesamte moderne Literatur ver-

Erinnerung an Moritz Heimann

schlinge, Vegetarier sei und wie ein »jüdischer Tolstoj« wirke: »Etwas verdreht … Vielleicht mehr Verstand als Poesie.«

Das dritte Stück Heimanns, *Der Weiberschreck*, eine etwas fade Komödie, brachte Brahm im nächsten Jahr auf die Bühne. Es wurde ein erster Reinfall, den der Verfasser aber nicht miterlebte; denn er blieb am Premierenabend auf seinem Dorf. Im selben Jahr aber wurde über sein weiteres Leben entschieden. Durch Brahm kam er im Winter 1895 mit Samuel Fischer, dem wichtigsten Verleger der Moderne, zusammen; und bis zu seinem Tode kam er von ihm nicht mehr los. Schon bei der ersten Begegnung fragte Fischer den jungen Autor, der alles kannte, was der Verlag in seinem ersten Jahrzehnt gedruckt hatte, ob er als Lektor bei ihm eintreten wolle, und bewies damit sein Gespür für literarische und menschliche Qualität.

Dreißig Jahre währte dieses Arbeits- und Freundschaftsverhältnis. Der Einzelgänger vom Lande wurde S. Fischers wichtigster Mitarbeiter, nicht nur Lektor, sondern auch literarischer Leiter, eifriger Beiträger der verlagseignen Zeitschrift *Neue deutsche Rundschau* (später *Die neue Rundschau*), Entdecker und Förderer unbekannter Talente, den bereits Arrivierten ein kritischer und toleranter Berater – und schließlich auch noch Schwager zweier Autoren, denen seine besondere Betreuung galt. Gertrud Marschalk, die er im Hause ihres Bruders, des Komponisten und Musikkritikers Max Marschalk, der in der Friedrichstraße (Ecke Jägerstraße) neben einem photographischen Atelier einen literarischen Salon führte, kennengelernt hatte und 1902 heiratete, hatte drei, auch von Max Halbe und Richard Dehmel umschwärmte Schwestern, deren jüngere, Margarete, die zweite Frau Gerhart Hauptmanns wurde, und Lisbeth, die ältere, die Frau von Emil Strauß.

Aus der glanzvollen Geschichte des S. Fischer Verlages, der in diesen Jahrzehnten weitgehend die neue Literatur repräsentierte, ist die Lektoratsarbeit Heimanns nicht

Literarisches

In Kagel hat bis ins 16. Jahrhundert ein Zisterzienserkloster gestanden. Der Sage nach versank es im See. »Es war die einzige Sage, die bei uns lebendig war«, schreibt Moritz Heimann, »und wir teilten sie noch dazu mit fast allen Dörfern der Mark, die eine Kirche und einen See haben. Aber was macht das? Es war doch ein eigner, uns gehörender Grusel darum, mit keinem anderen verwechselbar.«

wegzudenken. Die Korrespondenz, die er mit dem Verleger führte, wenn dieser auf Reisen war oder er selbst in Kagel weilte, machen seinen Einfluß auf die gesamte Verlagspolitik deutlich. Für viele wichtige Werke hat er, immer im Hintergrund bleibend, tatsächlich die Pforte zur Öffentlichkeit und zum Ruhm geöffnet. Überschätzt hat er manche Autoren (Hermann Stehr, Emil Strauß beispielsweise, und auch Gerhart Hauptmann, den er, wie ganz Deutschland damals, auf den obersten Platz in der literarischen Rangliste setzte); Irrtümer, die ihm selten passierten, konnte er (wie im Falle der *Buddenbrooks*, die er zu kürzen vorschlug) auch korrigieren; meist aber hat er Literaturqualitäten (bei Robert Musil zum Beispiel) sofort als solche erkannt. Das Vertrauen, das er bei den Autoren genoß, und die Ausstrahlung, über die er verfügte, werden aus vielen Memoiren und Briefen der Zeit ersichtlich. Gerhart Hauptmann, der zur Zeit seiner ersten Erfolge auch an der Löcknitz, in Erkner, wohnte, hat ihn im *Roten Hahn* (in dem Heimanns Erfahrungen aus Kagel und Kienbaum verwertet wurden) als Dr. Boxer verewigt und ihn später »das Gewissen der deutschen Literatur« genannt; Hugo von Hofmannsthal, der sich 1903, nach einem ersten Besuch in den Verlagsräumen der Bülowstraße, wienerisch-umständlich für die Nichtbeachtung des bedeutenden Lektors entschuldigt hatte, erklärte ihm nach zehnjähriger Zusammenarbeit, daß er ihm »von Jahr zu Jahr wichtiger und wohltuender« werde. Alfred Kerr hat ihn, mit Spott zwar, aber auch mit Respekt, als »lector Germaniae« bezeichnet; und Jakob Wassermann, wohl der dankbarste seiner Autoren, hat ihn in seinem Roman *Der Fall Maurizius* in der verehrungswürdigen Gestalt Melchior Ghisels auftreten lassen, und er hat in seinen *Selbstbetrachtungen* ausführlich von der fruchtbaren und wohltuenden Zusammenarbeit mit Heimann, dem er »wahrhaft magischen Einfluß auf die Gemüter« zuschrieb, erzählt. »Aus seinem Lektorenamt«, heißt es dort, »hatte er eine Stellung von weitreichendem geistigen Ein-

Literarisches

fluß gemacht ... Wenn man zu ihm in die Wohnung kam, saß oft ein halbes Dutzend männliche und weibliche Autoren um ihn herum, auch Maler, Musiker, Philosophen; Leute aus allen Teilen des Reichs oft, die sich eine weite Reise nicht verdrießen ließen, um ein paar Stunden mit ihm beisammen zu sein. Er war Präzeptor im wahrsten und umfassendsten Sinn, durch Neigung und Gabe, durch Bestimmung und durch sein Herz ... Die Schönheit des Heimannschen Charakters ... zeigte sich vor allem in seiner freudigen und stolzen Befriedigung, wenn ich (oder auch ein anderer seiner Freunde) mit einer neuen Arbeit bei ihm erschien, damit er sie höre und begutachte. Da wurde nichts auf die lange Bank geschoben, es gab keine Abhaltungen, keine wichtigen Geschäfte; körperliche Indispositionen, an denen er häufig litt, in den letzten Jahren immer mehr, erklärte er einfach für nicht störend ... Die Art, wie er zuhörte, ist mir vollends unvergeßlich. Er war still wie eine Pflanze. Er verwandte kaum einen Blick vom Gesicht des Vorlesers. Er war ganz Auge, ganz Ohr, ganz Hingebung, ohne eine Sekunde zu erlahmen, auch wenn es Mitternacht, wenn es Morgen wurde.«

Bedenkt man, daß neben Wassermann auch andere Autoren darauf bestanden, ihm ihre neuen Manuskripte, die ja meist wirklich noch Handschriften, also Unikate, waren, selbst vorzulesen, und daß er auch eine ausführliche Korrespondenz mit den Autoren führte, so ist es erstaunlich, daß daneben ein eignes Werk entstehen konnte, das vielfältig und, wenn auch nicht riesig, so doch von beträchtlichem Umfang war.

Der schmalste Teil davon sind die Gedichte, der erfolgloseste die Theaterstücke, auf die man insgesamt Otto Brahms frühes Urteil: mehr Verstand als Poesie! anwenden könnte, und für die sich wohl auch künftig kein Liebhaber finden wird. Die größte Beachtung bei der Mit- und Nachwelt fanden seine Essays, Aphorismen, Kritiken und Glossen, die er, zum Teil unter Pseudonymen, vor allem in der *Neuen*

Erinnerung an Moritz Heimann

Rundschau seines Verlages, aber auch in der *Vossischen Zeitung*, der *Weltbühne* und anderen Zeitschriften veröffentlichte und in denen er sich als glänzender Stilist, der - besonders Paradoxien liebte, tiefer Denker, an Politik Interessierter und als Mann von umfassender Bildung erwies. Das Spektrum seiner Interessen reichte von der Literatur, in der ihm, neben seinen Zeitgenossen, Goethe und Tolstoj bevorzugte Themen boten, über die anderen Künste, die Psychologie, die Philosophie und die jüdische Problematik bis zu Verfassungsfragen, den Betriebsräten und dem modernen Verkehr.

An den geistigen und politischen Kämpfen der Zeit hat er sich, auf hohem intellektuellen Niveau, oft beteiligt, aber er war kein Parteigänger, kein Eiferer, kein Besserwisser und kein Meinungsmacher, eher ein Skeptiker, der, Vereinfachungen, wie sie die Politik nötig hat, ablehnte, der, statt sich hinter Programme zu stellen, diese zu analysieren versuchte, der den Parteien ins Gewissen redete, das Humane hochzuhalten und das Allgemeininteresse über das der Partei zu stellen und der Fragen für wichtiger als Antworten hielt. Sein Essay *Politische Ängste eines unpolitischen Mannes* endet mit folgenden Sätzen: »Von Antworten schwirrt die Luft, der Lärm wächst täglich; wieder fragen können, heißt wieder der Ruhe, der Fruchtbarkeit fähig sein. Antwort ist Programm; Frage – beinahe – Idee.«

Eine strenge Auswahl aus dieser Fülle vereinigte er in den drei ersten Bänden seiner *Prosaischen Schriften* (1918), deren fünfter Band von seinem Nachfolger im Amt, Oskar Loerke, nach Heimanns Tode herausgegeben, eine weitere Essayauswahl bot. Der vierte Band aber, mit dem Haupttitel *Wintergespinst*, enthielt zehn Novellen und zeigt einen Erzähler, der gründlicher als der Essayist und Kritiker vergessen wurde, eine Wiederentdeckung aber verdient.

Die besten dieser Novellen sind in der Mark Brandenburg angesiedelt, dort, wo sie mit Sandwegen, Kiefern und Seen am märkischsten

Literarisches

Die Löcknitz, schreibt Moritz Heimann, »ist ein kleiner Fluß, der sich aus dem Roten Luch bei Mücheberg sammelt, an seinem schmalen Zwirn Wiesen in das karge Land aufreiht und auf seinem kurzen, in seiner Bescheidenheit dem leisesten der auch ihrerseits bescheidenen Landschaft nachgebenden Lauf das große Erlebnis hat, daß ein See ihn aufnimmt und wieder entläßt«.

ist. Unschwer erkennt man Kagel und seine Umgebung. Kirche und Schmiede sind da, der See gleich hinter den Höfen, und die Löcknitz, wenngleich ohne Namen, windet sich mitsamt den sie begleitenden Wiesen auch durch den Wald. Jedes Detail, wie zum Beispiel die Unterscheidung zwischen dem Staatsforst und den Wäldern der Bauern, verrät intensive Landerfahrung, und auch in der Beschreibung der Jahreszeiten zeigt sich ein Autor, der sie genau beobachtet hat.

Im *Wintergespinst*, einer Knabentragödie aus der naturalistischen Schule, korrespondiert eine trockene bösartige Kälte, die die Seen zufrieren und die Wagenspuren im Sand der Dorfstraße erstarren läßt, mit der Bösartigkeit der Bauernfamilien; und erst am Ende beginnt es zu schneien.

Die Tobias-Vase dagegen ist eine Sommer-Geschichte, die an einem Frühlingstag anfängt und zur Kartoffelerntezeit endet, wenn der Nebel schon über dem Flüßchen liegt. Die kunstvolle Vase mit dem Tobias-Motiv aus den Apokryphen prunkt in »kräftigen Sommerfarben«; sie steht im Pfarrhaus des Dorfes, begleitet das pädagogische Experiment mit einem jüdischen Waisenknaben, gibt Anlaß zu Diskussionen über die Aufgaben der Kunst, die an die im *Tonio Kröger* erinnern, und wird im Herbst, wenn sich die Ehe des Pastors als gefährdet erwiesen hat, mutwillig, aber doch wohl nicht endgültig zerstört.

In Nebel und Regen aber spielt die Novelle, die Thomas Mann mit Recht ein Meisterwerk nannte, und die leider den unglücklichen Titel *Dr. Wislizenus* führt. Der Oktober, in dem sie beginnt, ist schon dunkel und grau wie der November, und auch der beginnende Winter ist nur trübe, stürmisch und feucht. Neben dem Heimatdorf des Autors ist hier auch dieser selbst gegenwärtig, zwar als Wislizenus verkleidet, aber schon an Äußerlichkeiten erkennbar, viel mehr aber noch an der Problematik: der eines hochgradig sensiblen Intellektuellen, der in die Einsamkeit flieht. Will man Heimanns Persönlichkeit wirklich nahekommen, muß man neben den

Literarisches

vielen Würdigungen seiner Verehrer, die ihn fast zu einem Heiligen machen, auch diese Art Selbstporträt kennen, das an einer unerhörten Begebenheit die Gefährdung eines solchen Charakters und Lebensstils zeigt. Die Novelle ist sozusagen die Umkehrung einer Heiligenlegende, legendenhaft sowohl in der Unglaublichkeit ihrer Vorfälle, als auch in ihrer nicht ausgesprochenen, aber der Geschichte immanenten Moral.

An Jakob Wassermanns emphatische Schilderung des nächtelang gespannt und geduldig zuhörenden Lektors sollte man sich erinnern, wenn man liest, wie Wislizenus, der, »um sich nicht für immer zu verlieren, Stadt und Menschen hatte fliehen müssen«, seinen späten Gast, einen Freund und Dichter, in seinem einsam im Walde gelegenen Hause empfängt. Ein Dichter, das wäre das letzte gewesen, was er sich hier gewünscht hätte, denkt er, kann aber seine Wut über die Störung und sein Erschrecken über das »Lederetui in Lexikongröße«, das der Gast eilig zur Hand nimmt, so gut verbergen, daß der Dichter schnell Platz nimmt, eitel seine Weste zurechtrückt und mit der Vorlesung seines Epos, das nicht nur im Thema, sondern auch im Umfang Dantes *Göttlicher Komödie* ähnelt, selbstgefällig beginnt.

Während der Dichter davon überzeugt ist, dem Freund eine Freude zu machen, wird dieser, den schon die Einsamkeit in eine Krise getrieben hat, von der Vorlesung genervt. Wohl ist in ihm die Wachheit des Sachverständigen rege, doch entgehen ihm manche Gesänge, weil er zu sehr mit seinem eignen inneren Zustand beschäftigt ist. Er entdeckt in den Versen Fehler und Schwächen, empfindet Schadenfreude darüber, schämt sich deswegen, doch größer ist seine gereizte Empörung, die sich zu kalter Wut steigert, als die nächtliche Stille von einem randalierenden Landstreicher gestört wird, der Dichter diesen Einbruch der wirklichen Welt in seine ästhetische als Kränkung empfindet und fordert, den Vagabunden wie einen tollen Hund niederzuschießen – was der Gastgeber, teils um die eitle Anma-

Erinnerung an Moritz Heimann

ßung des Dichters zu strafen, teils um seine Wut zu entladen, nach mehrmaliger Störung tatsächlich auch tut.

Die moralische Rechtfertigung der Tat konstruiert sich der Mörder erst später: Niemand vermißt den alkoholsüchtigen Heimatlosen, für die menschliche Gesellschaft war er mehr Plage als Nutzen, in seinem Elend konnte er dankbar sein für den raschen Tod. Sorgfältig beseitigt Wislizenus die Spuren und glaubt sich vor schlechtem Gewissen sicher, da dieses, so meint er, nur aus Furcht vor den Folgen der Tat entsteht. Doch wie sich ihm schon die Flucht in die Natur als Irrtum erwiesen hatte (denn die Natur kann einem Menschen nichts als Trauer darüber, daß sie ihm nichts geben kann, geben), so erweist sich auch die Gewißheit der Folgenlosigkeit seiner Tat als falsch. Der Tote wird nie entdeckt, aber er wird nicht vergessen. In Wislizenus wächst er zu Riesengröße, den Alpträumen seiner Kindheit vergleichbar; und es stellt sich heraus, daß der Landstreicher eine Begleiterin hatte, ein widerliches Weib, ebenfalls alkoholsüchtig, das den Toten vermißt.

Wislizenus, dessen Flucht in die Einsamkeit schon die Bindung an die menschliche Ordnung gelockert hat, war durch die Mordtat noch weiter von ihr entfernt worden und verwildert in deren Folge nun ganz. Er wäscht und rasiert sich nicht mehr und verweigert sich allen Tischsitten; das Haus verwahrlost, und mit dem Schmutz übernimmt die Natur die Herrschaft. Nicht von Verdacht, sondern Instinkt getrieben, kommt die Landstreicherin ins Haus auf der Suche nach ihrem Gefährten, nistet sich ein bei dem Willenlosen und führt ihn schließlich, als Ersatz für den Toten, fort in den Wald.

Daß das Unglaubliche glaubhaft wird, ist das unglaublich Gute an dieser Novelle. Allein ihrer sechzig Seiten wegen verdiente Heimann in der Literaturgeschichte einen sichtbaren Platz. Doch schon zu seinen Lebzeiten fand die Novelle nur geringe Beachtung, obwohl Julius Bab sie 1922 in einer umfassenden

Literarisches

Würdigung Heimanns (in dem Sammelband *Juden in der deutschen Literatur*) als Glanzstück kritisch gerühmt hatte und sie 1924 sogar vom Film entdeckt worden war. (Nach einem Drehbuch von Willy Haas spielten hier Paul Bildt, Joachim Ringelnatz und in der Hauptrolle Fritz Kortner.) Später wurde sie, wie das meiste von ihm, schnell und gründlich vergessen. Vielleicht hängt das mit der hohen Stillage zusammen, die wenig Zeitgemäßes hatte. Eingängigkeit oder ein Plauderton, wie er ihn an Fontane liebte und als »Spazierenschreiben« charakterisierte, war ihm auch in den Essays nicht gegeben. Vielleicht aber spielte auch eine Rolle, daß Heimann, nach der Verfemung alles Jüdischen in den Hitlerjahren, nicht zu den Opfern oder Exilierten gehörte, deren Wiederentdeckung man nach 1945 als Pflicht empfand.

Er stirbt bereits 1925, mit nur 57 Jahren. Ein Nierenleiden zwingt ihn schon vorher zum Ausscheiden aus der Verlagsarbeit. Von S. Fischer mit einer Pension versehen, kann er ohne Geldnöte in Kagel leben, ist aber von dort aus in Briefen weiter beratend tätig oder empfängt Fischers oder anderer Freunde Besuch. Wassermann findet ihn hinfällig, wie im ständigen Fieber; Loerkes Tagebuch registriert das Auf und Ab der körperlichen Zerstörung; aber die Sorgen um den Verlag und die Zeitschrift beschäftigen ihn weiter, bis die Krankheit ihn zum Schreiben und Denken unfähig macht. Als ein wohlmeinender Arzt ihn auffordert, sich doch keine Gedanken über seine Krankheit zu machen, antwortet er verzweifelt: er habe ja schon lange keine Gedanken mehr.

Das Ende in der Berliner Charité ist langandauernd und qualvoll. Oskar Loerke spricht die Grabrede, die mit der Hoffnung auf Unzerstörbares, das uns von Moritz Heimann erhalten bleiben wird, schließt.

Neun Jahre später, als Hitler schon herrscht, stirbt Samuel Fischer. Beider Gräber in Berlin-Weißensee, auf dem jüdischen Friedhof, liegen nicht weit voneinander entfernt.

Erinnerung an Moritz Heimann

ÜBER BÖLL, DAS GESCHWÄTZ UND DAS SCHWEIGEN

In einer Unterhaltungssendung des Fernsehens, die den Absatz von Büchern fördert und Nicht-Leser unter den Zuschauern zum Mitreden in literarischen Fragen befähigt, war kürzlich von einem Buch die Rede, das man, vor allem fehlender Indiskretionen wegen, für eine gänzlich verunglückte Hervorbringung hielt. Vierstimmig, mit Variationen und verhaltenen Gegentönen, fand man das Buch überflüssig und langweilig. Doch gelang es der zweiten Stimme, die verständlicherweise ihre Rolle als Stichwortgeber der ersten hin und wieder zu verlassen bemüht ist, indem sie, nach beifallheischenden Blicken ins Publikum und einem zur Nachahmung auffordernden Lachen, mit mimischer und gestischer Unterstützung eigne, sorgfältig vorbereitete Witze bietet oder durch Grobheiten, wie: das Blödeste, das man jemals gelesen habe, Freude verbreitet – diesem Zweiten also gelang es, alles über die Miserabilität des Buches Gesagte mit einer Feststellung zu übertrumpfen, die nicht nur das Verdammungsurteil verstärkte, sondern zugleich auch deutlich machte, wie das Unglück hatte geschehen können. Dadurch nämlich, daß der langweilende Autor, nach eigner Aussage, Heinrich Böll verehrt hatte. »Vor Böll kniet er nieder!« rief also der Zweite mit spöttisch erhobener Stimme, sich aus dem Sessel erhebend und den Zeigefinger anklagend zum Himmel reckend, um sich dann wieder, wohl wissend, daß nur Verrisse mit Sicherheit begehrte Lacher erzeugen, zufrieden in seinen Sessel zu lehnen, in dem Bewußtsein: damit sei alles erklärt.

Da das Quartett, bei Strafe des Quotenverlustes, zu ständiger Eile und zum Verzicht auf Klärung von Grundsatzfragen verdammt ist, blieb die Frage offen, ob nach Ansicht der literarischen Richter Verehrung als solche Langeweile erzeuge, oder ob speziell Heinrich Böll ihnen als Verursacher des Übels gelte. Wie zu befürchten ist, war beides damit gemeint. Denn wer in der Literatur Verehrung oder auch Dankbarkeit oder Güte als langweilig empfindet, der wird auch Heinrich Böll zu den Langweilern zählen – und mit ihm beträchtliche Teile der großen Literatur. Vielleicht aber meinte der Unterhalter mit dem Begriff langweilig eigentlich altmodisch, und er wollte damit zum Ausdruck bringen, daß ein moderner Autor, wenn er schon nichts Exhibitionistisches aufweise, doch wenigstens zynisch zu sein habe und so auch das, was er in der Jugend geliebt oder verehrt habe, mit Verachtung betrachten, also verraten müsse, besonders wenn die Verehrung einem Menschen gegolten hatte, der nichts weniger als Zynismus verkörpert hatte, in den Augen des Entertainers also gestrig oder vorgestrig ist.

Wie man kürzlich nach dem Tod eines anderen Dichters in den Zeitungen lesen konnte, gibt es genügend Leute, die schon am nächsten Morgen zu wissen glauben, daß von den Werken des Verstorbenen dieses oder jenes oder auch keines ihn überleben werde. Und es sind nicht nur junge Leute, die sich dergleichen anmaßen und bei denen man es verzeihlich findet, weil sie den

Über Heinrich Böll

Vorgang des Aufblühens und Absterbens literarischer Vorlieben und Bedeutsamkeiten am eignen Geiste noch nicht erfahren haben und deshalb ihr Urteil vom April 1997 für das einzig richtige und immer gültige halten; sondern auch im Literaturbetrieb ergraute Alte, die, um kluge Bescheidung lernen zu können, nur in ihren gesammelten Irrtümern zu blättern brauchten, und die aus der Literaturgeschichte doch wissen müßten, daß in dieser Hinsicht Zeitgenossenschaft den Blick in die Zukunft verstellt. Auf die Frage: Was bleibt von erfolgreichen Werken? kann mit ruhigem Gewissen eine eindeutige Antwort nur einer geben, der entweder so unklug ist, das eigne Urteil für unfehlbar zu halten, oder für den eine demonstrative, Irrtümer einkalkulierende Selbstgewißheit notwendigerweise zum Geschäft des Literaturrichters gehört.

Ich werde mich davor hüten, Prognosen über das Weiterleben von Bölls Werken zu geben. Was die Zukunft angeht, will ich mich auf die Bemerkung beschränken, daß selbst im ungünstigsten aller Fälle, wenn also seine Bücher kaum noch gelesen werden, nicht nur die Literaturgeschichten sein Andenken als das eines überaus erfolgreichen Schriftstellers bewahren werden, sondern auch die Geschichtsbücher, die ein Bild von der sogenannten alten Bundesrepublik zu vermitteln versuchen werden. Denn Böll gehörte zu ihr wie das Wirtschaftswunder, die Vertriebenenverbände, die *Bild*-Zeitung und Adenauer. Er war nicht nur Schriftsteller, sondern auch Repräsentant der Zeitgeschichte – was unter deutschen Dichtern nicht eben häufig ist.

Der Einfluß, den er ausübte, war beträchtlich, und er erstreckte sich nicht nur auf Literaturfreunde, weil er nicht nur ein literarischer war. Aber auch sein politischer Einfluß war mehr als ein solcher, weil Bölls Aufrichtigkeit und Güte auch Leute beeindruckte, die seine Ansichten nicht teilten. Er wurde für viele zum Vorbild moralischen Verhaltens, und auch seine Irrtümer schmälerten sein Ansehen kaum. Ähnlich war es mit seinen Büchern, deren

Literarisches

künstlerische Schwächen ihre Wirkung nur wenig verminderten – vorausgesetzt, man hatte für seine Art des Denkens und Fühlens auch ein Gespür.

Und das hatte ich, als ich anfing zu schreiben, in hohem Maße – und ich bin damit endlich bei meinem Thema, das weniger Heinrich Böll heißt, als: mein Verhältnis zu ihm und zu seinen Büchern – ein Verhältnis, das kein persönliches war. Denn meine Begegnungen mit ihm waren flüchtig, und da er in ihnen keine Erwartung enttäuschte, beschädigten sie auch nichts. Ich kniete nicht vor ihm nieder, wie unser Fernsehstar meinte, aber ich schaute doch verehrend und lernbegierig, und auch ein wenig nach seelischer Hilfe suchend, zu ihm empor. Er war mir ein strahlender Stern an meinem Lektürehimmel, kein Fix-, sondern ein Wandelstern, wie sich erweisen sollte, aber doch einer, der in einer problematischen Lebensphase als Leitstern wirkt.

Lesen gelernt im buchstäblichen und im literarischen Sinne habe ich als Kind an Karl Mays Romanen; an Böll aber habe ich als junger Mann erst so richtig begriffen, wie die Bücher mit den Erlebnissen und Erfahrungen, mit politischen Ansichten und historischen Situationen zusammenhängen; und bei beiden Autoren, denen ich noch einige weitere hinzufügen könnte, haben die Kunstfehler, die beide (natürlich in kaum vergleichbarer Weise und Stärke) aufweisen, den Genuß an ihnen, ohne welchen weder der Lernprozeß noch die Lebenshilfe möglich gewesen wären, in keiner Weise gestört, ja, ich habe sie kaum bemerkt. Deutlich wurden sie erst, als sich die Wunde, für die diese Bücher das Pflaster gewesen waren, geschlossen hatte. Mit der Minderung ihrer Notwendigkeit minderte sich auch ihre Vollkommenheit. Als die individuellen Leiden geheilt waren oder die politischen Absichten und historischen Erfordernisse sich verändert hatten, veränderte sich auch das Urteil über sie.

Ich sage das zur Warnung der Selbstgewissen, die ihr Urteil von heute für ein noch morgen gültiges halten, und zur Entschuldigung

Über Heinrich Böll

264 Wie man auch in Zukunft die Werke Heinrich Bölls einschätzen wird – ein fester Bestandteil der Geschichte der Bundesrepublik Deutschland wird er bleiben, als vielgelesener Chronist seiner Zeit und als politisch-moralische Instanz.

derer, die Böll vor dreißig Jahren als einen der ganz Großen bejubelt haben und die heute nur gelangweilt die Achsel zucken, wenn sein Name fällt. Eine Erkenntnis meines Lebens mit Büchern (und, nicht zu vergessen, mit Rezensionen) ist die von der Abhängigkeit unseres literarischen Urteils vom Leben; wobei ich Leben umfassend meine, also nicht nur individuelle Umstände und Befindlichkeiten, sondern auch zeitgeschichtlich bedingte, wie Wohlstandsperioden, Wirtschaftsflauten, Wiederaufrüstungs-, Stagnations- und Veränderungsphasen oder den Krieg. Wer Liebesschmerz leidet, urteilt anders über Liebesgeschichten als ein mit seelischen Hornhäuten Versehener. Zeiten, die Helden brauchen, finden in Büchern auch welche, die sie dann in friedlichen Zeiten als kostümierte Puppen erkennen müssen. Und wer in Nachkriegszeiten darunter leidet, daß sich Vorkriegsverhältnisse teilweise wiederherstellen und die vergeßlichen Mittäter von gestern ihre Mentalität nicht verändern, der nimmt auch die bombastische

Über Heinrich Böll

Symbolik des »Sakraments des Lamms und des Büffels« in Kauf.

Das aber sind Reaktionen von Lesern, die, wie ich oder mein Nachbar, in der Literatur neben Kunstgenuß auch Lebenshilfe oder Lebensentsprechung oder Lebensbereicherung, also ein zweites, dem ihren in Beziehung zu setzendes Dasein suchen, nicht aber die von Berufskritikern, die sich selbst (oder nur uns?) weiszumachen versuchen, daß sie anders läsen, nämlich nur auf den Kunstwert hin. Sie ließen sich, wie manche von ihnen verlauten lassen, durch inhaltliche Bestätigungen ihrer eignen Ansichten und Vorlieben nicht zum Übersehen von Kunstfehlern verführen; sie würden auch Romane, deren Tendenzen und Weltsichten im Widerspruch zu den ihren stünden, hervorragend finden können – nur gäbe es leider solche Romane, die wirklich gut sind, nicht.

Das Bemühen, zu solcher Art Objektivität zu gelangen, sollte man ernstzunehmenden Kritikern nicht absprechen wollen. Es gehört ohne Zweifel zu ihren Idealen. Nur spricht alle Erfahrung dagegen, daß diese erreichbar sind. Im inneren Widerstreit zwischen Objektivität und politischer Ansicht, religiöser Überzeugung oder spezieller Weltsicht bleibt die Objektivität meist auf der Strecke – wenn auch die Leugnung dieser Tatsache zu den Grundsätzen des Metiers gehört.

Ich halte solche Grundsätze für unklug. Denn als Praxis ausgegebene Ideale machen den Kritiker unglaubwürdig, und der künstlichen Trennung von Form und Inhalt ist ein ganzheitliches Urteil doch vorzuziehen. So wie mir unter den guten Büchern jene am besten gefallen, die meine Ansichten und Einsichten bestätigen, meinen Gefühlen entgegenkommen oder Ähnlichkeiten zu eigner Haltung und Lebensart aufweisen; so wird es wohl auch den Kritikern gehen. Auch in ihnen wirkt eine Prägung, von der sie nicht absehen können. Auch sie sind dem Zeitgeist verbunden, werden also in unterschiedlichen historischen Situationen zu unterschiedlichen Urteilen kommen – und manch einer von ihnen gibt

Literarisches

das zu. Als die DDR-Literaten noch unter Zensurdruck schrieben, konnten ihre Bücher, wenn sie auch nur Spuren einer Oppositionshaltung zeigten, im Westen mit Lob, zumindest mit Zustimmung rechnen, mit dem also, das man nachträglich DDR-Bonus nannte, der doch nichts anderes war als der Sieg der Politik über das Kunsturteil.

Marcel Reich-Ranicki, dessen Urteile ich übrigens, wenn er nicht auf Fernsehbelustigung aus war, sondern ernstzunehmende Kritiken verfaßte, häufig zu schätzen wußte, und dem Heinrich Böll zum 65. Geburtstag einen Glückwunsch voller Anerkennung und noch mehr Ablehnung darbrachte, in dem er die angebliche Objektivität ironisierte, der immer unbekannt bleibenden »Meßlatte« der Kritik nachfragte und die Berechtigung einer Konvention anzweifelte, nach der Autoren sich gegen Verrisse nicht öffentlich wehren dürfen – Reich-Ranicki also bekannte 1986, als er seine durchaus kritischen, aber immer solidarischen Arbeiten über Heinrich Böll zusammenfaßte, unumwunden, daß seine Urteile natürlich immer »zeitgebunden und zeitbedingt« gewesen waren – womit er wohl vorsichtig andeuten wollte, daß damals noch andere als literarische Gründe seine Urteile bestimmt hatten. Welcher Art diese waren, das sagte er etwa drei Jahre später in einem langen Gespräch mit Herlinde Koelbl, und es hört sich wie eine Erläuterung der vorher zugegebenen Zeitgebundenheit an.

Auf die aus Amerika importierte Behauptung: Wenn es in der Bundesrepublik die jüdischen Kritiker der zwanziger Jahre noch gegeben hätte, wäre Heinrich Böll nie mit einem großen Schriftsteller verwechselt worden, entgegnete der Befragte erst einmal mit der bei ihm schon bekannten Floskel: »Das stimmt, und es stimmt nicht«, um dann mit einem »Wir« fortzufahren, das die Majestät durchschimmern ließ. »Wir sahen«, sagte er, »keinen anderen Ausweg ... Die konservative Kritik wollte Gerd Gaiser zur Galionsfigur der Literatur machen, den antisemitischen, exnazistischen Schriftsteller. Das konnten wir nicht

Über Heinrich Böll

zulassen. Wir haben uns auf Heinrich Böll als Gegenkandidaten geeinigt ... Böll hatte das Schicksal eines durchschnittlichen Deutschen, der Soldat gewesen war. Und er stellte etwas dar ... Außer Böll kam für diese moralische Position niemand in Frage.«

Soweit das Zitat, aus dem wir, wenn wir es ernst nähmen, ersehen könnten, wie und von wem Nobelpreisträger gemacht und wir Leser erzogen werden, und auch, wie es mit der Reinheit des Kunsturteils steht. Ignoriert man die sich hier manifestierende Lust an geistiger Machtausübung und die Machtträumereien des Meinungmachers, und stellt man in Rechnung, daß der leidenschaftliche Plauderer Übertreibungen als zu seinem Beruf gehörig betrachtet, so könnte man das als den Sieg der Moral über die Kunst betrachten, was gar nicht so weit entfernt ist von dem, was man den seelischen Gebrauchswert der Literatur nennen könnte, einen Wert also, der mit dem Kunstwert nicht unbedingt parallel laufen muß.

Für mich hatten Bölls Bücher, vor allem die frühen, auch ohne Kenntnis der Rezensionen des angeblichen Königmachers, eine überaus große Bedeutung. Denn ich war in jungen Jahren ein Leser, der in der Literatur Erklärungen und Bestätigungen seiner selbst finden wollte und der dazu Autoren suchte, die ihm irgendwie ähnlich waren oder doch zu sein schienen. Und wenn das auch (man ist, still für sich, nicht bescheiden in diesem Alter) auch auf Jean Paul, Hölderlin oder Thomas Mann zutreffen mochte, so war doch noch besser einer, der neben Seelen- und Geistesverwandtschaft auch die Zeitgenossenschaft mit der gleichen Erlebniswelt hatte, das gleiche Bedürfnis, sich Gewissen und Denken von verzerrenden ideologischen Einflüssen frei zu halten – und die gleichen Sorgen mit der verfluchten, aber auch, vor allem der Sprache wegen, geliebten Nation. Nicht nur für mich, sondern für alle jene, die mit dem Ärmelaufkrempeln der Nachkriegsjahre ihr Erinnern nicht zum Erlöschen gebracht hatten, sondern den Wahn, die Verführung, das Elend, die

Literarisches

Scham, die Schuld und die Trauer so schnell nicht vergessen konnten, ist Heinrich Böll ein Glücksfall gewesen, weil er ihr Empfinden in Worte faßte, sie in ihrer Haltung bestärken konnte und ihnen das Gefühl der Vereinzelung nahm.

Böll war etwa zehn Jahre älter als ich, also nicht die Verkörperung eines Vaters, der einer vorigen Generation angehörte, eher die eines älteren Bruders, der, ausführlicher als ich und in reiferen Jahren, mit der Hitlerzeit, dem Militär, dem Krieg und einer in Trümmern liegenden Heimat die gleichen Erfahrungen gemacht hatte, und der in Essays und Geschichten (was auch ich gern getan hätte) diese Erfahrung bewußt zu machen verstand.

Die Unmittelbarkeit seiner Wirkung hing damit zusammen, daß er nicht, wie Thomas Mann oder Musil, Bildungsgüter in seinen Romanen transportierte, und auch nicht als Chronist seiner Epoche, wie Balzac oder Zola, eine gesellschaftliche Totalität nachzubilden versuchte, sondern daß er von Anfang bis Ende ein Beschreiber seiner Erfahrungen und Erlebnisse war. In seinen gelungensten Werken war die Hauptgestalt immer der Autor unter wechselnden Namen. Seine Welt war auch die seiner Bücher: Köln, Bonn, der Rhein, ein rheinisch getönter Katholizismus, kleine Leute, Leidende, Mitleidende, Schwache, denen die Täter- und Machertypen gegenübergestellt werden, und im Krieg der Muschkote oder der kampf- und karriereunwillige Obergefreite, der den militärischen Absurditäten zum Opfer fällt. Verglichen mit anderen Kriegsromanen oder gar mit den Generalsmemoiren, die damals im Schwange waren, war es eine Sicht von unten, aus dem Schützenloch, nicht vom Feldherrnhügel, eine detailbesessene, eigne Sichtweise, die aber von vielen, die das ähnlich erlebt hatten, geteilt wurde. Das machte die Identifizierung mit seinen Figuren leicht möglich, half, durch Selbstbestätigung seelische Kriegsschäden zu überwinden und machte das Unbehagen an einem Wohlstandsstreben, das schnelles Vergessenkönnen zur Voraussetzung hatte, bewußt.

Über Heinrich Böll

Bedeutend war Heinrich Bölls Engagement in der Friedensbewegung. 1983 nahm er, gegen die Stationierung atomarer Mittelstreckenraketen protestierend, trotz seines schon schlechten Gesundheitszustandes an der Blockade des US-Militärdepots in Mutlangen teil.

Obwohl meine Böll-Verehrung sehr individuelle Gründe hatte, schwamm ich damit in einer Zeitströmung – ein Phänomen, das ich mehrmals im Leben nachträglich feststellen mußte und das einerseits meine Skepsis gegen die Autonomie von Entschlüssen nährte, mir andererseits aber auch die schöne Erfahrung bescherte, daß man mit seiner Haltung oft so allein, wie man sich fühlt, gar nicht ist. Man glaubt zu schieben und wird geschoben, kann aber dabei auch die Hoffnung haben, ein Teilchen der Schubkraft zu sein.

Inwieweit die Kritiker schoben, ist schwer zu sagen. Mich haben sie, glaube ich, wenig beeinflußt. Wahrscheinlich war es wie immer: daß nämlich nicht ihre Urteile, die in diesem Falle extrem auseinanderliefen, die Wirkung ausübten, sondern allein die Tatsache, daß jeder über ihn schrieb. In der Leserschaft aber war sein Erfolg ungeheuer, und zwar nicht nur im westlichen und östlichen Deutschland, sondern auch in anderen Ländern und Erdteilen, wo er bald der bekannteste und beliebteste deutsche Gegenwartsautor war.

Daß seine Werke, wenn auch nicht alle, in der Sowjetunion und in den von ihr beherrschten Gebieten übersetzt und gedruckt werden durften, hatte natürlich mit Bölls kritischer Haltung zur westdeutschen Nachkriegsentwicklung zu tun. Man verstand ihre Herausgabe als Teil der anti-westlichen Propaganda, doch hatte man damit falsch kalkuliert.

Literatur wirkt meist anders als Zensoren es sich wünschen. Politisch gefährlich oder auch nützlich ist für sie vor allem das ausgesprochene Inhaltliche. Sie sind aber blind für den allen Lesern vertrauten Vorgang der Übertragung literarischer Umstände und Probleme in eigne Verhältnisse und für das Modellhafte von Literatur. So wie das Dienstmädchen sich bei der Marlitt-Lektüre in ein von Liebeskummer gepeinigtes Komteßchen versetzen konnte und Kafkas *Prozeß* überall auf der Welt als Abbild der jeweils vorhandenen Bedrohung wirkte, so erkannte sich auch der

Über Heinrich Böll

Leser, der östlich des Eisernen Vorhangs lebte, in den sinnlos Geopferten, den Leidenden, den Ausgegrenzten und den enttäuschten Moralisten von Bölls Büchern wieder – auch wenn die Gegenseite bei ihnen nicht aus uneinsichtigen Kirchenvertretern, Wirtschaftsbossen und exnazistischen Parlamentariern, sondern aus dogmatischen Parteifunktionären bestand. Auch sah man in der kritischen Haltung einen Beweis für die Freiheit, die man selbst nicht hatte, und in dem Autor einen ehrlichen, unideologischen Zeitzeugen, dessen Engagement für die Benachteiligten und Schwachen man als Aufforderung zum Engagement in eigner Sache empfand.

In dem Roman *Ansichten eines Clowns*, der 1963 herauskam, hat Böll den Problemen, die sich aus dem Erscheinen seiner Bücher im Osten ergaben, ein eignes satirisches Kapitel gewidmet – das dann prompt auch zur Folge hatte, daß der Roman in der DDR die Zensur nicht passieren konnte und erst etwa fünfundzwanzig Jahre später erschien. Da entschließt sich der Clown, nachdem er es sich in Bonn und Umgebung mit allen verdorben hatte, um ein paar Mark zu verdienen, in der DDR aufzutreten, wo er, in Erfurt, als Kritiker des Kapitalismus mit offenen Armen empfangen wird. Man will ihm, dessen satirische Stücke sich gegen westliche Zustände richten, auch die Erlaubnis zum Auftreten geben, reagiert aber sofort mit Verbot und Empörung, als er die Absicht äußert, die Stücke durch leichte Abwandlung den DDR-Verhältnissen anzupassen, damit sie auch für die Erfurter Zuschauer witzig sind.

Was der Clown hier, zum Entsetzen der Kulturfunktionäre, sprich der Zensoren, auf der Bühne beabsichtigte, war genau das, was im DDR-Leser bei der Lektüre der Böllschen Romane vorging: die Anwendung des literarischen Modellfalls auf die eigne Situation. So wie der Clown den Beschluß eines Aufsichtsrats durch die Änderung weniger Vokabeln in die Beschlußfassung eines Parteitages verwandeln konnte, verstand es der Leser,

Literarisches

sich die rheinische Wohnküche in Ostberlin oder Leipzig zu denken, aus Neureichen und Korrupten Kreissekretäre zu machen, christlich-erbauliche Reden über fehlenden Leistungswillen in marxistisch-forsche Aufbauparolen zu übersetzen oder sich von der Kölner Familie, die Tante Milla zum ganzjährigen Weihnachtenfeiern verurteilt hatte, an die Dauerfeierverpflichtung der sozialistischen Menschengemeinschaft erinnern zu lassen, in der eine nicht abreißende Kette von Fest- und Parteitagen, Republiksgeburtstagen und Planerfüllungstriumphen Anlaß zu ständiger Selbstbeweihräucherung bot.

Mit dieser Erzählung, die *Nicht nur zur Weihnachtszeit* hieß und den Protest verständnisloser katholischer Kreise hervorrief, bin ich bei Bölls Humor und den von mir besonders geliebten Satiren. Eine von ihnen, wohl seine beste, *Dr. Murkes gesammeltes Schweigen* nämlich, wo der eitle Anpassungskünstler Bur-Malottke den unzeitgemäß gewordenen Gott aus seinen Werken beseitigt, schien beim erneuten Lesen so frisch wie in dem Jahr ihres Erscheinens, und das liegt immerhin schon vierzig Jahre zurück.

Diese Langlebigkeit hängt sicher nicht nur mit Bölls Humor, seinem Erzähltalent und seiner Beobachtungsgabe zusammen, sondern auch mit der ewigen Wiederkehr von Opportunismus und Anpassungszwängen – und das nicht nur zur Wendezeit.

Sprachregelungen, deren Verletzung geahndet wird, sind zwar auch heute noch üblich (man denke an Worte wie Wiedervereinigung oder Anschluß, durch die wir eine politische Meinung ausdrücken, uns in bestimmten Kreisen und Gruppen unmöglich machen oder Zugehörigkeit durch sie signalisieren können), doch trieben sie im geteilten Deutschland des Kalten Krieges besonders üppige Blüten, und ihre Befolgung wurde rigoros durchgesetzt. Rigoroser natürlich im Osten, der sowohl in der Meinungsbildung als auch in der Administration zentralistischer und brutaler war. Dort

Über Heinrich Böll

war es undenkbar, daß man zum Beispiel für die Bezeichnung des bösen Anderen, wie im Westen, mehrere Varianten zur Auswahl hatte: neben der DDR mit oder ohne Anführungszeichen auch Mitteldeutschland, die Zone, die Ostzone oder die Sowjetzone, die auch als SBZ möglich war.

In der DDR dagegen galt jeweils nur eine Benennung, doch wechselte diese anfangs durch Kursänderungen häufig, so daß für das andere Deutschland, das erst als Kolonie der amerikanischen Imperialisten fungierte, später aber selbst zum Imperialisten ernannt wurde, die Bezeichnung Westdeutschland zeitweilig geboten, dann aber verboten war. Die geforderte BRD durch Bundesrepublik zu ersetzen, war schon ein kleiner Verstoß gegen die guten Sitten, mit dem sich Mangel an Konformität andeuten ließ. Doch fiel das dann schon in die beginnende Endphase des Staates, in der man, verglichen mit den Anfangsjahrzehnten, auch in dieser Hinsicht lockerer geworden war.

Dr. Murkes liebenswürdige Bosheit aber gehörte in die zweite Hälfte der fünfziger Jahre, wo mancher DDR-Bur-Malottke, der in keinem seiner Essays oder Vorträge die Genialität des weisen Führers der Völker, des hochverehrten Genossen Stalin, zu erwähnen vergessen hatte, nun, nachdem dieser verdammt und aus der Ahnenreihe der Klassiker getilgt worden war, verzweifelt nach Ersatzworten für die entstandenen Lücken suchte; denn der glücklicherweise auch zweisilbige Lenin paßte nicht überall hin.

Um mein damaliges Entzücken über den Kleinredakteur Murke und den Großautor Bur-Malottke verständlich zu machen, muß ich erwähnen, daß ich wenige Jahre vor Erscheinen des *Murke* als bibliographischer Hilfsarbeiter beim Entstehen einer Publikation mitwirken mußte, die die unübersehbare Masse von wissenschaftlichen Aufsätzen, die zum Ruhme von Stalins Arbeit über die Sprachwissenschaft verfaßt worden waren, erfassen sollte, so daß ich also viele professorale Wendungen, die der von dem

Literarisches

höheren Wesen, das wir verehren, nicht unähnlich waren, noch immer im Kopfe hatte und auch die durch quälende Langeweile erzeugte Pein kannte, die halbwegs intelligente Zuarbeiter bei der Zwangsbeschäftigung mit Nichtigkeiten, die für bedeutend gehalten werden, befällt. Wohlbekannt waren mir auch die wortlosen, aber vielsagenden Blicke, die angesichts Bur-Malottkes Sprachregelungswünschen zwischen dem Techniker und Murke gewechselt werden und eine Freundschaft zwischen zwei Menschen bezeugen, die sich dem allgemeinen Dauergeschwätz entziehen.

Murkes Sehnsucht nach Schweigen ist eine Form der Verweigerung, ein Nein zur Konformität. Wer immer und überall mitmacht im Chor der Schwätzer, muß auch den wechselnden Moden, den Trendänderungen und Kurswechseln folgen, muß Stalin vielleicht durch die Weisheit der gesetzmäßigen marxistisch-leninistischen Lehre ersetzen oder, wenn die religiöse Euphorie der Niederlage von 1945 vorbei ist, Gott distanzierter jenes höhere Wesen, das wir verehren, nennen – ein Beispiel für Sprachopportunismus, das der Katholik Böll natürlich nicht zufällig wählt.

Ich habe es immer als gutes Recht des Lesers betrachtet, in Büchern jene Probleme, Geschehnisse und Figuren für wichtig zu halten, die für ihn selbst von Wichtigkeit sind. Auch von Literaturwissenschaftlern und Kritikern sollte man sich dieses Recht niemals nehmen lassen, am wenigsten von denen, deren Einstellung zum Leben, zur Literatur, zur Politik und zu moralischen Fragen einem nicht paßt. Dieses Recht zur persönlichen Bedeutungsgewichtung macht es, wie ich nachträglich finde, verzeihlich, daß ich damals den *Dr. Murke* ausschließlich unter politischen Gesichtspunkten gelesen habe, obwohl mir Bölls Katholizismus von vornherein wichtig gewesen war. In seinem Nachkriegseheroman *Und sagte kein einziges Wort* hatten mich beispielsweise die Glaubens- und Kirchenfragen teils verstört, teils beeindruckt; die religiöse Ebene des *Dr. Murke* aber

Über Heinrich Böll

war von mir glatt überlesen worden – so deutlich, ja fast aufdringlich, sie mir auch heute erscheint.

Schließlich lauten die Schlußworte der Erzählung: »Ich betete für dich in Sankt Jacobi.« Sie stehen auf einem kitschigen Herz-Jesu-Bildchen, das Murke von seiner Mutter bekommen hatte und das für ihn so etwas wie Sand im Getriebe der Kunstmaschinerie wird. Dem ganz auf moderne Kunst getrimmten Wirtschaftswundergebäude des nagelneuen Funkhauses, dessen leere Pracht Murke nicht weniger als die Eitelkeiten Bur-Malottkes bedrücken, versucht er durch das grell-bunte Bildchen ein wenig Seele einzuhauchen, indem er es sichtbar an der Tür der Hörspielabteilung befestigt, hinter der gerade ein Stück produziert wird, zu dem man am Ende die übriggebliebenen Gott-Schnipsel Bur-Malottkes noch brauchen kann.

In dieser Szene von nur wenigen Zeilen, in der eine ohnmächtige Geste daran erinnert, daß es auch für den modernen Menschen noch mehr gibt als das Funktionieren in der Alltagsroutine und das allabendliche Geschwätz der Medien, finde ich noch heute den Böll, den ich damals so hoch verehrte, obwohl ich manchmal seine Meinung nicht teilte und nicht alle seine Bücher vollkommen fand.

Bei ihm gab es keine Diskrepanz zwischen der Person und den Werken. Überall war da die Achtung vor der Besonderheit des einzelnen Menschen, eine Verachtung des Schablonisierten und die Warnung vor einem totalen Organisiert- und Verwaltetsein des Menschen, ob die nun von der Wirtschaft ausgeübt wird oder von einer Diktatur. Ich verehrte in ihm den Moralisten, ein Wort, das er nicht gerne hörte, das ihn aber richtig bezeichnet, weil er die Moral über die politische Zweckmäßigkeit stellte, ihre Maßstäbe auch für die Kunst als gültig erachtete und auch selbst danach handelte, indem er vielen Notleidenden und Verfolgten half.

Der Bundesrepublik Deutschland, deren Entwicklung er scharf kritisierte, fühlte er sich ihrer demokratischen Rechte wegen stets

Literarisches

zugehörig. Die deutsche Einheit war ihm, wie wohl auch seinem Landsmann und Widerpart Adenauer, weniger wichtig als Frieden und Freiheit. Da er aber in beiden deutschen Staaten verehrt, geachtet, auch teilweise geschmäht wurde, hat er für den kulturellen Zusammenhalt der Nation sicher mehr als mancher politische Festredner getan.

Wenn wir vielleicht später einmal einen historisch-abgeklärten Blick auf seine Zeit haben werden, wenn alle Fehden, die er führte, keine Emotionen mehr hervorrufen werden und die weltweiten Vereinheitlichungs- und Entindividualisierungsbestrebungen, wie zu befürchten ist, von Erfolg gekrönt sein werden, wird man ihn, den jederzeit politisch Engagierten, vielleicht einen Romantiker nennen, dessen Blaue Blume das einzigartige, autonome Individuum war. Vielleicht wird er als Dichter der Innerlichkeit in Erinnerung bleiben, keiner Innerlichkeit, die sich von der Welt abschirmt und in sich zurückzieht, sondern einer, von der die Liebe und die Nächstenliebe, das Gewissen, die Würde und das Mitleid ausgehen – als einzige Chance für eine menschliche, halbwegs bewohnbare Welt.

Sollten aber, wie besserwisserische Schwarzseher meinen, seine Bücher in zehn oder fünfzig Jahren kaum noch gelesen werden, würde ihn das, erführe er es, möglicherweise nicht sehr bekümmern. Wenn es für einen Autor möglich wäre, nur die Wirkung in seiner Zeit für wichtig, den Nachruhm aber für nichtig zu halten, wäre Böll ein solcher Autor gewesen. Jedenfalls wünscht man es sich.

INHALT   5 DEUTSCHE ZUSTÄNDE

MÄRKISCH-BERLINISCHES
 68 Notwendige Toleranz
 72 Zum Gedenken an den ersten Brandenburgischen Landtag von 1946
 86 Berlin als Beispiel
100 Trauer, nicht Stolz
106 Zum Lobe der Denkmalpfleger
118 Die ruinierte Stadt
124 Hochwasser im Oderbruch

LITERARISCHES
138 Zum Lobe des Lesens
142 Danksagung an Bayern
150 Es ging ein Mann im Syrerland
154 Zu Fontanes »Wanderungen«
166 Zu Fontanes Tagebüchern
176 Musenhöfe
206 Altersbetrachtungen über den alten Fontane
224 Hinter der Weltstadt. Friedrichshagen
242 Erinnerung an Moritz Heimann
260 Über Böll, das Geschwätz und das Schweigen